脈輪全書

意識之旅的地圖，生命之輪的指南

艾諾蒂‧朱迪斯博士（Anodea Judith, Ph.D.）/ 著

獻給我的兒子 Alex

致謝

多年來致力於脈輪研究，遇過數不清令我懷念的、能夠分享智慧的人。這份名單中列於首位的，就是勇敢投入療癒與個人成長的學員及案主，你們的掙扎和勝利，你們提出的問題和意見，始終是引導我工作的力量。願這本書的內容能回報你們，協助你們前行。

其次是私人生活中的忠誠盟友。他們信賴我，與我共事，以種種方式支持我。其中第一名是我的先生理查 · 伊萊（Richard Ely），他愛我、鼓舞我，並且為我編書，確保我的科學知識正確；我要謝謝兒子亞力克斯 · 韋恩（Alex Wayne），他貢獻了電腦繪圖，不時讓我開懷大笑，也要感謝老朋友和教學夥伴莎莉娜 · 維嘉（Selena Vega），她是最早激勵我寫一本關於脈輪著作的人，不但協助發展我們在工作坊分享的素材，更是第二本書《七重旅程：透過脈輪重拾身、心、靈》的共同作者。

我要衷心感謝卡爾 · 維士凱（Carl Weschcke），在脈輪尚未成為顯學前就出版了這本書的第一版，也謝謝 Llewellyn 出版社裏參與修訂版的多位優秀工作同仁：Jim Garrison、Christine Snow、Kimberly Nightingale 和 Lynne Menturweck。感謝美術設計 Mary Ann Zapalac、整骨醫師 Carlisle Holland, D.O.，以及整脊醫師 Robert Lamb, D.C. 與針灸醫師 Michael Gandy, L.Ac.，與我分享他們的專業知識。

最重要的，我感謝讓我們維持生命的不可磨滅靈性及脈輪系統，那是我們通往生命奧祕的精深門戶。

為每位讀者服務是我的莫大榮幸。

目錄

修訂版序

　　從我初次發現「脈輪」這個詞，到現在已經過了二十五年。當時我鮮少能在索引或書目卡中找到這個詞彙，但目前已經有無數參考文獻和許多「新時代」（New Age）著作，在探討這個主題，更別提還有音叉、彩色蠟燭、薰香、T恤等相關的玩意，以及常見的各種行頭，用來裝飾集體意識中逐漸甦醒的母型。有些人歸功本書的初版是這股潮流的源頭，這實在是莫大殊榮，然而我相

信，這本書不過是反映了社會文化的強烈飢渴，想要追求整合與圓滿的範型。簡言之，脈輪系統這個概念的時代來臨了。

當前的紀元展開了第三個千禧年，我們正面臨人類發展史上無可比擬的時代。各家歷史著作已經闡明，我們用來組織日常生活的思想體系，大大影響了集體現實。這樣的認知迫使我們去革新各種系統，更智巧的為我們所用。當我們通過人類歷史這個特別的頂峰時，必須建構一座連接過去與未來的橋梁，不只是創造出適應新現實的模式，而是持續的更新舊模式，讓它們在快速變動的文化中得以存留及發展。如果脈輪系統在二十一世紀仍然保有意義，就必須反映一直存在的底層結構，同時依舊保有彈性，切中當代生活的要求。古人建構了這套深奧的系統，現在我們可以運用其中的智慧，和當代關於自然界、身體及心靈的資訊結合起來，創造出更有效的系統。

我首度將「接引落地」（或立足大地，grounding）等概念注入脈輪理論之中，提出「意識向下流動」這樣的想法時，曾經引發懷疑。針對脈輪的多數詮釋均聚焦在超越物質現實，並將其描述為低劣或墮落的狀態。生命就是受苦，我們如是耳聞，因此超越方能脫離苦難。如果生命是受苦而超越是解脫，那麼這道等式的邏輯就暗示著「超越與生命本身是對立的」，我在本書裏嚴正質疑了這種觀點。

我不認為我們需要犧牲對生命的強烈興味和其帶來的喜樂，才能精進我們的靈性。我也不會把靈性視為世俗存在的反面，或者認為追求靈性成長必須支配和控制我們天賦的生物本能，也就是生命本身。我相信這種順應以往的「控制範型」的想法，並不適用於我們當下面對的挑戰。今日的挑戰需要的是整合而非支配模式。

在八〇年代初期完成這本書的初版之後，集體範型已然大幅轉變。人們愈來愈熱衷重拾身體的重要性，肯定地球（土地）的神聖性，並且體認到物質內蘊的靈性價值。我們已經明白壓抑自然的力量會導致不愉快的副作用，還會賦予陰影能量，忽視身體而創造出疾病，貶低地球而造成生態危機，壓抑的性慾則可能爆發成強暴和亂倫。

現在正是時候重新取回我們所喪失的一切，將其整合到新的領域

裏。這將東方和西方、靈性和物質、心智和身體等歧異的概念重新編織成一體，已經成為個人和文化上不得不付出的努力。如同瑪莉安‧伍德曼（Marion Woodman）之言：「缺乏靈性的物質只是屍體；沒有物質的靈性則是幽魂。」[1]兩者描述的都是死亡。

提出脈輪概念的譚崔哲學，乃是一種編織的哲學。它用許多支線編織出現實的織錦，顯得既複雜又精緻。譚崔哲學既讚許生命，也推崇靈性，它將靈性與物質編織回原初的整體性之中，同時繼續推動這個整體螺旋能量的進化。

此時我們終於享有了特權，得以將古代的知識和當代文明產物編成一幅精緻地圖，而踏上了意識的進化旅程。本書就是這趟旅程的地圖，你可以視其為脈輪的使用指南。我猜測將來會出現更多版本，由更多的作者所提供，不過本書已經呈現了我目前最新的觀點。

所以這一版究竟有什麼不同？它引用了較多譚崔教義，因為有較多的時間深入研究，但我盡量使用不玄祕的西方語言來傳達，也修訂和減少了一些篇幅，因為有太多人告訴我原先的版本厚重到令人震驚。被刪除的是二十幾歲時對我非常重要的政治修辭。現在我已四十好幾，儘管仍保有自己的靈性政治學，卻偏好讓系統本身自己說話。有部分科學知識也更新了，因為即使是針對物質所建立的模式，也在迅速改變當中。

我試圖保持本書原來的形上學色彩，跟後續的著作有所區隔。《七重旅程：透過脈輪重拾身、心、靈》（與莎莉娜‧維嘉合著，一九九三）是這本書的工作手冊，包含了針對本書的「理論」設計的「練習」。第二本書的特色則是鍛鍊身心的日常運動，能夠支持個人在脈輪系統中不斷精進。第三本著作是《東方身體和西方心智：心理學和通向本我的脈輪系統》，探討的是與脈輪相關的心理學、脈輪的發展進程、每個脈輪層面發生的創傷和虐待，以及如何療癒。我將西

---

1. 出自「Fabric of the Future」研討會上的演講，一九九八年十一月七日，加州帕羅奧多（Palo Alto）。

方心理學和身體治療編進東方的脈輪系統裏。

現在你手上的這本書，描繪了脈輪系統背後的形上學理論基礎。脈輪系統不只是體內能量中樞的大匯串，還揭示了可以讓我們按圖索驥的宇宙深奧法則。這些法則彼此錯綜複雜的交融在一起，形成了逐漸超越現實的一層層介面。脈輪代表的意識層次乃是通往各層現實的門戶，由於這些層面互相嵌合，所以不可能從整套系統中汰除掉任何一個層面，而依然在理論或經驗上保持統整。我不相信我們獲得一套內含七個脈輪的系統，只為了拋棄低層的三個脈輪。

這本書檢視內在和外在現實，將脈輪系統視為追求靈性成長的深奧修行體系，也是一張構造圖，呈現出我們寄身其中的神聖建築（支撐我們的更大結構）。如果我們的確是「按照上帝的形象塑造出來的」，我相信在自然界所發現的神聖構造，就是我們包含身體與心靈內在結構的藍圖。內在與外在世界之間的橋梁一旦建構好了，兩個世界就能成為渾然無縫的一體，那麼內在的成長就不再和外在世界的事功對立。因此，本書運用了許多本質為科學的範型，以現代隱喻來闡釋古代的智慧。

譚崔學者和昆達里尼派（Kundalini，拙火）上師往往會清楚的區分透過拙火經驗見證到的脈輪，以及把脈輪視為「個人成長系統」的西方模式脈輪。有些人主張，這兩者差距如此之大，彼此間並不存在有意義的關聯，甚至以此否定對方的正當性。舉個例子，產生洞見或預知（與第六脈輪相關），和拙火甦醒體驗到的內在大放光明，兩者間毫無疑問有顯著的差異，然而我認為這些經驗並非不相干，反而應該是延續的現象。

我深信透過了解脈輪本質、練習相關動作、運用觀想和靜心（靜坐）來淨化脈輪，為靈性的開展鋪好路徑，相較於拙火甦醒經常引發的狀況，比較不會帶來那麼多騷亂。我認為將脈輪系統西方化，是述說給西方腦袋聽的重要一步，如此才能和諧的融入美國人的生活情境裏，不致於與其對立。如此一來我們才有脈絡可循，讓這些經驗得以發生。

　　同樣的，也有許多人表示，脈輪是屬於「精微身」（subtle body，亦稱靈妙體）的漩渦能量，與肉身或從脊柱放射出去的中樞神經節毫不相干，而且靈性覺醒並非肉體經驗。雖然這種經驗不全然是肉體經驗，但並不表示就該否定其肉體層面。任何人見證或體驗過拙火甦醒時典型的身體知覺和自發動作（Kriyas，具有潔淨作用的動功），都不可能否認其中的肉體成分。我相信這樣的觀點正是造成靈肉分離的原因，個人以為，這就是我們應該擺脫掉的幻覺。

　　一名印度男士來參加我的工作坊，他告訴我說，他必須大老遠來到美國學習脈輪學，因為在印度它被搞得神祕兮兮，已經成為「密傳知識」，有家庭和工作的人往往不得其門而入。我認為將脈輪「接引落地」，可以讓更多人更容易接觸這套系統。儘管東方上師恐怕會警告這麼做的危險性，但我已經運用這套系統工作了二十五年，從經驗中發現把人人皆懂的取向拿來幫助生命脫胎換骨，並未出現經常與「拙火」相伴的危險現象和無稽症狀。這條路徑非但不會稀釋脈輪根植的靈性基礎，還能加以擴充。

　　閱讀這本書要花點時間，其中有不少需要思索之處。讓脈輪成為透鏡，你就可以通過它檢視自己的人生與世界。這趟旅程豐富多姿，當你走在人生的道路上時，讓靈魂的虹橋展現在你眼前吧！

——一九九八年十二月

初版序

我有一次坐在羊毛毯上進入深層靜心時，經驗到了奇怪的事情。我安靜而意識清明的數著呼吸，突然發現自己離開了身體，凝視著另一個自己盤腿而坐，這才恍然大悟自己看到的是誰（儘管她看起來有點老），而且發現有一本書掉落在她的大腿上。書本落定時，我也一震回到了體內，低頭一看，書名是《脈輪系統》，作者則是 A・朱迪斯・穆爾（A. Judith Mull，我當時的名

字）。

那是一九七五年。不久之前我才第一次讀到「脈輪」這個字眼，但顯然已經深植我心。我退出冥想狀態，去找出那段文字。那是拉姆·達斯（Ram Dass）書中的一小段[1]，我幾乎是直接翻到了那一頁。反覆閱讀那段文字幾次之後，立刻感受到體內有股能量在旋轉，那是一次深沉的震撼，就像偵探發現了重要線索時可能有的感覺。那也是一種孕育的感受，好像有新的東西開始成長了。當時我就知道，最終我會寫下這本書。

到脈輪這個字開始出現在書籍的索引和書目卡之前，又過了好多年。由於資訊非常少，因此我被迫（說來幸運）透過自我實驗和其他人（我指導他們瑜伽和身體工作）的審核，來發展自己的理論。不久，我所見的一切，舉凡顏色、事件、行為和計日方式，似乎通通落入「七」這個乾淨俐落的模式裏，但我找不出任何確切的資訊可以跟我的理論扯上關係。

於是我放棄了努力，移居鄉間，開始熱切的研究「儀式魔法」（ritual magic），這套系統最特殊的是運用土、水、火、風四大元素。我持續的靜坐，逐漸發展出自己的理論，人也不斷在成長，卻仍然缺乏渴求的語言。相較於用文字書寫，我發現自己正在描繪出脈輪，視覺化的過程幫助我以非線性方式發展我的思想。

兩年後我被迫重返文明，發現使用「脈輪」這個字眼的人增加了。我加入一個研究意識的團體，同時回學校念書，並重拾自己「身體工作」（bodywork）的練習。我接受「靈視（天眼通）」的訓練，發現其他人不約而同看到了部分相同的模式。我的想法獲得了確認，加上新發展出來的靈視能力，於是回頭著手這本書。

過去十年來，因為身體工作、通靈解讀）、諮商和教學，而接觸了數百位案主，從他們身上我發展出了書中的理論。我潛心研究梵文典籍、量子力學、神智學、音樂、生理學和心理學，同時也探究個人

---

1. 拉姆·達斯的著作《唯一的舞蹈》（*The Only Dance There Is*）

經驗，於是拼合出完整一致串連古今的系統。我的工作和自身都經歷了不少改變。

十一年後的今天，我終於結束孕育期。無論是否完全成形，這名嬰兒決定出生。我感覺自己像是在生七胞胎——拚命推擠的漫長分娩過程，然而一旦啟動就停不下來了。

這七個被稱為脈輪的小嬰兒，每一個都值得專書論述。我給了它們英文名字：生存、性、力量、愛、溝通、靈視和智慧，不過它們還有許多通行的名字，最普遍的是用數字來稱呼。無論如何，在這本書裏它們像是一家人般的出現，而且是共同工作和成長的完整單位。每一篇章不可能窮盡關於性、力量或其中任何一項主題的內涵，只能提供相關內容，讓讀者得以追索這棵獨特家族樹的七根枝幹。這棵大樹根植於土地，枝葉參天。

本書針對經常被視為非常靈性的主題，將其寫成實用的指南。由於世人往往認為「靈性主題」不切實際或難以登堂入室，因此本書試圖重新檢視靈性領域，說明所謂的靈性是如何深藏於我們日常生活的每一面向。我的信念是，唯有在實際運用的狀況下，人們才會了解和珍惜他們的靈性本質。當我們真心想做的時候，所能成就的會更多。

若說這個時代已經讓數十億人面對核災的潛在危機；男人和女人都害怕走夜路；疏離（異化）和失去方向感前所未有的嚴重，那麼靈性就變得非常實際了。企圖統合我們日常存在的要素、追求理解和方向，同時無可避免向意識層面移動，再再促使我們以批判態度評價我們的靈性本質。過於實際和科學，以至於無法毫不懷疑的接納事物，使得西方人跟靈性世界失去了連繫，也感受不到宇宙一體性。隱身在差異極大的語言和文化裏的古代系統，對西方人的心智來說，往往感覺過於疏離和陌生。

本書試圖肯定我們今日在身、心、靈各個面對的需求。書中包含了知識份子需要的理論、企圖預見未來之人需要的技巧、性靈取向之人需要的靜坐，以及身體需要的鍛鍊。希望這本書能提供人人之所需，儘管具備實用性，卻不會減損更重要的基本精髓。

　　為了滿足西方心智（包括我自己），我納入一些科學理論。但我本身的背景不屬於科學領域，而且我發現了當你訴諸科學時，其實你會發現很少人真的在自己的私人生活中以科學方式來思考。對我來說，發現脈輪首先是來自於直覺，之後的發展才加入理性思維，我也想以這樣的順序傳遞給讀者。

　　文字敘述傾向於線性和理性，但脈輪誘發的狀態需要不同型態的意識。因此我會以各種方式來呈現資訊。為了滿足偏好理性的心智，我會以具體的科學隱喻、意識研究領域內盛行的範型，以及現代的治療技巧來呈現脈輪理論。這是知性的部分，目的在傳遞資訊，激勵思考過程。

　　為了召喚腦袋的另一面，我納入了詳細引導的靜心、身體練習、圖像和私人軼事，希望讓脈輪更加栩栩如生。這是比較有趣的部分，目的在連結直覺經驗和手邊資料。

　　關於靜心冥想（靜坐）的描述，我希望它們讀起來充滿詩意，並且可以慢慢閱讀。我沒有納入每次靜心前深沉放鬆的階段，理由很簡單，因為讀起來相當無聊，會失去文學的感動力量。無論如何，如果你計畫自己或在團體中體驗靜心，我強烈建議應該先花時間讓身體放鬆，將自己準備好，再慢慢進入靜心狀態。你可以用第二章描述的「深層放鬆」或「接地靜坐」作為準備動作，或者你也可能想運用自己的技巧。透過 Llewellyn 出版社可以取得專業錄製的「靜心」CD，配上了針對每個脈輪的背景音樂。

　　書中的身體練習有不同的難度，絕大部分是一般人可以完成的。少數的動作，例如頭立式或輪式[2]，比較柔軟或鍛鍊過的身體才能做到。我必須極力強調，書中所有身體動作都得緩慢且審慎的進行，絕對不要過度使力或拉扯肌肉，也不要強迫身體處於疼痛或不舒服的姿勢。一旦感到不舒服，就要立刻停止。

2.　作者註：這兩個動作修訂版沒有介紹。

　　如果之前不熟悉脈輪，也不熟悉一般的形上學，請給自己時間消化每層脈輪的內容。所有相關的概念既廣博又精深，所以不能像對待其他的資訊那樣生吞活嚥，最重要的是去享受探索的過程，我自己在寫這本書時就相當樂在其中。

──一九八七

第一部
探索脈輪系統

生命之輪

時間是——
愛是——
死亡是——
於是生命之輪運轉，
生命之輪運轉，
而我們全都束縛在那圓輪上。

於是賢者開口了：
看呀，把你束縛在圓輪上的
是你自己的造業，
這個圓輪
是你自己的造業。
於是生命之輪運轉，
生命之輪運轉，
而我們全都束縛在那圓輪上。

於是賢者開口了：
了悟我們都是那唯一。
了悟那圓輪是你自己的造業，
了悟那圓輪是你自己的造業，
而我們全都束縛在那圓輪上。

於是賢者開口了：
釋放自己脫離那圓輪。
了悟你是那唯一，
接納自己之所為，
釋放自己脫離那圓輪。
了悟那圓輪是你自己的造業，
而我們全都束縛在那圓輪上。

於是賢者釋放自己脫離圓輪，
成為唯一，
不朽的神，
脫離了圓輪，
脫離了幻象，
於是了悟為什麼唯一創造了圓輪。
唯一成為眾多，
唯一成為我們，
而我們全都束縛在那圓輪上。

時間是——
愛是——
死亡是——
於是生命之輪運轉，
生命之輪運轉，
而我們全都束縛在那圓輪上。

——保羅・艾德溫・齊默（Paul Edwin Zimmer，一九八一）
（取得授權引用）

第一章

生命之輪運轉了

我們是圈圈中的圈圈……
沒有起點，永遠不會結束。[1]

從遠在數千光年之外的浩瀚漩渦星系，到一粒沙中打轉的數兆個原子，宇宙是由旋轉的能量之輪構成的。花朵、樹幹、植物和人，全是由內部運轉的小圓輪所組成，搭載在地球這個巨輪上，而地球則遵循它的軌道旋轉於太空中。圓輪是構築大自然的基石，是流貫存在所有面向循環不息的生命力。（圖1–1 和 1–2）。

---

1. 引用的是 Rick Hamouris 的歌，收錄在《*Welcome to Annwfn*》，透過 Nemeton, P. O.Box 8247, Toledo, Ohio 購買。

　　我們每個人的內在核心，都有七個像圓輪一樣的能量中樞旋轉著，它們被稱為脈輪。脈輪是像漩渦般轉動的生命力的交會點，每個脈輪都反映了一個攸關我們生命本質的意識面向。七個脈輪組合成深奧的「大圓滿公式」（formula for wholeness），整合了身、心、靈。脈輪的完整系統，為個人與星球的成長提供了有力的工具。

　　脈輪是掌理組織的能量中樞，能幫助我們承接、吸納和傳遞生命能量。我們的脈輪就是生命的核心，為複雜的身心系統組成了協調的網路。從本能行為到刻意設計的策略，從情緒到藝術創作，脈輪本是掌控一切的程式，主宰著我們的生活、愛慾、學習和啟蒙。七個脈輪就是七種振動形態，構成了奧祕的「彩虹橋」，通過這個連繫管道，連結了天與地、心與身、靈性與物質、過去與未來。當我們在眼前時代的喧囂與騷動中團團打轉時，脈輪的作用就像齒輪一樣，帶動了進化的漩渦能量，牽引著我們不斷前進，朝向意識尚未被開發的領域及無限潛能。

　　身體是載運意識的工具，而脈輪就是生命之輪，它駕駛著這個載具通過試煉、磨難和蛻變。為了能夠平穩行駛，必須使用手冊和地圖，指引我們如何在這輛載具可以探查的領域內航行。

　　本書就是意識之旅的地圖，你可以把它想成是脈輪系統的「使用指南」。這張地圖如同其他任何地圖，不會告訴你往何處去，而是協助你航行在願望的旅程上。全書關注的焦點，乃是如何整合影響我們生命的七個意識原型。

　　一圖在手便可以展開驚奇的旅程。所有旅程都需要準備一定程度的背景資訊：心理學體系、脈輪系統的歷史脈絡、脈輪的深入研究及相關的能量流動；這樣我們才能獲得在旅程中交談的語言。一旦準備好就可以上路，沿著脊柱向上攀爬，一個脈輪接著一個脈輪。

　　與我們相遇的每一個脈輪，都是物質與意識間連續路徑的一步。因此，這趟旅程包含了生活中的各個領域，從身體和本能知覺的肉體層面，到與社會互動的人際層面，最後到達較抽象的超個人意識領域。一旦所有脈輪都獲得了解，開放且連結在一起，就能彌合物質和靈性

左上：水母（rhizostomeae）　　　　　右上：地衣
左下：海星（gorgon-headed starfish）　　右下：海膽

圖 1-1
不斷在自然界中發現的脈輪形式。

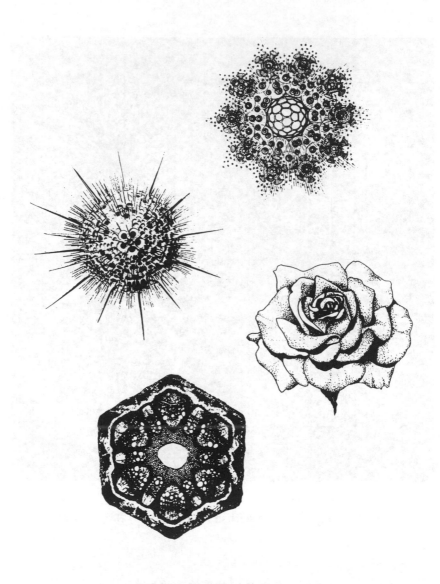

圖 1-2

更多在自然界中發現的脈輪形式。

之間的鴻溝，體悟到我們本身就是再度連結天與地的彩虹橋。

在這個四分五裂的世界裏，心脫離身、文化脫離星球、物質脫離靈性，我們有著深層需求，渴望重新恢復系統的完整性。這些系統必須能讓我們整合身心，引領我們進入嶄新且拓展的領域，而毋須否認日常生活中所面對的世俗現實。相信脈輪恰好提供了這樣的系統，它正是我們所需要的，而屬於它的時代已經來臨。

接近這套系統

> 系統：根本原則或事實的完整展現，以有條不紊或架構完整
> 的方式鋪陳；或者是一套複雜的理念或原則，形成首
> 尾一貫的整體。
>
> ——韋氏新編大學辭典
> (*Webster's New Collegiate Dictionary*)

想像你進入了一間圖書館，發現只有東一堆西一堆的書本四散堆疊在地上，想要找任何東西都得展開漫長無聊的搜索，而成功的希望卻相當渺茫。你嘟囔著說這麼沒有效率，真是荒唐。

想要深入探究意識，卻缺乏一套系統，可能就像上述那樣令人發悶。大腦裏的迴路可以容納無限的思想，而意識的呈現遠比任何圖書館的書籍數量都要大得多。在今日生活的節奏與速度下，如果缺乏有效率的系統來建立流程，肯定無法取得想要的資訊。

已經有許多系統供我們取用，卻不足以因應今日不斷變遷的文化。佛洛伊德將人的心理結構區分成本我、自我和超我，就是一個主要範例，以簡單的系統來探究人類行為，是二十世紀初期心理治療的根基，然而這個模式目前已難適用，因為幾乎沒談到身體，更少論及超越的意識狀態。

在「人類潛能運動」這股潮流下，很顯然需要新的系統。一家家的診所開設來諮商人們的心靈經驗，因為有一大群人體驗到不尋常靈

性能量的自發性覺醒，發現自己每天都遭逢新型態的問題。生物反饋、柯利安攝影（Kirlian photography）、針灸、順勢療法、阿育吠陀醫學、草藥學，以及新時代形形色色的靈修、口語和身體療法等等，每一年都獲得愈來愈廣泛的應用。我們現在於療癒、意識提昇、宗教和生活風格各方面擁有太多選項，資訊鋪天蓋地而來，將我們淹沒在選擇裏。整個場域的確開放了，而且必然會保持開放，只要我們能從這片渾沌中導引出意義和秩序。這就是系統的用處，它給了我們條理分明的路徑去從事複雜工作。

要建立系統，合乎邏輯的方法就是以觀察到的持續模式作為基礎。我們的祖先描述過許多這樣的模式，它們包裹在神話和隱喻之中，代代相傳，如同休眠的種籽，等待正確的條件發芽。如果想要為變動的年代尋找新方向，或許是時候去找出古代系統的塵封文獻，撢去上面的灰塵，將它們升級，使其適用於我們的現代世界。這麼做之前，必須先檢視這套系統的源頭和進化過程，給與它的古老根基適當的尊重。

脈輪系統的歷史

脈輪是意識的原型要素，它終於在集體心智結構中占據顯著地位，出現了前所未有的大量相關著作和引述，這的確是美妙的現象。儘管這股潮流讓脈輪成為家喻戶曉的字眼，相對也傳播了許多混亂和矛盾的錯誤資訊。了解脈輪是來自古老傳統非常重要，但許多新時代導師只是略微涉獵罷了，有興趣了解脈輪起源的讀者，以下的概要敘述的是脈輪系統的歷史發展。讀者若無興趣不妨略過，直接跳到下一章節。

脈輪和瑜伽的學理及修行密不可分。「瑜伽」（yoga）的梵文字意是「結合」，這一套哲學和修行系統，是設計來結合會死亡的自我和神聖的純粹意識的。瑜伽的源起和最早提及「脈輪」這個詞[2]，要追溯到《吠陀經》（*Vedas*）。「吠陀」意為「知識」，《吠陀經》是一系列的讚頌詩篇，乃印度最古老的文字傳承。這些著述記錄的是更古老的亞利安文化的口述傳承。一般相信亞利安人是入侵的民族，在公

元前兩千年期間橫掃印度[3]。

據說亞利安人是駕著馬車進入印度的，「chakra」（脈輪）的原始字義「輪子」，就是指涉入侵的亞利安人所駕馭的馬車輪子。脈輪的梵文正確拼法是「cakra」，因字首發音為「ʧ」，英文的拼法改成「chakra」。這個字也隱喻了太陽，巨大的輪子滾過天空，就像亞利安人駕馭的馬車金光閃閃，駕馭馬車的亞利安人被稱為「cakravartin」。「輪子」也衍生為「時間的永恆循環」，梵文是「kalacakra」，於是輪子代表了天體的秩序和平衡。另一個延伸意義是，譚崔信徒的共修圈。

據說先行於駕馬車的亞利安人之前的，是一團輝耀的金光，與基督頭上的光環極為相似，只不過這團旋轉的光是在胸前（或許是他們強力的第三脈輪？）。駕馬車的亞利安人誕生，據說預告了新時代的來臨，極可能這個時期標記了人類歷史第三脈輪時代的開端（參見第十二章〈進化的觀點〉）。也有傳說毗濕奴神降臨地球時，四隻手分別拿著法輪、蓮花、神杵和法螺[4]。這也可能指涉法輪是像鐵餅般的武器。

《吠陀經》之後是《奧義書》（*Upanishads*），「奧義」意為師徒相傳的智慧教誨。在《瑜伽奧義書》（*Yoga Upanishads*，約成書於西元前六○○年）和之後帕坦伽利的《瑜伽經》（*Yoga Sutras of Patanjali*，約西元前二○○年）中，約略提及脈輪是意識的靈魂中心。從帕坦伽利的《瑜伽經》中，我們知曉了瑜伽傳統的「八部功法」[5]。這個傳統的本質是二元對立的，宣講的是本性與靈性的背離，同時建議禁慾苦行，棄絕人的本能做為開悟途徑。

---

2. 《阿闥婆吠陀》（*Atharva Veda*）提到了脈輪和能量流動，見於 10.2.31 和 15.15.2-9。

3. 喬治・福爾斯坦（George Feurstein）在《香巴拉瑜伽百科》（*The Shambhala Encyclopedia of Yoga*）一書中駁斥亞利安人入侵的理論，把《吠陀經》的年代回溯到西元前三千或四千年。他反對的論點是，膚色較淡的亞利安人是印度原住民，因為跟古印度的印－薩兩河文明 Indus-Sarasvati）有相似之處。

4. Troy Wilson Organ《*Hinduism*》（印度教），一八三頁。

　　在非二元（身心不二）的譚崔傳統裏，脈輪和昆達里尼（拙火）才成為瑜伽哲學完整的一部分。譚崔教義融合了印度眾多靈性傳統，在西元六、七世紀大受歡迎，可說是對之前的二元哲學的反動。譚崔傳統建議入世而非與世隔絕。西方人普遍把譚崔瑜伽看成是教導性愛的傳統，因為譚崔教派的確把性納入神聖的脈絡裏加以推崇，認為身體是意識駐紮的神聖殿堂，不過這其實只是廣博的譚崔哲學中的一小部分。譚崔哲學結合哈達和拙火瑜伽的眾多修行法，加上對神祇尤其是印度教女神的崇拜，而聚焦於整合宇宙力量。

　　譚崔的梵文「tantra」字面意義是「織布機」，引申為將分歧的支線編成整體的織錦。因此，源自譚崔傳統的脈輪系統，乃是將兩極對立的靈性與物質、心與身、男與女、天與地，編整為擁有許多哲學支線的單一哲學，甚至可以回溯到《吠陀經》前的口述傳統。

　　傳到西方的主要脈輪文本，是英國人亞瑟 · 阿法隆（Arthur Avalon）翻譯的譚崔文獻，出現在他於一九一九年出版的著作《靈蛇力量》（The Serpent Power）[6]之中。這些文獻是一名印度學者於一五七七年撰述的《Sat-Cakra-Nirupana 之中》和成書於第十世紀的《Padaka-Pancaka》，裏面描述了脈輪為能量中樞及相關修行。另外有一本十世紀的典籍稱為《牧牛尊者百論》（Gorakshashatakam），指導我們如何專注於冥想脈輪。這些文本組成了今日我們了解脈輪理論的基礎。

　　這些傳統主張，有七個基礎脈輪[7]存在於「精微身」（靈妙體）內，貫穿了我們的肉身（肉體）。精微身是非物質的靈妙體，重疊於我們

5.　八部功法是：持戒（yamas，外在控制）、精進（niyamas，內在控制）、體位法（asana）、呼吸法（pranayama）、攝心（pratyahara，感官回收）、心靈集中（dharana）、禪定（dhyana）和三摩地（Samadhi，開悟）。

6.　亞瑟 · 阿法隆（Arthur Avalon）《靈蛇力量：譚崔和性力瑜伽之祕》（The Serpent Power:TheSecrets of Tantric and Shaktic Yoga）。

7.　《靈蛇力量》事實上只列出六個能量中樞，再加上 Sahasrara（頭頂上的千瓣蓮花）。

的肉身之上。所有生物體內和身體周邊都可以測出的電磁力場,證明了精微身的存在,柯利安攝影術已經確實拍攝出植物和動物發散出的精微身。精微身呈現於外就是「靈氣」(生物能量場),看上去是環繞肉身的柔和光圈,由紡錘狀的細絲組成。在瑜伽心理學裏,精微身被劃分為五層,各有其精妙的包鞘,稱為「俱舍」(koshas)[8]。在身體的核心部分,精微身的生物能量場顯現為旋轉的圓盤──脈輪,是生物能量場的心靈發動機。脈輪產生的核心模式,與外在世界的影響彼此交會的地方,就是生物能量場(靈氣)。

透過現代生理學我們可以得知,這七個脈輪的位置是在脊柱放射出去的七個主要神經節附近(圖 1–3)。古老的文本中提到了兩個次要脈輪:位於第三眼之上的「soma chakra」及「Anandakanda lotus」。Anandakanda 蓮花內含心輪的「天界劫波樹」(Kalpataru,意為如意樹,參見 219 頁更深入的描述)。有些密傳系統主張有九或十二個脈輪[9],而其他如藏傳佛教之類的傳統,卻只描述了五個能量中樞[10]。既然脈輪實質上就是能量漩渦,它們的數量理當沒有限制。無論如何,原始的七個「主要」脈輪形成了一套精妙深奧的系統,經由神經節合理的描繪出脈輪在身體的位置,同時將我們的物質存在(肉身)連結到更高和更深的非物質領域。想要掌握原始的七個脈輪,可能就得耗上一輩子的時間。我建議大家在挑戰更為複雜隱晦、超脫身體之外的系統之前,要先充分探索這七個與身體相關的能量中樞。

儘管許多關於脈輪的詮釋,會建議超越下層脈輪以利上層脈輪的拓展,但我並不同意這樣的哲學,也不相信這是譚崔文獻的旨意。這

---

8. 五俱舍是身俱舍(annamayakosha)、氣俱舍(pranamayakosha)、意俱舍(manamayakosha)、識俱舍(vijnanamayakosha)和喜俱舍(anandamayakosha)。

9. 參見 George Feurstein(喬治 ・ 福爾斯坦)《The Shambhala Encyclopedia of Yoga》(香巴拉瑜伽百科)六八 – 六九頁。Pandit Rajmani Tigunait 博士的著作《Sakti: The Power in Tantra, AScholarly Approach》(Honesdale, PA: Himalayan Institute, 一九九八)則描述了九個脈輪,一一一頁。

10. 第一、二脈輪合併為一個能量中樞,第六、七脈輪也合併,總共是五個脈輪。

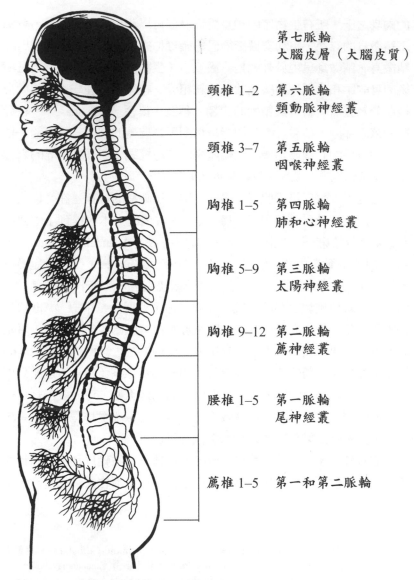

第七脈輪
大腦皮層（大腦皮質）

頸椎 1–2　第六脈輪
頸動脈神經叢

頸椎 3–7　第五脈輪
咽喉神經叢

胸椎 1–5　第四脈輪
肺和心神經叢

胸椎 5–9　第三脈輪
太陽神經叢

胸椎 9–12　第二脈輪
薦神經叢

腰椎 1–5　第一脈輪
尾神經叢

薦椎 1–5　第一和第二脈輪

圖 1-3

這張圖根據支配神經節和不同器官的脊椎神經，
圖示與每個脈輪相關的脊椎。如果這些脊椎受損影響了脊椎神經，
相關脈輪也會受到後續影響。

種觀點的源起有其歷史背景，那個時期所有崇尚父權主義的主要宗教，都鼓吹心靈的重要性遠超過物質，因此否認了世俗領域裏存在著靈性。仔細研讀譚崔文獻，就會明白其教義並沒有否定下層脈輪而推崇上層脈輪，它們只不過是層層包覆，每往上一層都是一種超越，而上面一層包含並奠基在下一層脈輪之上。因此，下層脈輪提供了我們靈性成長的基礎，如同樹根一樣。樹根努力往下伸展，讓樹得以愈長愈高，把根拔除並無助於樹木長高。下一章探討第一脈輪的重要性時，會更充分探索這個概念。

來自其他文化的系統

除了印度教典籍之外，還有其他眾多形上學系統，其特色是將人、自然或物質界劃分成七個層面。舉個例子，神智學信徒談及創世的七道宇宙光束及七條進化之道；天主教徒有創世七天及七聖事、七封印、七天使、七美德、七宗罪等說法，甚至〈啟示書〉第一章第十六節的說法「他右手拿著七星」，可能指的就是七個脈輪。凱洛琳 ・ 梅斯（Caroline Myss）也曾經把脈輪和天主教的七聖事連結在一起[11]。

卡巴拉生命樹（The Kabbalistic Tree of Life）也是研究行為和意識的一套系統。這棵生命樹的垂直柱上，分布了七層平面和十個「質點」（Sephiroth）。如同脈輪系統一樣，生命樹描述了從大地通往天界的路徑。雖然卡巴拉與脈輪系統並不完全吻合，但的確有值得重視的相應之處，因為卡巴拉也是在描述從物質到最高意識的進化旅程[12]。連結脈輪系統和卡巴拉生命樹，有助於將質點標示在身體上，把擁有共同根源的兩個古老傳統匯整在一起（圖1–4）。

在神話與宗教之外也找得到「七」這個特性。彩虹有七種顏色；西方的主要音階有七個音符；一星期有七天，而且我們相信人生命的重要週期每七年為一階段：童年到七歲為止；十四歲進入青少年期；二十一歲成年。在占星學上，土星第一次回歸是在二十八歲左右。亞

---

11. 凱洛琳 ・ 梅斯（Caroline Myss）《慧眼識心靈》（*Anatomy of the Spirit*），遠流。
12. 脈輪系統和十質點的比較，更多細節參見《慧眼識心靈》。

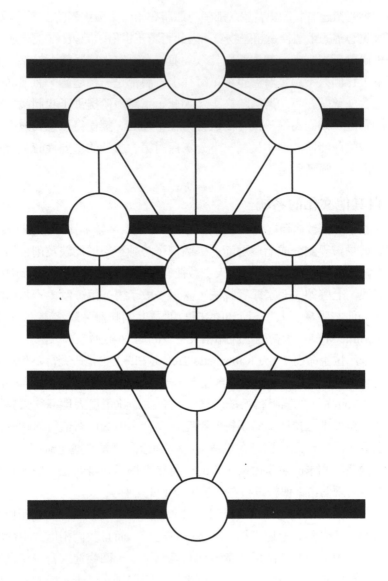

圖 1-4

卡巴拉生命樹，上面有十個質點（圓圈）、二十二條路徑（連接圓
圈的直線）、三根垂直的支柱及七個層面（水平的黑槓）。

瑟 ・ 楊（Arthur Young）在《反身宇宙》（*The Reflexive Universe*）中，
描述了七個層面的進化[13]，甚至以原子重量為根據的元素週期表，亦
可看出七的模式。

許多文化都論及類似脈輪的能量中樞或意識層次，儘管在他們的
系統中並非總是七個中樞。中國人根據兩股宇宙力量——陰和陽——
發展出卦象有六層的易經系統，還有六對通過臟腑的經絡，對應五元
素（金、木、水、火、土）。荷比族印地安人（Hopi Indians）跟圖博
人（藏人）一樣，都有體內能量中樞的相關說法。

毋庸置疑，理解的關鍵就在這些神話和資料的相關性中。某個地
方藏著指引我們在意識中探險的宇宙地圖。所有提示散落於不同時代，
遍及全世界。現在不正是將這些線索拼湊起來，開始航行以脫離眼前
困境的時機？

幸運的是，目前有愈來愈多研究支持脈輪以及與脈輪對應的昆達
里尼能量（拙火）的確存在[14]。我但願能在書頁中呈現足夠證據，讓
讀者明白這一切。不過，我更偏向於透過你個人的經驗，讓這套系統
取信於你，其次才是科學證據。在實際運用這套系統時，科學面向提
供不了任何實用價值，不過是在智識上安心罷了。脈輪終究是內在的
主觀經驗，知道脈輪是怎麼回事，只是旅程的一部分，真正的挑戰乃
是去親身體驗[15]。

因此，為了瞭解這個最古老且經過現代化的系統，我敦促讀者不
管你安心的尺度為何，姑且將懷疑懸而不論，跳上個人經驗的神祕馬
車，從內在來判斷真相。畢竟，這同我們閱讀精采的冒險小說或愛情
故事時會做的事並無二致。不妨把這本書看成兩者兼具，既是旅行在

---

13. 亞瑟 ・ 楊（Arthur Young）《反身宇宙》（*The Reflexive Universe*）。

14. 參見羅莎琳 ・ 布魯耶（Rosalyn L. Bruyere）《光之輪》（*Wheels of Light : A Study of the Chakras*），世茂。

15. 如何體驗脈輪，更多積極建議，包括瑜伽體位法、每天的練習、靜坐、功課和儀式，參見朱迪斯和維嘉合著的《七重旅程：透過脈輪重拾身、心、靈》（*The Sevenfold Journey : Reclaiming Mind , Body ,and Spirit through the Chakras*）。

自己意識國度的冒險小說，也是你內在自我和周遭宇宙間的愛情故事。

脈輪如何運作

已經考察了脈輪系統的歷史，就讓我們更深入的檢視脈輪本身，探究脈輪何以對身心造成強烈的影響。

如先前提過的，脈輪的梵文「chakra」意為「輪子」或「圓盤」，也指涉身與心相遇的交會點。脈輪又被稱作「蓮花」，象徵花瓣的綻放。美麗的蓮花在印度具有神聖地位，從污泥中長出，象徵著意識的發展路徑，從原始的存在到完全開展，也代表從根植於土地的底層脈輪進化到頭頂的「千瓣蓮花」。如同蓮花一樣，脈輪也有「花瓣」，每個脈輪的花瓣數目都不一樣。從最底下的第一脈輪算起，花瓣數目依次為四瓣、六瓣、十瓣、十二瓣、十六瓣、兩瓣和一千瓣（圖1–5）。跟花朵一樣，脈輪也會開放或閉合、凋萎或萌芽，完全取決於內在的意識狀態。

脈輪是不同層面之間的門戶，透過脈輪這些中心點，某一層面的活動（如情緒與思想）得以連結並涉入另一層面（例如我們的身體）。這樣的互動又會涉入我們與他人的互動，因此而影響了另一層面，也就是我們外在世界的活動。

舉個例子，恐懼的情緒經驗與第一脈輪相關。恐懼以特定方式影響我們的身體——我們會感到胃不舒服、呼吸急促，手和聲音也可能顫抖。這些身體徵狀洩漏出我們面對這個世界缺乏信心，可能導致別人以負面方式對待我們，而更加深了我們的恐懼。這種恐懼或許根源於未解決的童年經驗，依舊支配著我們的行為。著力於脈輪就是在療癒自己，超越留存在身體或慣性行為中束縛自己的舊模式。

全部的脈輪組合成我們身體裏的一根直柱，「中脈」（sushumna）。這根柱是負責整合身心靈的中央通道，能夠連結脈輪和它們各自的層面（圖1–6）。不妨把中脈想成是「高速公路」，能量在上面運行，就好像柏油公路是製造商運送產品到消費者手上的通道。我們可以說

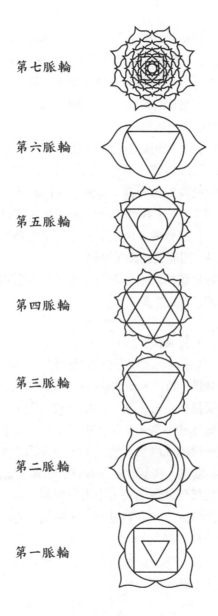

第七脈輪

第六脈輪

第五脈輪

第四脈輪

第三脈輪

第二脈輪

第一脈輪

圖 1-5

七朵蓮花代表七個脈輪

中脈從「製造商」，也就是純粹意識（上帝、神、女神、原力、大自然等等）那裏，將心靈能量傳送給消費者：生活在地球上的紅男綠女。你可以把脈輪視為沿著公路坐落的主要城市，負責製造自家產品。不過與其說是城市，不如把脈輪視為人體這個聖殿內的神聖房間，在這裏啟動生命的意識力量得以匯聚在不同層面。

能量可以通過中脈，也可以並行於中脈兩旁，或是環繞著中脈運行。還有許許多多的邊陲道路，例如中國針灸所講的穴道，以及印度教徒在「精微身」中發現的數千條「氣脈」（nadis），也就是精微能量（氣）的通道（圖1–7）。我們也可以把氣脈想成是另一種通道，例如電話的網路線、瓦斯管道或河床；特定的能量各有專門的管道來輸送，再全部通過同一個能量漩渦（脈輪）。

如果你想要體驗脈輪的感覺，下面這個簡單練習可以幫助你打開手部的脈輪，體驗到它們的能量：

兩手向前伸出去，與地板平行，手肘打直。
一隻手向上，一隻手向下。現在快速開合你的手掌約十二次左右。**翻轉手掌**，重複開合動作。如此就能打開手部的脈輪。
要感覺其中的能量雙手得張開，從相距約兩呎（六十公分左右）之處，慢慢合攏你的手掌。雙手相距約四吋（十公分左右）時，應當能感受到細微的一團氣（能量），一座飄浮在你手掌之間的磁場。如果細心感應，甚至能感覺得到這團氣在旋轉。
幾分鐘後這樣的感覺就會消失，不過只要如上述再度開合你的手掌，就能重複體驗到。在身體層面上，脈輪對應於運作活躍的神經節，以及內分泌系統的腺體（圖1–8）。雖然脈輪與神經、內分泌系統是相互依存的，但脈輪並不等同於肉身的任何部位，而是存在於精微身（靈妙體）內。

但脈輪對肉身有強烈的影響，任何親歷過昆達里尼（拙火）經驗的人都可以做證。我相信脈輪形塑了肉身的體態和行為，如同心智影

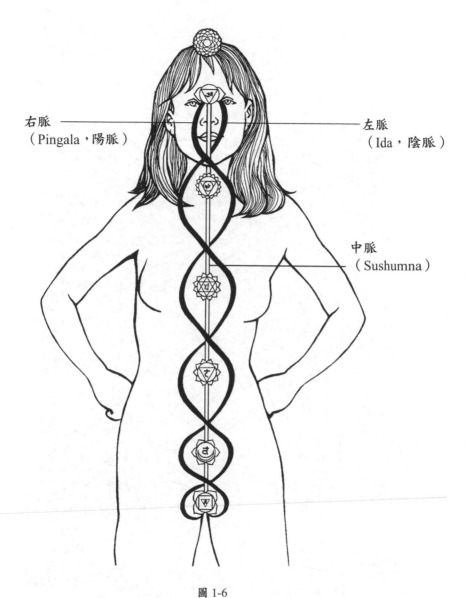

右脈
（Pingala，陽脈）

左脈
（Ida，陰脈）

中脈
（Sushumna）

圖 1-6

中脈、左脈和右脈。

（作者註：有些文獻表示，左脈和右脈在脈輪之間交會，而其他文獻則主張左、右脈交
會於脈輪。還有些文獻描述氣流結束或開始於左邊和右邊的鼻孔。）

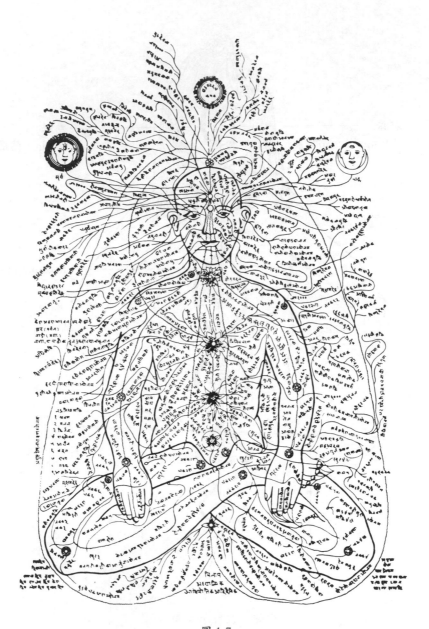

圖 1-7

古代印度教的氣脈和脈輪圖。

（感謝 University of the Trees Press 提供）

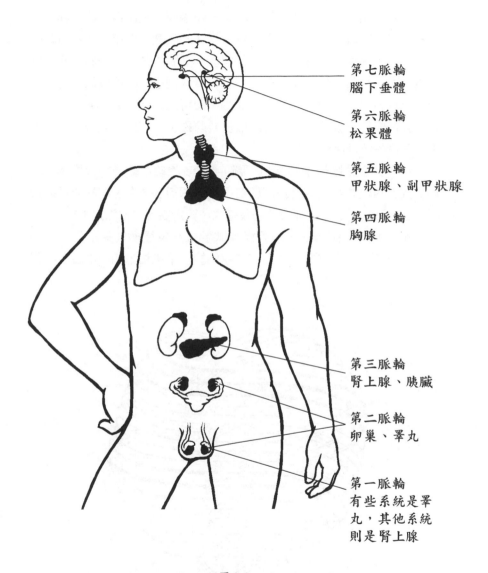

第七脈輪
腦下垂體

第六脈輪
松果體

第五脈輪
甲狀腺、副甲狀腺

第四脈輪
胸腺

第三脈輪
腎上腺、胰臟

第二脈輪
卵巢、睪丸

第一脈輪
有些系統是睪丸，其他系統則是腎上腺

圖 1-8
普遍接受的脈輪和內分泌腺體的連結
（有些系統互換了第六和第七脈輪，讓松果體成為第七脈輪的腺體，
而腦下垂體與第六脈輪相關。）

響我們的情緒一樣——過度膨脹的第三脈輪會顯現出繃緊的大肚子；緊縮的第五脈輪會導致繃緊的肩膀或疼痛的喉嚨；與第一脈輪連結得不好，可能展現出瘦得皮包骨的雙腿或不舒服的膝蓋。一個人的脊柱是否挺直，也與脈輪的開放程度有關。舉個例子，如果我們因為脊柱側彎或身體／情緒撐不住而胸部塌陷，便可能阻礙心輪的運作。我們的肉身長成什麼樣子，甚至可能取決於前幾世的發展，然後在這一世重拾舊貌，並且保持下去。

在形上學中脈輪是個漩渦（圖1-9）。脈輪像輪子一樣旋轉，以類似渦流的模式吸引或抗拒屬於自己界面的活動。在專屬的能量振動層次上，脈輪所遇之物都會被它吸進去，經過處理再傳送出來。

脈輪並非流體而是一組象徵模式，這些象徵模式就是我們身心的程式設計。這套程式設計主宰了我們的行事風格，如同電腦裏的程

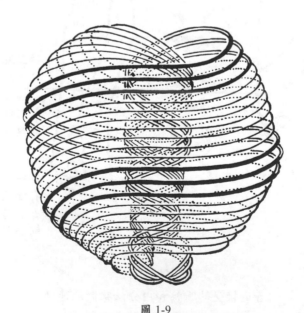

圖 1-9

形上學的圖解，脈輪是個漩渦。

式設計一樣，引導著能量流過整個系統，同時帶給我們各種資訊。「chakra」（脈輪）的字面意義是「圓盤」，我們可以把每個脈輪想成寫在電腦軟磁盤（最早使用的磁碟片）上的程式，負責驅動我們人生的特定元素，從生存程式到性行為程式，以及我們的思考和感受方式。

脈輪從身體的核心送出能量，同時吸納自外界進入核心的能量。因此再一次的，我將脈輪定義為接收、吸納和傳送生命能量的組織中心。我們的產出主要取決於我們所吸收的，這麼一來就非得在脈輪上下工夫，清除過時、失能或負面的程式設計，以免受到阻礙。

脈輪的內涵主要是由重複的模式組成，這些模式來自我們日復一日的各種行為，因為我們永遠是這些行為的中心點。重複的行為和習慣在我們周遭世界裏創造出了場域。程式設計則來自我們的父母和文化、我們的體型以及我們出生後的環境，前世的資訊也是重要因素。有靈視（天眼通）能力的人觀看脈輪時，往往能看出這些模式。他們的詮釋提供我們了解自身行為的寶貴洞見，就像星座命盤一樣，雖然能顯示出我們的人格傾向，卻並非完全不能改變。知道自己的傾向，可以提醒我們什麼該小心、什麼該加強。

透過與外在世界的牽扯，脈輪的內部模式很容易固著不變，於是造就了「業」這個觀念。「業」就是經由行為而形成的模式，也可以說是因果法則。陷入其中的任何一個模式，就是所謂的「卡在」脈輪裏。我們被困在一個不停打轉的漩渦裏（永恆的循環），停留在某一個特定層面跳脫不了。可能是一段關係、一份工作或某種習性，不過通常是一種思考方式。被卡住有可能是脈輪的功能過度強化或發展不足的結果。我們要努力的目標是清理脈輪，去除無益的老舊模式，為固著的行為帶來正面影響，讓我們的生命能量得以拓展到更高的次元。

脈輪連結了七個基本意識層次。當我們體驗到脈輪開放時，也就會更進一步了解脈輪所連結的意識狀態。這些意識狀態可以用下述的關鍵詞來總結，不過我們必須謹記，這些詞彙只是每個層次的複雜意涵（參見 59-61 頁的「對應表」）的簡稱，後面的章節會更完整的解釋每個脈輪。我也提供了與脈輪連結的元素，因為要了解脈輪的特性，

元素的意義非常關鍵。

第一脈輪： 位於脊柱底部，連結的是「生存」。元素是「土」。

第二脈輪： 位於下腹部，連結的是「情緒」和「性慾」。元素是「水」。

第三脈輪： 位於太陽神經叢，連結的是「個人力量」、「意志」和「自尊」。元素是「火」。

第四脈輪： 位於胸骨上面，連結的是「愛」。元素是「風」（空氣）。

第五脈輪： 位於喉嚨，連結的是「溝通」和「創造力」。元素是「音」[16]。

第六脈輪： 位於額頭中央，連結的是「靈視」、「直覺」和「想像」。元 素是「光」。

第七脈輪： 位於頭頂，連結的是「知識」、「理解」和「超越意識」。元素是「思」。

　　脈輪有可能開放或關閉、過度或不足[17]，或是介於之間的任何狀態。這些狀態或許是一個人終生表現出來的人格基本面向，或者只是時刻都可能改變的反應模式。生病的脈輪無法輕易改變既有的狀態，於是卡在開放或封閉的情態下，這時脈輪就需要療癒，不管是什麼東西阻礙了脈輪，都必須把原因找出來，然後排除掉。如果脈輪受到阻礙，凍結在封閉狀態裏，它就無法在那個特定層面產生或接收能量，例如愛或溝通的能量。如果脈輪因阻礙而凍結在開放或過度的狀態，這表示它傾向於把所有能量導引到這個特定層面，例如竭盡所能地加強個人力量或是滿足性需求，即使採取其他行為會比較恰當。封閉的

---

16. 傳統上，只有五個元素與脈輪連結，從下到上分別是：土、水、火、風和以太。第五脈輪與「音」（sabda）連結。我自己注入現代化的思維，將「光」與「思」這兩個「元素」連結到最上層的兩個脈輪。

17. 關於過度或不足的更多解釋，參見我的書《東方身體和西方心智》（*Eastern Body , Western Mind*）。

脈輪表示長期迴避特定能量，過度開放的脈輪則是長期固著於特定行為。

　　一個人在特定層面上接觸到的能量，其品質好壞和數量多寡，與相應的脈輪開放或封閉的程度有關，也和當事人是否有能力在恰當時機控制脈輪的開放和封閉有關。能量的好壞與多寡，左右了我們在每個層面的活動量，以及能否有效處理複雜的情況。

　　舉個例子，一個人的第三脈輪（個人力量）如果緊閉，他就會害怕對抗，而第三脈輪比較開放的人，則可能因對抗而成功。第二脈輪（性慾）開放的人可能有許多性伴侶，左右逢源；第二脈輪封閉的人即使感覺到了欲望，也可能會迴避。喉輪過度開放的人可能會喋喋不休，不懂得傾聽；狀況相反的人則幾乎說不出話來。

　　有一些特定的練習被設計來協助每個能量中樞的開啟、宣洩或增強力量，但首先我們必須完整的瞭解這套系統。一旦瞭解了整個系統，就可透過各種方法去探究每個層面。你可以：

- 將注意力集中在身體的特定部位，詳細記下這裏的感覺和反應。
- 了解這個脈輪的哲學意涵，同時加以應用。
- 檢視脈輪對應的層面，在日常生活中的互動狀況。

　　在這樣的練習中，與特定層面向相關的一切，都可以利用來接近脈輪，改變裏面的能量。

　　舉個例子，要了解你第二個脈輪（性慾）處於什麼樣的狀態，首先得把注意力調到那個身體部位（腹部、外陰部）。它是流動的狀態嗎？是充滿活力、疼痛、緊繃，還是放鬆？生理狀態帶給我們許多線索去了解內在的歷程。下一步則是檢視這個特定脈輪的意義和作用。你賦予情緒和性慾什麼意義？它們對你有什麼價值？關於這兩個議題，你接收了哪一種程式設計？接著你可以檢視生活中情緒互動與性互動的質和量，是你想要的狀態嗎？付出與接受之間平衡嗎？是毫不費力的能量流動，還是會帶出恐懼與焦慮的議題？

接著你可以做下述任何一件事，來增進第二脈輪的健康：

- 從事可以放鬆、打開或刺激身體薦骨部位的運動。
- 著力於與此脈輪連結的意象、顏色、聲音、神祇或元素。例如喝大量的水、接近溪流、游泳等，都與水不斷運行、流動或淨化的特質相關，也是與水元素連結的方法。
- 探索你對於性慾和情緒的感受，它對你的價值為何。把這些新的洞見帶入你跟他人的互動中。

上述任何一項或全部的嘗試過程，都可能影響你在情緒或性慾上面產生的改變。

身與心的相互關係無法切割，彼此支配和影響，因此我們可以透過身接近心，也可以透過心接近身。七個主要脈輪也是彼此相關無法切割的。一個脈輪的運作出現阻礙，也會影響其上或其下的脈輪活動。例如你在個人力量（第三脈輪）方面遇到麻煩，可能是因為溝通（第五脈輪）出現阻礙，或是相反的狀況。或者你真正的問題是在心輪（第四脈輪），卻因為問題埋藏得太深，而顯現在其他領域。檢視脈輪完整的理論系統，並應用到只發生於你內在的獨一無二脈輪系統裏，那麼過程中你就能學會梳理那些精微的模式，再根據自己的目標精進。我們深入探討每一個脈輪時，會詳細的解釋這個過程。

脈輪同時存在於許多層面，因此提供了進入這些層面的入口。在肉體層面，脈輪會呼應身體的特定部位，反映出的往往是胃部緊張不安、喉嚨哽住、心臟怦怦跳或性高潮。著力於身體的連結，讓我們可以運用脈輪系統來診斷疾病，在某些例子中亦可治癒疾病。

脈輪也對應於各種形態的活動。工作是第一脈輪的活動，因為與生存相關；與音樂相關的是聲音及溝通，對應於第五脈輪；做夢是內在視覺的作用，屬於第六脈輪的活動。

在時間的面向上，脈輪描述了個人與文化週期的發展階段。兒童時代脈輪便依序打開，第一脈輪打頭陣，主宰了生命的第一年，隨著

我們逐漸成熟進入成年期，上層脈輪也開始打開[18]。成年後我們可能在不同階段專注於不同的脈輪：追求成功，探索性慾，培養個人的力量、關係和創造力，或是探索靈性。

從人類進化的角度來看，脈輪代表著不同時期一直出現的意識範型。原始人主要仰賴第一脈輪，當時文明的最大重心是生存；農業和船運標示了第二脈輪時代的開端。至於眼前的千禧年，我相信我們是從力量和能量的第三脈輪時代，過渡到第四脈輪的「心」國度，焦點是愛和同情。每一次的範型轉移都不是平順或突發的，在歷史軌跡中我們清楚的看見了這些階段的發展（參見第十二章）。

在心智層面，脈輪代表的是意識的模式，也就是信仰系統。透過信仰，我們體驗和創造了個人世界。因此，脈輪的確推動了我們人生的程式。下層脈輪的程式包含著身體在生存、性慾和行為方面的資訊，上層脈輪則帶領我們進入更普世性的意識狀態，著力於更深層的信仰系統，探索靈性和意義。有時候我們會鎖死在一個程式上，這個程式變成了我們與周遭世界互動的習慣方式。把任何情境都視為挑戰其力量的人，等於讓第三脈輪決定了他的人生方向；永遠掙扎於健康或金錢等生存議題的人，則是第一脈輪遭遇了難題；活在自己幻想中的人可能是卡在第六脈輪上面。

如你所見，脈輪有許多複雜的意涵。脈輪以隱喻方式呈現出意識在各個層面的活動，其價值無可估量，如果將其統合成一個完整的系統，將可幫助我們更加了解人類的能量動力。

---

18. 關於脈輪和童年發展階段，更多細節參見《東方身體和西方心智》。

濕婆與夏克蒂

> 沒有力量就沒有掌握力量者；沒有掌握力量者也就沒有了力
> 量。掌握力量的是濕婆；力量本身則是夏克蒂，偉大的宇宙
> 之母。沒有夏克蒂就沒有濕婆，沒有濕婆也不會有夏克蒂
> [19]。

　　在印度教神話裏，宇宙是由神祇濕婆（Shiva）和夏克蒂（Shakti）
聯手創造出來的，濕婆是男性法則，等同於「未顯化」（沒有具體表
現形式的）的純粹意識。祂被描述為無形的存在，代表至樂，是靜心
的深層境界。濕婆是無為的神聖潛能，也就是純粹意識，有別於具象
顯化的意識，有時會被視為「破壞神」，因為祂是沒有形式的意識，
往往藉由摧毀來顯露覺醒境界。一般相信，濕婆是頂輪上最具力量的
存有[20]。

　　夏克蒂則是相對於無為意識的女性力量，是賦予生命力的女神。
祂就是整個宇宙之母。夏克蒂創生了這個世界，也創造出「馬雅」
（maya，意為幻境），一般認為馬雅其實是幻象。在古老的梵文中，
馬雅有「魔法、藝術、智慧、非凡力量」的意思[21]。馬雅就是「顯化
的宇宙」之內涵，是神聖創造力的情婦。馬雅也是意識的投射而非意
識本身。據說「當業成熟時，夏克蒂會渴望創造，以自己的馬雅覆蓋
自己」[22]。

　　夏克蒂的字根「shak」，意思是「擁有力量」或「有能力」[23]。夏

---

19. Avalon（阿法隆）《*The Serpent Power*》（靈蛇力量），二三頁。
20. 第一脈輪包含了濕婆的男性生殖器象徵「林伽」，是由昆達里尼－夏克蒂賦予活力
    的濕婆形式。
21. Sir Monier Monier-Williams《*Sanskrit-English Dictionary*》（梵英辭典），八一一頁。
22. Lizelle Raymond《*Shakti-A Spiritual Experience*》。
23. Swami Rama（拉瑪大師）〈The Awakening of Kundalini〉（昆達里尼的覺醒），收
    錄於 John White 編輯的《*Kundalini, Evolution, and Enlightenment*》（昆達里尼、進
    化和開悟，Anchor Books，一九七九），二七頁。

克蒂是生命能量，由此會產生出力量來形成生命。經由與夏克蒂結合，
濕婆的意識開始下降，賦予宇宙（夏克蒂）神聖意識。在凡人的世界
裏，女人生孩子必須結合男人的精子，同樣的，夏克蒂創生出宇宙，
也必須結合來自濕婆的「種籽」意識。

　　這兩位神祇都有朝對方移動的傾向。夏克蒂從大地向上攀升，被
描述成「人類靈魂的熱切渴望」，而濕婆從天下降，則是「神的恩典
無法抗拒的魅力」或「顯化」[24]。祂們現形為永恆的擁抱，不斷交合，
少了對方就無法存在，祂們永恆的關係創造出現象世界和靈性世界。

　　濕婆和夏克蒂駐留在我們每個人內心，我們只要依照特定的法則
修練，就能讓這兩股力量結合起來，揭開馬雅的朦蔽而開悟，或是體
悟隱藏在「幻象」之中的覺醒境界。達到這樣的境界時，正如馬雅的
古老意義所暗示的，我們將會掌握到創造的藝術、智慧和力量。

解脫與顯化

> 意識因此有雙生的面向：解脫（mukti）或無形的面向是純粹
> 意識——至樂；宇宙或有形的面向，是形成享樂（bhukti）的
> 世界。靈性修行其中一項基本原則，就是同時獲得解脫和享
> 樂[25]。

　　我們也可以把濕婆和夏克蒂視為代表通過脈輪的兩股能流（氣
流），一股向下，一股向上[26]（圖 1-10）。向下的我稱之為「顯化的
流動」，源頭是純粹意識，會下降通過脈輪進入的層面，每下降一步，
這股能流就會變得愈來愈密實。舉例來說，要製作一齣戲，我們必須

---

24. Haridas Chaudhuri〈The Psychophysiology of Kundalini〉（昆達里尼的心理生理學），
　　出處同上，六一頁。
25. Avalon（阿法隆）《The Serpent Power》（靈蛇力量），三八頁。
26. 曉蓮大師（奧羅賓多大師，Sri Aurobindo）在他許多著作中，也描繪了上升和下降
　　的流動。

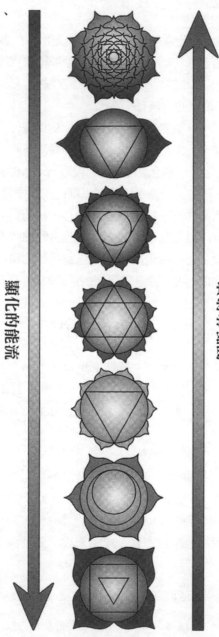

朝向形式、密集、
界限、收斂和個
體性移動。

拉向心智和靈性

顯化的能流

解脫的能流

拉向靈魂和身體

朝向自由、拓
展、抽象和宇
宙性移動。

圖 1-10

顯化的能流和解脫的能流

先有一個想法或概念（第七脈輪）。想法接著變成一組意象（第六脈輪），可以藉由故事的形式與別人溝通（第五脈輪）。隨著想法的進一步發展，其他人也參與進來。我們進入各種關係來實現想法（第四脈輪），注入自己的意志和能量（第三脈輪），排練動作，將概念與物質的元素結合起來（第二脈輪），最後在物質面（第一脈輪）具象呈現這齣戲於觀眾面前。就是這樣，我們讓始於思想的抽象概念向下通過脈輪，最終具象的顯化出來。也就是說，這條顯化的路徑是由生命的享樂（bhukti）所牽動的。

另一股被稱為「解脫」的流能，則會帶領我們擺脫現象界的限制，進入更自由、廣闊和包容一切的存在狀態。在這條路徑上，物質中的能量被釋放出來，變得愈來愈輕盈。在通過各種元素向上流動時，物質逐漸拓展蛻變成純粹存在的無限狀態。於是堅實的土失去硬度變成了水，再變成旺盛的火、擴展的風、振動的音、放射的光，最終成為完全抽象的思想。

脈輪的研究通常著重於解脫的路徑，因為它帶來了個人性的解脫，通過這條路徑，緩緩流動的緊縮能量逐漸獲得更大自由，使我們擺脫了過時或帶來拘束的習慣，而脫離馬雅的障蔽。藉由這條路徑，我們可以解開物質世界的限制，在比較抽象和象徵的層次上找到更寬闊的天地。解脫之道的每一步都在重新安排物質和意識，產生更有效率且能量更豐富的組合，讓我們融入最初的源頭。由於這股能流是源自底層，因此是下層脈輪——我們的根、勇氣、需求和欲望——為其添加燃料。

向下流動的能量儘管蒙受許多偏見，重要性卻未減低，因為是這股能量讓我們顯化的。向下的每一步都在發揮創造力，是意識自身付諸行動去選擇、邁步朝向限制，允許自由緊縮。透過這樣的緊縮，原本抽象的意識獲得了容器，得以凝集而變得具體。在向下的流動中，我們可以把每個脈輪視為宇宙能量的「凝集器」。

顯化首先必須設限。我們需要創造出界限，變得明確，同時界定結構和形式。為了寫這本書，我的生活必須有按部就班的結構，限制

其他的活動直到完成為止。為了維持工作、養小孩、完成學業，或是創造任何實體，我們必須接受限制。

解脫的能流帶給我們興奮感、生命力和新奇感，向下的能流則會帶來平靜、恩賜和穩定性。為了確實完成這兩條路徑，所有脈輪都需要開放，而且得保持活躍。只有解脫而沒有限制，會令我們感到模糊、散亂及困惑。我們可能有精采的想法和淵博的知識，卻無法使其成熟，完成任何實質成就，另一方面，如果只有限制而沒有解脫，則會令人感到無聊和窒息。我們會陷入重複的模式，緊抓住保障，害怕改變。但要達到真真實實的整合，兩股能流都必須開放而活躍。

我們可以把脈輪想成是身體內的房間，兩股力量在這裏以不同的組合交融。每個脈輪的解脫與顯化能量都保持著不一樣的平衡性。在脈輪系統中，愈往下走呈現的動能愈強，愈往上走脈輪受到解脫的能流影響愈大。這種基本的兩極對立，是我們了解脈輪系統如何整體運作的關鍵所在。

三種屬性

印度教的神話描述宇宙是從「普拉克提」（prakrti，「原質」或「自性」）進化而來的。「原質」類似於西方煉金術中「原始物質」（prima materia 或稱「第一元素」）的概念。原質是由三條支線組成的，這三條支線被稱為「屬性」（gunas）或「特質」，創造出了我們體驗到的一切。以我們的語言來說，「屬性」對應於物質、能量和意識。

第一種屬性被稱為「惰性」（tamas，「暗德」），代表物質、團塊或是沒有活力的沉重停滯狀態，是原質最密實的形式。第二種屬性被稱為「變性」或「激性」（rajas，「憂德」），代表活動的能量、力量及克服惰性，是原質活躍且不斷改變的形式。第三種被稱為「悅性」（sattva，「喜德」），意思是心智、智能或意識，是原質的抽象形式。三種屬性也可以用下列方式描述：「惰性」是磁力，「變性」是動力，「悅性」則是兩者之間的平衡力量。悅性主宰因果界，變性

主宰精微界，惰性主宰物質界。

　　在宇宙的持續創生中，三種屬性相互交織，形成了我們經驗到的各種存在狀態或次元。以根本的均衡狀態為起點，三種屬性透過不斷的流動保持這個均衡狀態。有些時候惰性可能占優勢而帶給我們物質；有些時候則由變性支配，賦予了我們能量。當悅性主導時，基本上是心智或靈性方面的經驗。無論如何，三種屬性會永遠保持自己的本質，就好像一根辮子的三束頭髮，清清楚楚自成一束，但編在一起就成為一根辮子。印度教徒相信三種屬性的總量不會改變，反映了今日物理學接受的能量不滅定律。就像我們的辮子，每束頭髮的數量可以改變，但整根辮子的大小不會改變。

　　脈輪由三種屬性構成，比例各自不同。這三種屬性就是「原質」（統合的基本原始物質）的精髓，共同組成了宇宙舞蹈，但分開來各自都有獨特的舞步。屬性描繪出宇宙舞蹈的清晰舞步，藉由研究它們之間的關係，我們可以學會跳舞，加入這場舞蹈。

　　接著的內容會大量使用物質、能量和意識這三個詞彙。這三個詞彙描述出生命所有面向的固有特質，也就是三種屬性的特質。三者無法截然區分，也絕對不會單獨存在，必然混合了或多或少的其他屬性。事實上，除非是在純粹知性的架構下，否則根本不可能將這三者真正區分開來。能量、物質和意識交織在一起，形成了我們經驗到的一切，就如同屬性結合起來形成宇宙一樣。

　　脈輪就是由這三種成分以不同比例構成的。物質（惰性）主宰下層脈輪，能量（變性）主宰中層脈輪，而意識（悅性）主宰上層脈輪。不過，在每個生物體內及每個層面上，我們都會發現不同的比例。均衡的編織這三股基本支線，就能為我們的身、心、靈帶來平衡。

脈輪與昆達里尼（拙火）

> 她的光輝是生猛的閃電。她的甜美呢喃宛如群蜂依稀可聞的嗡嗡聲。她創造出音律悠揚的詩歌……是她在一吸一呼之間

維護了世界萬物的生存，同時宛如一連串燦爛的光輝閃耀在
蓮花根部的空洞之中。

——Sat-Chakra-Nirupana[27]

當夏克蒂停駐在最底層的脈輪時，祂是處於休息狀態。在這裏祂
成為盤繞的蛇，也就是昆達里尼－夏克蒂。祂在海底輪纏繞濕婆的「林
伽」（lingam，濕婆的男性生殖器象徵）三圈半。以這樣的形式，祂
成為物質中固有的潛能，初始的女性創造力量，也是人類意識的進化
力量。在大多數人身上，祂是保持著休眠狀態，安睡於脊柱底端的居
所。祂的名字來自梵文「kundala」，意思是「盤繞」。

被喚醒時，這名女神從盤繞中舒展開來，向上爬過一個又一個脈
輪，到達頭部頂端的頂輪（冠輪）。祂希望在這裏找到下降的濕婆並
與之相會。當祂穿透每個脈輪時，會喚醒脈輪覺知到祂的主題。事實
上，有些人相信只有昆達里尼－夏克蒂可以開啟脈輪。如果祂能夠抵
達頂輪完成旅程，就會與祂的對應者濕婆，也就是神聖意識結合，結
果就是開悟或至樂。

昆達里尼（拙火）瑜伽是祕傳的古老門派，宗旨是喚醒昆達里尼
－夏克蒂的力量，將力量沿著脊柱提昇上去。修練昆達里尼通常得由
受過訓練的上師啟蒙，同時經年累月修習特定的瑜伽動作和靜坐。不
過，也有許多人斷斷續續走在靈性的道路上，他們擁有一些自然發生
的靈性經驗，其中有些人體驗到了真正的昆達里尼覺醒，因此值得好
好檢視這股神祕而強大的力量。

昆達里尼行走的路徑不大一樣，最常見的是，昆達里尼從腳或脊
柱底端開始朝著頭部向上前進。昆達里尼的移動可能伴隨著發抖的痙
攣，或是感受到強烈的熱。無論如何，關於昆達里尼的敘述都包含了
類似的強烈反應，不管是從頭部向下行進，或是由中間朝外發展。有
時候昆達里尼的徵兆發生在幾秒之間，然後就消失了，相隔了幾小時

---

27. 《Sat-Chakra-Nirupana》詩篇十和十一，引用自阿法隆在《靈蛇力量》中的英譯。

或好幾年才再出現。其他的例子中，這些徵兆可能持續幾個星期、幾個月或幾年。

　　一般來說，昆達里尼是獨特而強烈的經驗，會造成深遠的意識轉化。這樣的意識轉化可能會讓當事人體驗到增強的警覺力、突如其來的洞見、心像、聲音、沒有重量的感受、體內的潔淨感，或是超越性的至樂。有些證據顯示，昆達里尼會造成腦脊髓液的波動，觸動頭腦裏的愉悅中樞，帶給我們神祕主義者經常描繪的「至福狀態」。

　　然而，昆達里尼的經驗不一定總是愉快的。當昆達里尼猛烈的穿越脈輪時，許多人日常生活的運作會變得極為困難。在昆達里尼衝破封鎖前進時，可能會難以入眠，或者厭惡與下層脈輪連結的能量，例如吃或性，不過也有些人在昆達里尼覺醒後變得非常性感。透過蛇形女神的眼光來檢視自己的生活，你可能感到深沉的沮喪或恐懼。祂雖然是療癒的力量，卻不一定溫柔，因為幻覺的面紗被揭開後，會現出你的原形。經驗了自發的昆達里尼覺醒卻沒有靈性老師可以商量的人，有一些轉介機構可以引薦經驗豐富的治療師，他們了解這股靈性能量，認為沒有必要把你的狀況判定為瘋狂或精神不正常[28]。

　　在世界各地蛇都是原型象徵，代表開悟、不朽和通往神的道路。在〈創世記〉中，蛇引導亞當和夏娃去品嘗知識樹的果子，這象徵了昆達里尼的開端，引發了永不止息的求知慾，而依舊立足於物質世界裏（蘋果）。在埃及，法老王戴的王冠有蛇的象徵符號位於第三眼之上，代表他們的神格，這是否也意味上升的昆達里尼呢？即使在今日，現代醫療象徵仍然是雙蛇纏繞於療癒的桿杖上——眾神使者赫密斯的蛇杖（caduceus，圖 1–11）。蛇杖顯然模仿了左脈和右脈的交纏，這兩條核心氣脈環繞著中脈，在脈輪之間彼此交會（圖 1–6）。纏繞在一起的蛇也象徵著 DNA 的雙螺旋結構，而 DNA 攜帶了最基礎的生命

---

28. 由「California Institute of Integral Studies」主持的「Spiritual Emergence Network」電話：（415）648-2610，或者「Kundalini Research Network」，P.O. Box 45102, 2483 Younge St., Toronto,Ontario, Canada, M4P 3E3。

圖 1-11

現代的療癒象徵，赫密斯蛇杖，模擬了脈輪和氣脈的行進路線，從底部出發到達頂端的雙翼。

訊息。

昆達里尼是普世性的概念，代表一股非常強大的開悟力量，也是非常難以駕馭和無法預測的力量。想要玩弄這條蛇，可能會承受強烈的痛苦和困惑，而且經常會被世人詮釋為精神錯亂。這樣的經驗不一定會伴隨前述較正向的面向。昆達里尼會打開脈輪，然而就像打開監獄裏的每間牢房一樣，昆達里尼也會釋放出保存在脈輪裏的一切，可能是拓展的洞見或經驗，也可能是最初導致脈輪關閉的舊創或受虐經驗。

昆達里尼的確會帶來深刻的意識狀態，但這種意識狀態或許會令當事者非常難以與世和諧共處，因為這個世界是如此的「極度不覺悟」。昆達里尼或許不會支持我們目前的範型，也牴觸到我們的生活環境或體內不潔的生理狀態。這些歧異都可能使我們極不舒服，但是也不能一直迴避。基本上，昆達里尼是一股療癒力量，只有遇上我們

尚未準備好要釋放的緊張和不潔時，才會感覺痛苦。學習打開脈輪才能幫助昆達里尼鋪好暢行無阻的路徑，減少痛苦。

　　理論上，昆達里尼會帶來力量，幫助我們打開位於頭頂的頂輪。因為脈輪裏面的阻礙可能會卡住我們脊柱的能量，而頂輪往往是最難抵達的。傳統上認為開悟發生在頂輪，但我相信開悟是所有脈輪的連結及調和一致，再加上徹底的自我覺知。許多人的經驗是，他們比較覺醒的時刻，往往來自將上層脈輪的意識向下帶入具體的認知時，而不是相反的情況。

　　當我們深深放鬆並關注所有脈輪時，能量自然會提昇到高層脈輪。企圖用力讓能量向上走，會導致緊繃和高壓，也會感覺「恍神」，或是容易對與我們行事迥異的人發脾氣，後者會造成疏離，而我早就發現這是不覺醒的徵兆。許多人參加研討會時來到我面前，興奮地述說他們的第七輪覺醒的經驗，但卻毫無所覺他們正粗魯的打斷一段對話，或是他們的身體顯然到了疏於照顧的可怕程度。

　　我們無法討論脈輪而不提及昆達里尼，但提昇昆達里尼並不是這本書的焦點。昆達里尼覺醒不一定是最好或最容易的方式，就好像開車穿過石牆並不是最容易讓你抵達下一條街上的房子的方式。有時的確需要強大的力量穿過特別頑固的阻礙，但我還是比較喜歡自然、安全、愉悅的方法。我們選擇了風光明媚的路線，就可以好好享受旅程和目的地。

　　這本書不支持也不非難那些用來喚醒昆達里尼的修行。迷幻藥是一種快速的方式，可以讓你一瞥高層的超意識境界，它雖然無法讓你久留在那個境界裏，仍然可能造成一些正向的改變。比較起來，昆達里尼的覺醒反而是更無法預測的，雖然通常它更深刻且更難成就。無論如何，昆達里尼覺醒並不是藥物的成果，而是重新組織了我們的生命能量。對任何真心想要追求高層意識的人來說，昆達里尼覺醒乃是獨特而寶貴的經驗。

　　我們面對的痛苦都是來自於我們的抗拒，以及昆達里尼達到目標前必須燒光的不潔。

目前有大量針對昆達里尼覺醒的研究，形成了許多理論，足以說明昆達里尼覺醒究竟是怎麼回事，以及如何引發的。下面列出的是跟這本書最相關的理論。

- 昆達里尼覺醒由上師引發。我們跟別人的任何互動都是發生在某個脈輪層次（圖 1–12）。如果跟我們互動的人是由下層脈輪所主宰，我們自己的能量中樞也會據此回應。這樣的互動可能會把我們往下拉。同樣的，如果發生的互動刺激了上層脈輪，例如跟已經喚醒昆達里尼的上師互動，這股新匯集的能量則有可能喚醒弟子的昆達里尼。如果昆達里尼的覺醒是由上師引發的，那麼這種經驗就可稱為「夏克蒂帕特」（Shaktipat）。「夏克蒂帕特」會喚醒能量中樞，讓昆達里尼流動，使得接收者能夠自由體驗美妙的效果，同時處理這樣的經驗對他們的生活和身體造成的影響。

- 昆達里尼覺醒跟性相關。譚崔的修行有時包括了精微的瑜伽性愛修行，目的是喚醒昆達里尼，達到超越的境界。這些技巧殊異，從延長性高潮到滴酒不沾等等。有些人表示昆達里尼覺醒與性是互相排斥的，另一派人則相信兩者密不可分。我會在針對第二脈輪的章節充分的加以討論。

- 昆達里尼覺醒與化學作用相關。第六脈輪通常與松果體連結。松果體分泌的一種化學物質褪黑激素，我們已經知道會增強心靈能力、夢的記憶、心像和幻覺效應[29]。有些人相信昆達里尼覺醒誘發的心像，是神經傳導物質的循環造成的。在一些例子中，像咖

29. Philip Lansky〈Neurochemistry and the Awakening of Kundalini〉（神經化學與昆達里尼覺醒），收錄在 John White 編輯的《Kundalini, Evolution, andEnlightenment》（Anchor Books，一九七九），二九六頁。

啡、大麻或迷幻藥等，都可能引發昆達里尼覺醒。

- 昆達里尼是體內能量振動節奏同步的結果[30]。脊柱的波能產生節奏，與心跳、腦波及呼吸模式同步時，會刺激頭腦裏的各個中樞。這種狀態可能是由靜坐或呼吸速度引發的，或者純屬巧合，譬如自發性覺醒的例子。我們探索第五脈輪管轄的能量振動時會深入討論。

- 如果有一條暢通無阻的能量管道連結了所有脈輪，就會自然發生昆達里尼的覺醒。最後這一點是我自己的理論，我認為這補充了上述的說法，而又不相牴觸。如果把脈輪看成是排檔，那麼昆達里尼就是透過能量不斷換檔蛇行前進。事實上，脈輪可以發揮抑制昆達里尼的作用而讓它減速，因此可以適當的加以引導，但不會燒光昆達里尼所經之處的肉體組織。從我們目前的存在狀態來看，脈輪本身不是阻礙而是踏腳石。但有時候脈輪內部未解決的慣性模式，可能不必要的阻礙了這股生命力量。藉由透徹的了解個人的脈輪系統，或許可以採取安全又可以預期的方法，來運用昆達里尼的能量。

30. 李・珊那拉（Lee Sannella M.D.）《拙火經驗》（*Kundalini:Psychosis orTranscendence*？），方智。同時參見 Itzhak Bentov（艾札克・班多夫）《*Micromotion of the Body as a Factor in the Development of the Nervous System*》，七七頁以下。

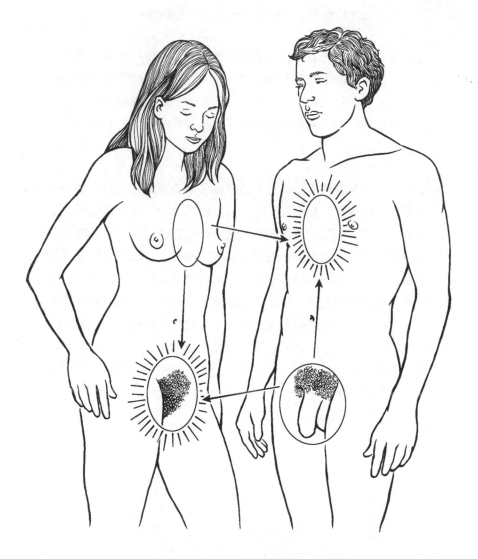

圖 1-12

他的行為可能是出自下層脈輪身體／性的層次，
將她的注意力帶到這個部位來，而同時她可能從心輪層次發散訊息，
因而激勵了他的心輪。

對應表

脈輪	一	二
梵文名字	*Muladhara*	*Swadhisthana*
意義	根部的支持	甜美
位置	會陰	薦骨（或骶骨）
元素	土	水
能量狀態	固態	液態
心理功能	生存	欲望
導致的結果	接地（立足大地）	性慾
認同	身體認同	情緒認同
自我的定位	自我保護	自我滿足
心魔	恐懼	罪咎
發展階段	子宮～十二個月	六～二十四個月
腺體	腎上腺（副腎）	生殖腺
其他身體部位	腿、腳、骨頭、大腸	子宮、生殖器（外陰部）、腎臟、膀胱、下背部
功能失調	肥胖、厭食、坐骨神經痛、便祕	性方面的問題、排尿困難
顏色	紅色	橙色
種籽音	Lam	Vam
母音	Oh[o]	Oo[u]
質點	王國（Malkuth）	基礎（Yesod）
星球	地球、土星	月亮
金屬	鉛	錫
食物	蛋白質	流質食物
寶石	紅寶石、石榴石（柘榴石）黑膽石（赤鐵礦）	珊瑚、紅瑪瑙（紅玉髓）黃鋯石
香氣	香柏	透納樹葉（damiana，達米阿那）
瑜伽	哈達瑜伽	譚崔瑜伽
權利	擁有	感受
屬性（德）	惰性（暗德）	惰性

對應表

三	四	五
Maniura	*Anahata*	*Vissudha*
光輝的寶石	不受打擊	淨化
太陽神經叢	心	喉嚨
火	風	音、以太
電漿態（超氣態）	氣態	振動
意志	愛	溝通
力量	和平	創造力
自我認同	社會認同	創造性認同
自我定義	自我接納	自我表達
羞恥	貪婪	謊言
十八～四十二個月	三・五～七年	七～十二年
胰臟、腎上腺	胸腺	甲狀腺、副甲狀腺
消化系統、肝、膽囊	肺、心、循環系統、手臂、手	喉、耳、嘴、肩、頸
消化問題、慢性疲勞、高血壓	氣喘、冠狀動脈疾病、肺部疾病	喉嚨痛、肩頸疼痛、甲狀腺毛病
黃色	綠色	藍色
Ram	Yam	Ham
Ah[a]	Ay[e]	Ee[i]
榮光（Hod）、勝利（Netsach）	美麗（Tiphareth）	力量（Geburah）、慈悲（Chesed）
火星（還有太陽）	金星	水星
鐵	銅	水銀
澱粉質	蔬菜	水果
琥珀、拓帕石（黃寶石）、磷灰石	翡翠、碧璽（電氣石）、玉	綠松石
薑、車葉草	薰衣草	乳香、安息香
行動（業）瑜伽	虔信（奉愛）	瑜伽 梵咒（真言）瑜伽
行動	愛	說同時有人聆聽
變性（憂德）	變性／悅性（喜德）	變性／悅性

對應表

脈輪	六	七
梵文名字	*Ajna*	*Sahasrara*
意義	指揮中心	千倍
位置	眉毛	頭頂
元素	光	思
能量狀態	冷光（無熱光）	意識
心理功能	直覺	了悟
導致的結果	想像	至樂
認同	原型認同	宇宙認同
自我的定位	自我反省	自我認識
心魔	幻覺	依附（眷戀）
發展階段	青春期	一輩子
腺體	松果體	腦下垂體
其他身體部位	眼、顱底、眉毛	中樞神經系統、大腦皮層（大腦皮質）
功能失調	視力問題、頭痛、做噩夢	憂鬱、疏離、迷惘
顏色	靛色	紫色、白色
種籽音	Om	無
母音	Mmmm[m]	Ng[sing 的音]
質點	理解（Binah）、智慧（Chokmah）	王冠（kether）
星球	木星、海王星	天王星
金屬	銀	黃金
食物	引起幻覺的物質（entheogens）	斷食
寶石	青金石（古稱琉璃）、石英	鑽石、紫水晶
香氣	艾草	沒藥、雷公根
瑜伽路徑	幻輪瑜伽（Yantra）	知識（智慧）瑜伽
權利	看	知
屬性（德）	悅性（喜德）	悅性

導論總結

本書有些基本理論和一己之見需要在此時提出來。我的大部分主張都呼應著「標準」系統（如果你可以認出哪些是「標準」），不過許多概念依舊莫衷一是。以下的內容是過去、現在和可見未來關於脈輪系統的信仰及研究資料，同時納入了其他許多相關的形上學和心理學系統。

我的用意是呈現理論而不是教條，宣揚理念而非宗教。希望無論讀者的宗教或哲學傾向是什麼，書中內容都有能幫助你拓展意識的價值。以下是這本書的論點：

- 在精微身（靈妙體）裏有七個主要脈輪及一些次要脈輪，它們是從物質通向意識的各個層面的門戶。
- 在人的身上，這七個層面對應於意識的七個原型層次，也對應身體不同的屬性。
- 兩股主要的垂直能流互相貫穿創造出脈輪。
- 就我們人類現階段的發展層次，下層脈輪與上層脈輪具有同樣的價值和重要性。
- 脈輪系統描述了一套進化模式，人類目前正要從第三層進入第四層。
- 脈輪也對應了顏色、聲音、神祇、次元和其他精微現象。
- 這套系統對於個人成長有無限價值，可以用於診斷和療癒。
- 七個脈輪對比相關的意識層面，其比率就像彩虹的七個顏色相對於電磁波的波譜。七個基本脈輪只是我們現有的「設備」可以覺知到的振動中樞，如同我們的肉眼只看得到彩虹的顏色。
- 七個脈輪不斷互相作用，唯有在知性層面才能將它們區分開來。
- 透過各種身體的練習、功課、靜坐（靜心冥想）、療癒方法、人生經驗和通盤了解，我們可以打開脈輪，導向更深奧的意識狀態。

預備的身體練習

對位

　　為了讓脈輪平順的運作，它們彼此必須協調一致。最直接的對位是讓脊柱保持相當程度的挺直（過度挺直的脊柱既僵硬又緊繃，會阻礙脈輪開放）。

　　雙腳與肩同寬站好，雙手高舉過頭，帶動整個身體拔高，伸展你每一個脈輪。感受拉長的姿勢如何促使脈輪對位。

　　回復正常的站立姿勢時，試著保持剛才伸長的感覺，讓身體成一直線，由此每一個重要區塊（骨盆、太陽神經叢、胸部、喉嚨、頭部）的中心感覺都對齊了身體的中軸線。讓你的腳穩穩接地，感受連結了所有脈輪的中心（中脈）。

　　以坐姿練習同樣的對位法，可以坐在椅子上，也可以盤坐在地上。試著把身體鬆垮下來，再回復脊柱的挺直，感受身體的能量和心智的明晰度的差別。

讓能量流動

● 顯化的能流

　　舒適的或站或坐，脊柱伸直，雙腳穩穩定在地上，不要穿鞋。調整身體的垂直軸線，幫自己找出舒適的平衡姿勢，可以平穩、心神集中且毫不費力的維持這條垂直軸線，然後緩慢而深沉的呼吸。

　　用心想像自己通過頭頂延伸出去，讓自己體驗上面無限浩瀚的天空與太空。試著吸進來這片無垠的浩瀚，想像自己通過頭頂將其啜飲進來，將這片浩瀚拉進頭腦裏，讓它逐漸下降，經過你的臉、你的耳、你的後腦勺，再下降經過你的肩膀和手臂。

　　讓你的頭再度充滿這股「宇宙」能量，這一次讓它落到你的脖子，下降到你的胸部，隨著你吸氣……呼氣……吸氣……呼氣，讓能量充滿你的胸腔。當胸腔飽滿時，讓你的肚子鬆開來，允許這股能量充滿你的太陽神經叢、腹部、生殖器，同時下降到臀部，通過腿進入腳，

然後流出去，讓這股能量進入地球深處。

回到你的頭頂，重複練習。當你再度開始這個觀想歷程時，你可以選擇把這股能量想成更具體的形式；想成光、特定顏色、某位神祇的形貌、一圓柱泡泡、一道風，或者只是能量的流動。重複這個歷程，直到你感覺意象很容易就可以現出，而且可以平順的從頭頂之上流動到腳下的地球。

• 解脫的能流

等到上述練習做得順暢了，便可以開始用類似技巧著力於向上的流動。

通過你的腳和腿，想像來自地球的能量（紅色、棕色或綠色；固態卻會振動）升上來，經由腿進入第一脈輪，充滿那裏，然後繼續流動到生殖器（外陰部）、腹部和太陽神經叢。接著充滿你的心和胸、頸和肩、臉和頭，然後通過頭頂流出去，將過程中遭遇的任何緊張都向外、向上釋放掉。著力於這股能流，直到流動得非常平順為止。

等到兩股能流都平順了，就試著讓它們同時流動。觀察它們在每一脈輪的層面混合、交融在一起。（如果你喜歡著力於顏色，參見第七章〈第六脈輪〉結尾的靜坐練習）

隨著每一天的生活，去覺知這兩股能流經過你的身體時，哪一股比較強？是在一天中的什麼時候，或者做什麼活動之時？也許你的身體需要多多發展其中的一股，才能平衡全身的能量。特別注意在哪些部位能量會因為緊繃而受阻。試試這兩道能流，看看哪一股對衝破這個阻礙比較有效。

第二部
脈輪的旅程

第一脈輪

土

根部

接地

生存

身體

食物

物質

開始

第二章

第一脈輪：土

啟程的靜心冥想

你正要開始一趟旅程。這趟旅程會通過你自性（自我）的各個層面。這趟旅程會通過你的生活、你的內心和周遭世界。起點就在這裏，在你自己的身體裏面。當下就啟程，不管身在何處。這是你個人的追尋。

讓自己自在舒服，因為這趟旅程不短，可能要耗上幾個月、幾年，甚至是一輩子，總之你已經選擇要上路了。很久很久以前，你就開始這趟旅程了。

你獲得了走這趟旅程的交通工具，那就是你的身體，它配備了你可能需要的一切。這趟旅程其中的一項挑戰是維護你的載具，讓它獲得滋養和快樂，隨時都要保養好，因為你只有一具身體。

因此，從探索我們的載具開始上路吧！花片刻時間感受自己的身體。感受它在吸氣……吐氣……在體內跳動的心臟、嘴的溼潤、肚子裏的食物、皮膚上布料的觸感。探索你身體占據的空間——高度、寬度和重量。找出身體的前面、後面、上面、下面和側面，跟身體展開對話，你可以因此學會它的語言。詢問你的身體有什麼感覺，弄清楚它是否疲倦或緊繃，傾聽它的回答，了解它對於進行這趟旅程有什麼感覺。

你獲得了交通工具來進行這趟旅程，但並不代表你擁有這個載具，這個載具就是你。你是你的身體。你是一具在這個物質世界過生活的身體：早晨起床、吃飯、工作、接觸、睡覺、洗澡。感受你的身體進行這些日常例行活動，觀察一天之內身體和外在世界互動的次數。注意手怎樣去碰觸門、方向盤、別人的手、紙、碗盤、孩子、食物和你所愛的人。想一想你的身體在時光流轉中成長、學習和改變了多少。你的身體變成什麼樣子了？你是否感謝過它對你的照顧？

跟你身體互動的世界是什麼樣子？感受你周遭世界的質地、氣味、顏色和聲音。用身體去感受，感受你的身體正在體驗心智可能錯過的所有感覺。在木頭、水泥和金屬中感受元素「土」的硬度。「土」的直線、堅實和永恆不變。在自然狀態中感受「地球」溫柔的堅定——綠樹、青草、湖泊、溪流和山陵。感受地球彎曲的溫柔、它的護佑和富饒。感受這個形貌變化無窮的星球是多麼豐富；感受地球的廣闊和堅實；當你坐在地球的一方閱讀本書時，感受地球是如何在支撐你。

這個星球也是個載具，載著我們穿越時間和空間。感受地球是個統一的實體，就像你一樣是個生命體，由無限細胞共同運作而成的整體。你是這偉大生命體的一個細胞，是地球母親的一部分，是她其中的一位孩子。

我們從這裏啟程，站在地球偉大的身體上。我們漫長的向上攀爬

始於向下走。我們向下進入地球的身體，把根深深扎入支持和滋養我們的地球裏，如同我們向下進入自己身體裏一樣——進入我們的血肉、我們的內臟、我們的腿和腳。試著深入地球的岩石和土壤，進入地球深處沸騰的滾燙岩漿，深入地球的生命、運行和力量的源頭。

當我們深深下沉時，就會來到身體脊柱底部，發現一團紅光輝耀的能量，像地球核心那樣熾熱光燦。感受這股熔化的能量流過你的腿，通過膝蓋進入你的腳。感受能量流過你的腳，進入腳下的地面，再通過地面向下進入地球，潛伏在岩石和樹根之間，尋找滋養、支持和穩定感。感受這股能量如同錨一般把你固定下來，讓你變得平靜，穩穩立足於大地之上（接地）。

你在這裏。你有了連結。你很堅實，但內部是熔漿。在根基深處，你找到了你的過去、你的記憶、你的原初自我。你在這裏的連結單純而直接。你記得自己的傳承，你的古老自我本是地球之子。地球就是你的老師。

來自地球的物質是什麼？想想你現在坐的椅子：它曾經是一棵樹、田裏的棉花、織布機上的布料；想想運送它、銷售它甚至之前坐在它上面的工人。想想你擁有的東西：每一樣東西都是那麼複雜、豐富。

想想看你擁有的財富，無論多寡，都是地球贈與你的禮物。財物是怎麼來的？你的身體做了什麼才能得到它？你又是如何運用它的？把這些金錢想成是生命之河，流進你的身體又流出去，通過你的手、你的腳、你的心和你的心智。當它流過你時，感受自己與地球之間永不止息的能量交換。讓豐饒的感覺從大地湧上來，進入你的腳、你的腿、你的骨盆、胃、心和手。感受它透過你喉嚨的表達，在你的心像中清晰可辨，同時烙印在你的腦海裏。深吸一口氣，再讓它往下走，通過你的身體，你的頭、脖子、肩膀、手臂、胸部、肚子、生殖器、腿和腳，然後進入地球，深入地表之下，找到穩定、找到滋養、找到平靜。

你的身體就是旅程，也是你啟程之處。身體是你跟物質世界的連結、你的根基、你的舞蹈安身之處。你就是一切行動和了悟興起之處，

也是回歸之處。你是真相的試驗場。

你是萬物休憩的大地，你是生養萬物的地球。你在這裏，你屹立不搖，你活著。

你是萬物開始的起點。

第一脈輪
象徵與對應

梵文名字：	*Muladhara*
意義：	根部的支持
位置：	會陰、脊柱底部、尾神經叢
元素：	土
功能：	生存、接地
內在狀態：	靜止、安全、穩定
權利：	活著和擁有的權利
外在呈現：	固體
腺體：	腎上腺（副腎）
其他身體部位：	腿、腳、骨頭、大腸、牙齒
功能失調：	體重問題、痔瘡、便祕、坐骨神經痛、退化性關節炎、膝蓋毛病
顏色：	紅色
感官：	嗅覺
種籽音：	Lam
母音：	[o]
輪瓣：	四瓣 vam、sam、sam、sam
塔羅牌：	錢幣
質點：	王國（Malkuth）
星球：	土星、地球
金屬：	鉛

食物：	蛋白質、肉類
對應動詞：	我擁有
瑜伽路徑：	哈達瑜伽
香草：	香柏
礦物：	磁石、紅寶石、石榴石（柘榴石）、血石（血玉髓）
屬性（德）：	惰性（暗德）
動物：	大象、閹過的公牛、公牛
蓮花象徵：	四瓣紅色花瓣、黃色正方形、尖角向下的三角形、濕婆林伽（lingam，濕婆生殖器象徵）、昆達里尼圍著林伽盤繞三圈半、白象、八根朝外的箭頭、在「bija」（種籽音）之上的是童子梵天和空行母（Dakini，達基尼，夏克蒂化身）
印度教神祇：	梵天、空行母（達基尼）、甘尼許（Ganesha，大聖歡喜天、 財神）、俱比羅（Kubera，財神）、烏瑪（Uma，雪山女神， 象徵光明、美麗）、拉克絲米（Lakshmi，吉祥天女，象徵 財富）、普里斯尼（Prisni，象徵大地與黑暗的女神）
其他眾神：	Gaia（蓋婭，希臘神話中大地之母）、 Demeter（狄米特，希臘穀神）、Persephone（波瑟芬妮，冥后、穀神之女）、Erda（北歐神話中大地之母）、Ereshkigal（美索不達米亞神話中的死神）、 Anat（迦南神話中的女戰神）、 Ceridwen（居爾特神話中的女巫，象徵再生、蛻變和啟示）、 Geb（埃及神話中的大地之神）、Hades（帝斯，希臘神話的冥王）、Pwyll（居爾特神話中曾與冥王交換形體與國王）、Dumuzi（蘇美國王）、Tammuz（巴比倫的生育神）、 Atlas（阿特拉斯，希臘神話中撐住地球的巨人神）大天使亞列爾（Auriel，守護大地及野生動物）

主要運作力量：　重力

Muladhara ──海底輪

透過意識無窮無盡的活動，梵天聚集成形，由此誕生了物質；
從物質誕生了生命和心智，以及世界。

　　　　　　　　──《蒙查羯奧義書》（*Mundaka Upanishad*，亦稱

　　　　　　　　　　　　　　　　《禿頂奧義書》），1.1.8[1]

　　我們沿著脊柱向上攀升的旅程，始於脊柱底部，第一脈輪的家。第一脈輪是整套系統的根基，撐起其他所有脈輪的基石，因此這個脈輪具有關鍵性的重要地位。第一脈輪連結了元素「土」，以及所有穩固、俗世的事物，例如我們的身體、我們的健康、我們的生存、我們擁有的物質和金錢，還有我們專注和實現個人需求的能力。這是意識以最終的形式呈現出來，堅實而且觸摸得到。活得健康是我們的需求，接受限制和紀律則是不可或缺的，如此才能讓意識具象顯化。

　　在這套系統裏「土」代表形式和固體，是物質最密實的狀態，也是脈輪光譜中最「低下」的那一端。海底輪看起來是振動的深紅色，這是開始的顏色，也是波長最長的顏色，在我們看得見的光譜中，它的振動頻率最慢。

　　這個脈輪的梵文名字是「Muladhara」，意思是「根部的支持」。坐骨神經從薦神經叢向下走到大腿、小腿，是身體內最粗大的末梢神經（大約大拇指那麼粗），作用很像是神經系統的根部（圖 2–1）。腿和腳提供我們行動能力，讓我們能夠執行必要的任務，從地球和周遭環境獲取維持生命的物質。我們的雙足接觸到所踩踏的土地，連結

1.　有人認為與第一脈輪相關的腺體是生殖腺，因為它們的位置更靠近第一脈輪。不過
　　當生存受到　威脅時，「戰鬥或逃跑」誘發的是腎上腺分泌。腎上腺也與第三脈輪
　　相關，因為腎上腺讓身體充滿能量。

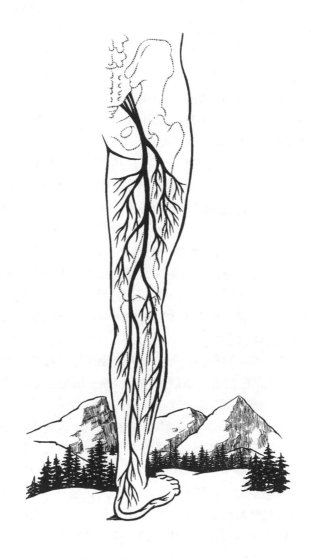

圖 2-1

坐骨神經宛如樹根。

了神經系統和第一脈輪的元素「土」，於是動覺上回應了不斷把我們往下拉的地心引力的潛在力量。這個力量維持了我們跟地球的連結，讓我們扎根於物質的存在。

這個能量中樞被描繪成四瓣蓮花，內部有個正方形（圖 2–2）。我們可以把正方形視為四個方向，以及物質世界的堅實基礎，如同許多系統都以正方形來象徵物質世界一般。由於第一脈輪連結的是卡巴拉生命樹最底端的「王國」（Malkuth，物質界），這四片花瓣也反映了物質國度的四元素。

正方形內有個尖角朝下的小三角形，小三角形連接著代表中脈能量的長柱體。它代表海底輪朝向土地的下行力量。三角形內是昆達里尼這條靈蛇纏繞著指向上方的濕婆「林伽」。這個脈輪是昆達里尼的家和休憩之處。三角形之下有一頭七根象牙的大象，名為「愛羅婆多」（Airavata，因陀羅的座騎），代表這個脈輪沉重的物質特質，以及與七個脈輪相呼應的七條解脫路徑。我們也可以把象頭神「甘尼許」（Ganesha，障礙之神）連結到這個能量中樞，因為祂腳踏實地、大腹便便、享受肉體。正方形中描繪出來的其他神祇還有五個頭的童子梵天，祂負責驅散恐懼以及女神空行母。夏克蒂在這一層現形為空行母，手執長矛、劍、缽和骷顱頭。正方形中央是種籽音的象徵符號，也就是 lam，據說它包含了這個脈輪的精髓。這些意象和聲音都是象徵，可以運用於針對海底輪的靜心冥想。

在身體裏面，第一脈輪位於脊柱底端，或者更精確的說，位於生殖器（外陰部）和肛門之間的會陰。對應的脊柱區塊是尾骨，以及尾脊神經節和下腰椎。尾脊神經節是從下腰椎延伸出來的（圖 2–3）。這個脈輪連結的是身體堅實的部分，尤其是骨頭、大腸（讓固態物質通過）以及整個肉體。膝部和腳部上有一些次要脈輪，它們將來自地面的感覺傳送到脊柱，提供身體如何行動的資訊。這些次脈輪附屬於第一和第二脈輪，是整個身體接地的出口。

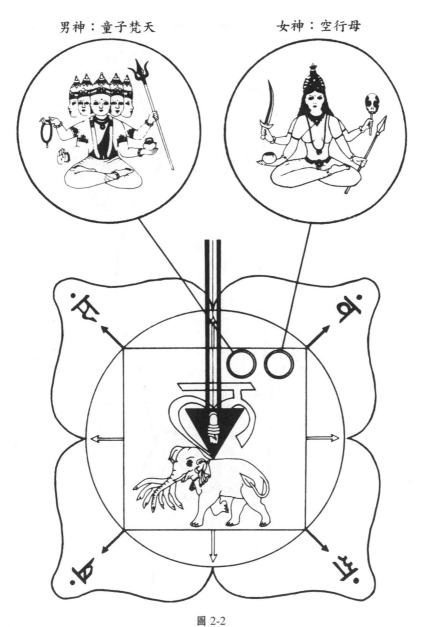

男神：童子梵天　　　　女神：空行母

圖 2-2

海底輪

（感謝 *Timeless books* 提供）

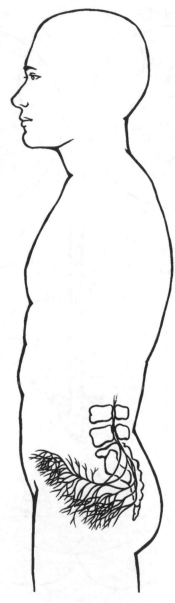

圖 2-3

尾脊神經節和下腰椎。

　　我們說明過脈輪是漩渦式的打轉能量。在第一脈輪這一層，我們的漩渦最密實，它的本質是惰性：休息狀態，沒有活力。

　　如果你在強大的激流中要橫越溪河，會發現水的衝擊力量讓你很難走過去。這樣的力量若是從四面八方而來，聚集在一個中心點，那麼你根本無法通過。這些力量匯聚成一個場域，密實得幾乎成了固態。第一脈輪就是擁有這樣的密度。

　　從身體的觀點來看，這種堅實性是無法穿越的。但是從更高層非物質的層次來觀察，就不是那麼堅實了。我們知道原子幾乎是空蕩蕩的空間。我們可以透過玻璃觀看到事物，儘管玻璃是固體；我們可以穿透牆壁聆聽到聲音，而且可以運用智能製造儀器，以便看透物質是固體的幻象。

　　但提供生存基礎的就是固態物質，它建立了我們公認的現實。物質乃是我們的「常數」，如果沒有這種相對而言不變的堅實基礎，我們的人生將會異常艱辛。想像一下你每次回家，房子的外貌就改變了或坐落在不同的地方，或者你的小孩每天都改變得讓你認不出來，那會令人多麼困惑呀！

　　在我們目前的進化階段裏，物質是無可否認的現實，也是必要之物。我們無法跟物質切割，因為我們是由物質構成的。沒有了身體我們會死亡，否認身體就是提前死亡。同樣的，我們也無法否認與地球的連結，我們活在地球上，地球扮演了必要角色，支撐我們的未來發展。不去關注我們的基礎，就是把自己建立在搖搖欲墜的根基上。這個脈輪的目的，就是要鞏固我們的根基。

　　海底輪的意識主要是關注身體的存活，這是我們「戰鬥或逃跑」的本能反應所在之處。忽視這個脈輪或是它的世俗元素，威脅到的正是個人和集體的生存能力。在我們進展到其他脈輪之前，如果不去平衡這個脈輪，我們的成長就會沒有根，不能腳踏實地，缺乏成長必需有的穩定性。

　　當我們的生存受到威脅時，往往會體驗到恐懼。恐懼是第一脈輪的心魔，抵銷了第一脈輪理想上應該帶來的安全感和保障。程度不相

稱的恐懼可能是個徵兆，表示第一脈輪的基礎受到了損傷。面對我們的恐懼，可以幫助第一脈輪甦醒。

在眾家靈性哲學中有一共通信念，主張我們被「困在」肉體裏，等待從這樣的桎梏中獲得解放。這種信念貶抑身體，導致身心分家，讓我們無法觸及身體上兆個細胞中貯藏的浩瀚才能和美。

物質世界會成為陷阱，是因為我們把它看成了陷阱；一旦了解物質在更大結構中的角色，它就會迅速成為我們的朋友。當我們沿著脊柱向上行進時，會愈來愈了解其他層面的本質與顯化，也會懂得欣賞來自實體與物質的尊嚴及保障。

接地

不斷朝向更高意識的「解脫能流」發展，是和脈輪系統全面連結的路徑。到目前為止人們一直鮮少談及順著「顯化的能流」，將我們的能量向下送進地球裏面。向下的路徑往往被視為缺乏靈性，不值得耗費我們的時間與關注。太多靈修途徑忽視了「接地」的重要性。

接地是與地球保持互動和接觸的過程，要接觸的是地球的邊緣、疆界和限制。接地讓我們變得全然真實，存在於此時此地，同時獲得來自地球的活力，生氣勃勃的活著。雖然就力學上來說，我們每踏一步雙腳都會接觸大地，但如果切斷了來自腿和腳的感受，這樣的接觸其實是空洞的。接地包含了打開下層脈輪、與地心引力融合，同時深深下降進入身體這個載具。

沒有接地，我們就會不穩定；我們會失去核心，控制不了自己，變得飄飄然，或者在幻想的世界裏做白日夢。我們會失去包容、擁有或掌握的能力。自然的興奮或飽滿的元氣會煙消雲散或者稀釋了，而且毫無作用。一旦失去根基，我們的注意力就會飄離當下，導致看起來「心不在焉」。在這種狀態下我們會感覺無力，同時會陷入惡性循環，可能不再希望活在當下。

我們的地基讓我們能夠生根，「根」就是這個脈輪的意義。透過

我們的根，我們獲得滋養、力量、穩定性和成長。缺少這樣的聯繫，我們會與自然分離、與生物的根源分家。切斷源頭，我們就失去了路徑。許多人找不到他們人生真正的道路，只因尚未找到自己的地基。他們忙於向上看而不向下看，但下面才是雙腳與道路會合的地方。

我們的根基是由我們的膽識造就的。我們的膽識是一種本能的感受，是我們過去的記憶、種族和文化傳承，以及無法被摧毀的存在本質預先植入的程式。容格說這種本能的根據地就是集體潛意識的領域。這個由我們固有本能和進化趨勢構成的國度，既廣袤又強大。當我們重拾這些根基時，便壯大了自己，而得以在本能的國度裏吸取浩瀚的智慧。

我們一旦接地就不會墜落，並且獲得了內在的安全感。透過接地，我們的意識完成了顯化的目的。在第一脈輪的層面上，想法變成了現實。從五花八門的想像，到物質世界錯綜複雜的要求，地球這個介面是我們信念的試驗場。只要擁有了穩固的地基、實質內涵和對正當性的信念，我們就會找到顯化的道路，擁有持久的根基。

在今日都市化的世界裏，很少有人能自然接地。我們的語言和文化價值反映了「高」的優越性，貶抑了「低」。例如我們說：崇「高」的敬意、重要性「高」過、興「高」采烈或仰望。在社會上或經濟層面上，動腦的工作報酬遠比體力勞動優渥。我們自然的生理作用，例如排泄廢物、性行為、生孩子、餵奶或裸體一向被視為不潔，因此只能私下進行，往往還帶著嚴重的罪惡感。我們把維護身體健康的責任交付在菁英階層手裏，不願意肯定自己擁有天生的療癒潛能。企業、政府和組織化的宗教建立的權力結構，是由上而下的階級制度，宰制且踐踏著下層人民，以服務上層人士「更崇高的目的」。

與大地失去接觸，我們也就失去了與萬物緊密連結的意識。我們變成由部分而非整體來主宰，不僅如此，這部分還是孤立、片面、與整體失去了連結。忽視我們的立足地，也難怪我們會面對健康照護危機及生態破壞。

在疏離與「失根」的文化裏，多數價值觀不偏愛身體或肉體的歡

愉，於是讓痛苦日益壯大。整天坐在電腦前或開車後，我們的身體會感到疼痛。競爭的壓力和快速的生活，不給我們機會休息和更新，也不讓我們處理傷害，將傷害釋放掉。當我們任由痛苦壯大時，反諷的是，我們會更加抗拒接地，因為接地就是要「接觸」以產生連結，而接觸意謂著去感受那份痛苦。但這是讓我們得以完整的第一步，之後才能展開療癒。

隨著生活愈來愈機械化和都市化，我們與地球及自然的接觸變得愈來愈少，影響了我們的健康和自我價值。我們的力量轉移到身體上方，然而身體上方的力量一樣薄弱，需要不斷去護衛。因為我們把自己視為孤立的個體，結果力量就用於操控而非連結。我們與自身的動物本性失去連結，連帶失去的還有本能的力量、恩寵及平靜。當我們擁有源自身體的自我意識時，比較不需要透過膨脹自我來肯定自己。大地是我們的家，是熟悉、安全、保障我們的地方。大地擁有自己的力量。

接地意謂著限制。上層脈輪的心智能量是無邊無際的，下層脈輪的揮灑範圍則狹窄多了。語言限制了我們的思想，卻也使其更明確。我可以舉出一千種東西是塞不進大房子裏的，因為物質世界的限制更多。向下通過脈輪，每一步都會變得愈來愈單純、確定，而且更受限。

儘管有些人會害怕，但這樣的限制卻是創造的根本法則。如果我們不限制自己的活動，將會一事無成。在我書寫這份文稿時，如果不限制自己的想法，就寫不出來了。限制並不負面，限制創造出容器，允許能量凝聚成實體。想要顯化，必須願意接受限制。接地是對自然限制的平和接納。在意識的發展上，接地跟任何靜心冥想或能量的提升同等重要。不朽的經典《易經》上有下述一段話：

> 限制帶來成功……無限制的可能性不適合人；果真如此，人生只會消融於無邊無際。要變得強大，我們的人生需要義務施加的限制，同時心甘情願接受。
> ——第六十卦（引用自白恩斯〔Baynes〕的英譯本，譯自衛禮賢

〔Wilhelm〕的德譯本。原文：節，亨……不節若，則嗟若，
无咎。甘節，吉；往有尚。〕

接地是簡化的力量。我們把意識帶進身體裏，因為不論實際目的
是什麼，身體只會存在於此地和此刻的空間和時間裏。相形之下，我
們的思想自由多變，伸展到時空之外，可以幻想明年夏天去山上度假，
甚至還能看到和感受到陽光的溫暖。但是我們的身體仍然停留於我們
所在之處：窗外下著雪的書桌前有一堆帳單。如果我們花太多時間幻
想，可能永遠完成不了足夠的工作，好讓我們去度假。因此是時候回
到地球表面，做些腳踏實地的事，照顧我們的生存需求。

人體組織是可以微調的工具，能夠接收和傳送各式各樣的能量。
就像任何一架收音機，必須先插電才能接收各種不同的頻率。接地就
是把自己當成插頭，插上地球和周遭世界的作用力，完成整個電路的
循環，讓自己成為管道，汲取周遭大異其趣的各種生命能量。

避雷針能夠將過量的電壓引導進土地裏以保護建築物，同樣的，
我們接地為的是保護身體，避免因為日常生活的緊張而「超載」。透
過接地，我們將充滿壓力的能量振動帶來的衝擊，傳送到更大的「身
體」裏面，這個大身體有能力處理這樣的衝擊。舉個例子，一名小小
孩聽到巨大的噪音時會把頭埋在母親的肩膀上，這多少意謂著他把那
股能量引到了母親身上。

測量上已經顯示，一個人站在地面上時，身上的電也會傳導到地
裏面去。環繞著地球有一個靜電場，共振頻率大約是每秒七圈半[2]。已故
的艾札克．班多夫（Itzhak Bentov）討論了身體「微動」（micromotion）
的現象——由心臟、細胞和體液不停止的振動形成的。他認定這種微
動的振動頻率是每秒六．八～七．五圈。因此，身體的自然頻率會跟
地球的電離層共振。走路或躺在地上時，我們的身體會跟這個大球體

2. 艾札克．班多夫（Itzhak Bentov）《*Stalking the Wild Pendulum*》，五三頁。

連結，於是身體更能深入地進到這樣的共振中。

接地是處理壓力的方法。向下的管道給了我們向外釋放的通路，保護我們免於心靈超載。物質世界安全又穩定。當我們需要尋求平靜和安心時，永遠可以回到喜愛的椅子、一頓美食和熟悉的環境裏。穩定感讓我們更容易著力去追求更高的層次。當身體感覺安全、飽足和健康時，我們的意識比較容易流動到其他層次。

脈輪會過濾環境中的能量。脈輪的旋轉模式以固定速率振動著，而且只允許符合的頻率進入意識的內在核心。其他的振動會退入背景中，而我們的意識心迅速的就把它們遺忘了，不過潛意識心往往會記得一清二楚。如果周遭出現太多摩擦的能量，脈輪就會關閉以保護精微身（靈妙體），免於被入侵的能腐蝕。超載的脈輪很難打開，此時接地就是卸下過度緊張的方法。

接地透過靜止帶來澄澈。每一個動作都會引發反應，如果面對惡性循環的某一面向時，能夠「靜止」自己的反應，我們就踏出了「業」的世界，而得以中止惡性循環。這類似於讓髒水靜置在玻璃杯中，時間夠久，污泥會沉澱到杯底，水就清澈了。

許多人遇到困難，是因為他們的上層脈輪過於開放，而下層脈輪不夠穩定，無法承受從周遭擷取到的源源不絕心靈能量。在極端的情況下，這會造成心智的錯亂，例如精神疾病。精神病患與自己的根基和共識的現實失去了連結。透過接地的技巧，可以卸除心靈的超載，讓病患穩定，以匹配他們的敏感性。即使是簡單的身體接觸，也可以幫助極度痛苦的人「接地」。運動身體或用手做東西，還有這一章的結尾或《七重旅程》[3]一書中解說的接地練習，都有助益。

接地就好像聚焦在攝影透鏡上，物體從兩個影像合而為一。當我們的「星芒體」（astral body）與肉體緊密連結時，我們對於周遭物質

3.　參見朱迪斯和維嘉合著的《*The Sevenfold Journey : Reclaiming Mind, Body, and Spirit through the Chakras*》（七重旅程：透過脈輪重拾身、心、靈）。這本書是關於發展脈輪的練習和修行。

世界的覺知就會變得敏銳而清晰。在充分接地的狀態下，若是讓別人來觀察我們，他們將會從我們的眼睛和身體四周，看到動態的靈光，無論對方是否見識過「靈氣」（生物能量場）。

在這種「接地」狀態下，我們比較容易做決定，也比較容易驅散對未來的憂慮，而且會樂於享受當下、接受新的挑戰。這種狀態不會損害意識的拓展，反而有助於提昇意識。

接地建構了基礎。學醫的人大學時代會研讀自然科學，讓自己獲得扎實的基礎（接地）；創業的人首先會去請教這個領域經驗裏老到的人，並且尋找經濟支持，打下穩固基礎（接地）。我們的第一脈輪是我們所作所為倚賴的根基。身體縮影了我們創造出來的周遭世界。我們的努力和建造的基礎，乃是能不能成功最重要的關鍵。

對許多人來說，工作本身就是接地的行為。除了提供我們基本的生存工具——金錢之外，根據固定的時間表日復一日工作，創造出基本結構，支撐了我們的生活。例行的日常工作有時或許單調而辛苦，事實上卻因其限制讓我們受惠。透過聚焦與重複工作，能量變得足夠密集而能顯化出來。如果總是不斷的在變動，就會像滾石一樣無法生苔。我們停留在生存的層次，是因為我們不斷在建立新的基礎。唯有透過聚焦和重複，才能獲得某個領域的專業能力，實現更多的物質或理念上的目標。

無論如何，脈輪必須平衡。雖然接地的穩定性是需要達成的狀態，過度依戀這種保障也可能有害。物質世界不是目的，只是工具。我們有可能對物質享受上癮，讓這種耽溺傾向主宰我們的意識。追求愈來愈多的物質享受，成了許多人生命的基調。這種狀況造成人們視其為有害意識的成長，讓物質生活成了陷阱。再說一次，並不是基本需求的滿足，而是過度依戀這種保障，導致物質世界成為陷阱。

接地並不無聊，也不會死氣沉沉，而是充滿動能、生機勃勃。一般而言，是我們的緊張使得我們無精打采，而緊張來自我們各個部分彼此疏離。這些部分一旦簡化並整合起來，我們就會體驗到增強的活力。

在知性上，人們很容易理解接地的必要。不過體驗很難用語言解釋清楚。接地是累積的技巧，一小段時間的接地靜坐可能產生某些效果，但唯有日積月累才可能獲得真正的益處。因為接地是我們一切活動的基礎，所以花在這上面的時間絕對值得（參見本章末尾的接地練習）。

生存

第一脈輪的意識是導向生存，這是保護我們身體健康及照料日常需求的維護程式。我們是從本能層面去運作，關注飢餓、恐懼，還有休息、溫暖和庇護的需求。

生存的需求喚醒了我們的意識。對生存的威脅會刺激腎上腺，爆發出額外的能量，供應戰鬥或逃跑之所需。身體充滿能量之後，也會增強我們的覺知。生存挑戰迫使我們迅速思考和行動，同時創造出新的解決方法，而我們的意識也會自然聚焦在眼前的處境，其他時候意識鮮少會如此自動運作。

為了鞏固第一脈輪的能量，我們首先必須確保以健康而直接的方式滿足生存需求，讓意識不致於被他們所控制。忽視這些需求，我們就會不斷被拉回生存意識，讓我們無法「離地前進」。

在集體無意識（潛意識）的原始根源裏，存在某個時期的記憶，當時我們跟地球、天空、季節和動物有較多的連結——這樣的連結攸關我們的生存，也是我們智能最初發展的基礎。如同我們獵食的動物一樣，我們也會被獵殺。我們是賴以維生的事物中的一份子。生存乃是時時刻刻的掛慮。

現在情況大不相同了。我們當前的生存是透過間接的方式達成的。我們的食物來自商店，我們的熱能來自牆上的按鈕。我們不再需要終夜不寐保護食物，以免被飢餓的野獸打劫。我們不再因為不知如何重新點燃火苗而必須讓它繼續燃燒。取代的是，我們需要擔心上班途中車子不要拋錨，或能否有足夠的錢付水電費，或者出城時家裏會不會

遭小偷。

　　儘管如此，生存本能還是保留了下來。丟掉工作、生病或被趕出公寓，都可能讓我們的第一脈輪過分活躍。一旦發生這種狀況，我們就會感到恐慌。生存的能量充斥著我們的系統，但是我們可能並不知道該如何應對。解決之道並不是身體正準備好的逃跑或戰鬥，而是以一種更覺醒的方式找回自己的根基。

　　當海底輪因危險或急迫的情境而活躍時，所產生的反應會類似電腦在磁碟片上搜尋資訊。第一脈輪磁碟儲存了我們所有求生的資訊，身體的「作業系統」於是會「啟動」這些資訊，讓意識心察覺到他們。

　　身體的反應是即時的。脊柱經由腿接觸到地球，腎上腺素湧入血液中，心跳加速以增加血液的供給，同時感官變得異常敏銳。我們昏睡的意識覺醒了，這是覺知增強的開端，而蜷伏在海底輪的昆達里尼就會開始向上攀爬。

　　如果不是立刻需要求生的資訊，海底輪會自動如常運轉，例行檢查內在和外在環境，確保一切井然有序，有益於生物體的存續。出現威脅時，第一脈輪預先設定的程式就會接管，由身體的需求來支配我們的意識。

　　第一脈輪一旦接管，我們就沒有什麼餘裕能夠干預這個過程而不傷害身體了。若不休息，病情就會加重，直到我們別無選擇為止。如果收入岌岌可危，或是突然被趕出家門，這些情境就會占據我們的注意力，直到問題解決了為止。如同地心引力一樣，我們只能接受它的拉力，學習如何共存。

　　一直蒙受健康問題困擾，或是不斷掙扎於經濟危機中的人，皆是受困於第一脈輪的層次。未解決的衝突，不管是來自生理、心理或外在處境，都會讓意識困在這個層次裏。通常會出現的不安和驚慌感受，即使並無必要，也很可能蔓延到人生的其他領域。只要這些狀況尚未解決，當事人就難以提昇到更高的意識層次。處理這些問題的練習包含了接地，以及著力於第一脈輪，其中一些練習將列於本章結尾。不過最重要的是必須了解意識在這個層次的意涵，也就是我們在這裏安

身立命的權利。

如果這是你的經驗，請詢問自己是什麼原因讓你不想在這裏安身立命？你需要取得誰的同意才能關愛自己？腳踏實地、變得穩定、獨立自主，這些為什麼會讓你害怕？誰為你的生存負責？你有多少想法是不切實際的白日夢，沒有落實到周遭的世界？你童年時的生存環境為何？誰提供的？付出了什麼代價？你和自己的身體有連結嗎？你懂得傾聽自己的身體，供應身體的需求嗎？你是否有權力存在於此、占據這個空間，擁有你的生存所需？

維持住舒適程度的生存能力有一重要面向，那就是擁有東西的能力，亦即容納、保存以及吸引物質進入我們勢力範圍的能力。存在而且擁有，這是第一脈輪的權利。

擁有的能力是學習而來的技巧。有些人生來就有錢，他們已經被養成期待生活永遠富裕，購買的是商店裏最佳品牌的東西，點的是餐廳裏最貴的餐點，這對於那些如此長大的人是再自然也不過了，而且維持在那樣的層次對他們而言比較容易，即使經濟條件無法供應所需。期待財富也會比較容易創造出財富。

大多數人卻沒有那麼幸運。由於從小被灌輸了匱乏的概念，買一套新衣服就會讓我們惶惶不安；為了要不要接受一份愉快但薪水較少的工作而驚慌失措；放假一天也會讓我們緊張。我們寧願湊合著過日子，也不願冒險揮霍。我們不允許自己享受奢侈品，萬一小小的奢侈一下，罪惡和焦慮感就會隨之出現。這就是沒有能力「擁有」，因為第一脈輪被設定以匱乏而非富裕為基礎。

培養擁有東西的能力的起始點是提昇自我價值。矛盾的是，允許自己擁有較多的財物，也會名副其實的提昇我們的自我價值。從金錢、愛、自己的時間、休息或享樂的角度，客觀檢視我們允許自己擁有什麼，將會帶來幫助。一位老師曾經告訴過我，她永遠無法允許自己買雙新襪子，只能替先生買，然後穿他的舊襪子！顯然她可以花錢，但是自己不能受益。有些人發現自己很容易花錢在奢侈品上，但是很難花時間讓自己放鬆的享受，還有些人的困難是不易接受愛或歡愉。仔

細檢視了我們允許自己擁有什麼，看到本來可以擁有的和我們允許自己擁有的之間的差距，就有機會嘲笑自己了。不知為什麼，關愛自己被說成了自私甚至是邪惡，但不關愛自己，往往會導致想在其他領域得到補償，或者想從其他人身上得到它。

為了完整的在世上安身立命，我們必須堅持自己的權利，肯定自己在這個世界的位置，同時保障自己的生命。我們必須提昇自己「擁有」的能力，以符合自己的需求。如果我們的無意識說：「不，我不配擁有。」就會製造出意識心必須克服的障礙。

我們的生存最根本的基礎就是地球本身。不幸的是，此刻地球也處於求生狀態。生態崩解的威脅、核子浩劫，以及乾淨的空氣和水日漸匱乏，無論是有意識或無意識的，全都影響了我們個人的生存感受。進入新世紀並不表示要拋棄舊有的，而是要新舊融合在一起。儘管我們忽視了地球，它還是會再次將我們拉回地面，回到此地與此刻，恢復受到威脅的平衡性。

在文化層面，我們現在都處於求生狀態。當我們迎向地球，深入接觸它之後，必然會碰觸到地球的恐慌，恐慌我們未來的生死存亡。正如危害個人生存的威脅會增強我們的覺知，生態威脅也會提昇對星球的意識。往往是危機喚醒了人們。

如果我們要達到上層脈輪的靈性層次，就必須了解靈性之中的物質面向，我們生活其上的星球就是最佳範例，它說明了物質能夠表達出的極致之美、和諧與靈性。了解了這點，就更有能力好好培養和表達內蘊於我們物質存有的美。

處於求生狀態其實是個提示，要我們「醒過來」增強自己的覺知，檢視自己的立足點，也就是我們的根基、我們的身體和地球。這是第一脈輪的宗旨——海底輪既是我們的起點，也是旅程終點的休息處。

身體

此身之內是神聖河流，是日月，是所有朝聖之地。我不曾進
入過像己身這麼喜樂的廟宇。

——薩拉哈證道歌（Saraha Doha）

身體是我們靈性的家，正如房子是我們身體的家一樣。雖然注意力可能神遊遠方，我們依舊會返回這一生的血肉之軀。歷經一輩子的時光，這具軀體可能會劇烈改變，但依舊是我們終生擁有的唯一的家。隨著身體與世界不斷的互動，世界也縮影在我們的身體之中，成為我們個人的小宇宙。

掌握第一脈輪的目的，最終就是要了解和療癒我們的身體。學會接納我們的身體，去感受它、肯定它和愛它，乃是我們要面對的挑戰。第一脈輪的語言是「形式」，而身體就是我們個人形式的生理性表現。當我們藉由觀看、觸摸、動作或內在感覺檢視身體的表現形式時，便學會了身體述說的語言，發掘出自己更深層的部分。

每個脈輪帶給了我們不同層次的資訊。身體是接收資訊的硬體，也是我們內在所有數據和程式的「影本」。蝕刻在肉體及骨架上的，是我們的痛苦和喜悅，編碼在我們神經脈衝內的，是我們的需求和習性、記憶與才華。我們的基因內是祖先的系譜，細胞內則是所食之物的元素。如同心臟敲出了我們的節奏，肌肉也反映出我們的日常活動。

要了解身體，我們必須「成為」身體。我們必須成為身體的痛苦、歡愉、恐懼和喜悅。把靈性存在看成是分離的，無異於切斷我們的立足之處、根基和家。我們不再完整，分裂了，接觸不到身體所要傳達的訊息。

這並不是要否認某些哲學主張：「你不是你的身體，你大過身體。」而是要加強這個概念。我們就是我們的身體，透過這樣的了解，我們才能大過身體。我們要穩穩的接地，活在當下，接觸內在所發生的一切。身體是承載靈性和情感的工具，藉由它我們才能更充分的體驗自

己的靈性和情感。

我們的身體是由上兆個微小細胞所組成，某種奇蹟讓這些細胞聚集成綜合的整體。如同重力場一樣，第一脈輪把物質和能量吸引過來，透過不同層次的意識，組織成運作的整體。接納身體就是接納核心的完整結構，靠著它我們眾多分歧的部分才能結合為一體。身體就是靈魂的容器。

身體表達出我們的人生。如果肩膀感覺沉重不堪負荷，那是身體在告訴我們承載了太多負擔；如果膝蓋不想支撐我們，那是身體告訴在我們生活中擁有的支持不夠，或是缺乏彈性；如果我們的胃在慢性疼痛，表示生活中有些吞忍不了的事。

我經常與剛要展開「身體練習」的案主進行一項練習，那就是以「我是……或我感覺……」開頭，寫下對身體每個部位的陳述。如果他們說到脖子感覺很緊，就寫下：「我很緊。」如果他們感覺膝蓋無力，就寫「我感覺無力」，然後我再以整體觀念出所有的敘述，但不特別界定這句陳述來自哪個部位，結果這些描述正是此刻他們人生階段對自己的感受。[4]

肯定自己的身體就是認同它。如果我的胸部在痛，就等於承認我的心在痛。要在這個層面鞏固自己，就必須與身體和好，如此我們的身體裏才能和平。透過第一脈輪我們獲得了對身體的認同，帶給我們身而為人的堅實基礎。

自我滋養是關愛身體的關鍵。在需要休息時休息、吃得好、規律的運動、給予身體歡愉，都有助於第一脈輪保持快樂。按摩、洗熱水澡、吃健康的食物、進行愉快的身體運動，都是在滋養自己、療癒身心解離的方法。身心解離是心靈高過物質這樣的範型造成的，如果心靈與物質成為互相敵對的兩極，我們就無法整合為一體。相反的，透過身體，我們可以在物質之中擁有心靈體驗。

---

4. 關於這項練習更詳盡的解說，參見朱迪斯和維嘉合著的《*The Sevenfold Journey*》（七重旅程），七一和七二頁。

　　吃——把固體物質攝取到身體裏，是第一脈輪的活動。吃讓我們接地，滋養我們，維持我們的身體結構。透過食物我們把土地（第一脈輪元素）的果實帶進體內。如果要研究我們存在的物質部分，就需要檢視組成肉體的究竟是什麼。我們消化的食物就是我們轉化為能量的物質，因此我們吃的食物會影響我們的能量輸出。為第一脈輪建立健康基礎，食用潔淨且滋養的食物是第一步。

　　對有些人來說，這表示非當地農場最純淨、最新鮮的產品不吃，但是對多數人而言，現實上並不可行，如此潔淨的需求只會讓我們在典型的都會環境中餓死，最多我們只能希望能清楚覺知自己吃了什麼。任何人想要增進身體和第一脈輪的健康，起步都要是避免高度加工、含大量精製糖（白砂糖）以及沒有任何營養的「空洞食物」。食物全部來自健康食品商店，仍有可能營養不良；天然的食物不一定意謂著均衡的飲食。要求平衡比要求純淨更加重要。

　　人類營養需求的錯綜關係太過複雜，無法在此盡述，去讀一本關於營養的書會對第一脈輪大有助益。令人吃驚的是，有這麼多人不認為有此必要，即使吃是我們生活中這麼基本的功能。如果我們要使用這具身體九十年，卻不參考使用手冊，也就難怪身體會壞掉了！

食物和脈輪

　　隨著文化和意識無可避免的持續進化，我們的生理狀態也理所當然的跟著改變。隨著生理狀態的改變，吃東西的習性必然也得改變。不過，那些認為可以靠著飲食達到開悟的人，可能會發現這條路道險阻而漫長。

　　關於拓展意識的正確食物，我們無法列出可以套用在所有人身上的食譜。一個人選擇的食物應該符合自己的需求、目標和體型。如果你體重兩百二十磅，在建築工地整天勞動，你的需求就跟九十九磅重在辦公室工作的祕書小姐不一樣。最普遍的原則是，若想培養敏銳的覺知，並且將意識提昇到「更高」層次，我們會建議素食，但素食未

必適合每個人，而且若是不能保持營養均衡，甚至可能有害健康。

　　除了營養成分之外，食物還有其基本的能量振動特質（vibrational qualities）。家人用愛心準備的食物比起痛恨工作的速食店員工準備的食物，往往能帶來更大益處。不同種類的食物有不同的振動方式，可以粗略的對應七個脈輪層次，如下述：

第一脈輪：肉類和蛋白質

　　吃肉補肉，肉類或許是你可以食用的最身體導向的食物。肉類消化的時間比其他食物都長，因此會在消化道停留得比較久。由於這個原因，肉類占據了身體下層部位的能量，往往限制或支配了原本可以流向上層脈輪的能量。肉類和蛋白質是適合接地的好食物，不過太多肉類會讓身體遲緩，而且過於「惰性」。另一方面，如果一個人覺得虛弱、迷失方向、跟自己的身體和物質世界失去連結，那麼好好吃一頓肉食，能夠大大幫助他接地。

　　但不是一定要吃肉來接地，蛋白質才是與第一脈輪連結最重要的組織結構。包含適當蛋白質的素食，也能提供足夠的「基礎食物」，讓第一脈輪保持快樂，因此食用豆腐、豆類、堅果、蛋和奶製品[5]之類的食物，對素食者是很重要的事。

第二脈輪：流體食物

　　第二脈輪與水連結，因此偏向流體食物。流體食物與固體食物相比，通過身體的速度較快，而且有助於清潔身體，讓腎臟不會超載毒素，如同果汁和藥草茶能夠協助潔淨的過程，就必須食用足夠的流體食物以保健康。

5.　因為蛋和奶是動物副產品，而戒食的蔬食者也許會否認這些食物是必要的。這裏的論點並非在於能否不靠這些食物生存，而是什麼樣的飲食對接地有幫助。長期吃素並不是適合接地的飲食方式，即使可能非常有益於淨化目的。

第三脈輪：澱粉質

澱粉質是很容易轉換成能量的食物，與第三脈輪的「火」元素相關。來自全穀物而非精製麵粉的澱粉質，身體吸收起來較緩慢且徹底。比較快速吸收的食物也會提供能量，例如單醣類或刺激品，然而長期食用會耗損第三脈輪的整體健康。對「提神食物」上癮顯示出第三脈輪的不平衡，嗜糖就代表第三脈輪不平衡。

第四脈輪：蔬菜

蔬菜是光合作用的產物，無法由人體製造。蔬菜捕捉了陽光的生命能量，同時包含了土、風（空氣）、火（太陽）和水的良好平衡。蔬菜是宇宙與地球經過自然調和後的產物，反映了心輪的平衡本質。在中國的系統裏，蔬菜既非陰也非陽，代表了這個脈輪平衡與中立的特徵。

第五脈輪：水果

水果據說在食物鏈的位置是最高的，因為它們成熟時會掉落地面，毋須殺死植物或動物來收成。水果富含維他命 C 和天然果糖。在所有固體食物中，它們通過消化系統的速度最快，讓能量可以自由移動到上層脈輪。

第六和第七脈輪

要推薦適合這兩個最上層脈輪的食物有些難度，因為它們與身體的生化作用無關，連結的是精神狀態。我們已經了解有些可以改變意識狀態的物質，會影響這兩個能量中樞，例如有時能帶來益處、有時則否的大麻或迷幻藥。就食物而言，斷食與上層脈輪最有關聯。

注意：讀者必須了解，單是攝取肉類不會讓人自動接地，全是蔬菜的飲食也不會打開原本封閉的心輪。我們的目標是保持脈輪之間的平衡，而個人飲食的平衡性有助於此。上述所列只是提供一些準則，

以便修正已經存在的不平衡狀態。蔬菜吃得少的人，飲食上不利於心輪的振動；缺乏蛋白質的人，則可能會覺得輕飄飄不著地。

身體運轉靠的是能量而不是食物。儘管能量主要是從食物中取得，但是你會發現，來自其他脈輪的能量，例如愛、力量或更高的意識狀態，往往會降低我們對食物的需求。

物質

物質世界或許只是幻象，可是，啊……如此絕妙有序的幻象！
——艾諾迪・朱迪斯

我們描述過，每個脈輪都是某種形式的漩渦，是不斷旋轉的能量交會點。這些能量一開始是直線運動（直線能量），通過無摩擦力的虛空。在脈輪系統的脈絡中，我們會說那是向下運行的顯化和向上運行的解脫能流，就好像壓縮和膨脹作用。前者是向心作用——往內移動，朝向中心和本體；後者是離心作用——離開中心。這兩股驅力相遇時，遇到了對立和相反的能量，於是激盪出次級的圓形運動或漩渦，創造出脈輪。

想像你在繩子上快速旋轉一顆球。繩子代表限制，也就是類似引力的向心力。如果你在旋轉時縮短繩子長度，軌道就會變得愈來愈小，旋轉愈來愈快，逐漸逼近中心。旋轉的球創造出來的場域就會顯得愈來愈密實，直到看起來似乎是實心，如同轉動中的螺旋槳葉片。縮短繩子類似加強重力場，物體的質量愈大，重力場愈強，而更會吸引其他物體。

一旦性質和方向相似的力量達到了關鍵性的量，這股能量就會獲得形體而呈現出來。這種現象到處可見，從溪水流入大海，到志趣相投的人因為共同訴求團結起來。隨著能量愈來愈聚焦，顯化就會愈來愈明確，於是吸引更多力量靠近，形成正面回饋的漩渦。聚焦的中心類似印度教徒聲稱的「種籽」（bindu）——無實體的「源點」，作用

如同種籽，發展出所有的「顯相」。

從頂端下降到脈輪柱底部的能量已通過六個層次，每經過一層就愈密集，因此這股能量在第一脈輪裏最為堅實。但是向上的擴散能量在第一脈輪是不太發展的，由於著重向內，所以幾乎沒有向外的移動。我們有許多向心力拉住彼此，各安其位，創造出周遭的物質世界。

因此，**物質化就是受核心吸引的力量創造出同質性的聚合**。這種核心結構吸引著回應它的特定凝聚力靠攏過來。錢滾錢——我們擁有愈多，就愈能輕鬆創造出更多——特別是達到關鍵性的量時。方形吸引方形，因為能嵌進核心結構裏，就好像設計房屋或街道一樣。

萬有引力是第一脈輪的基本原則，因為引力將意識和能量壓縮成實體。無論我們是談論質量或金錢，擁有的愈多，就愈容易吸引到更多。這項原則既能讓我們接地，帶給我們安全感和實質的顯化，也可能讓我們陷溺，把意識束縛在有限的形式上。一樣東西變得愈大愈密實時，也會變得較沒有活力或傾向惰性，同時也意謂著比較不可能改變。如果你有棟大房子，裏面有一大堆財物，搬家時就會變得比較困難。

物質的國度似乎相對穩固且不會改變。不過實際上我們以為的固體，其構成原子幾乎是完全空蕩蕩的空間！如果我們把微小的原子放大一千億倍，它的高度和寬度就會變得像足球場一樣大，原子核於是大到足以讓我們著力——大約是番茄種籽的大小。環繞在原子核四周的電子則小多了，大概是病毒的大小。想像一下，這些電子（病毒）占據了足球場一般大的空間，中央有一顆番茄種籽；在原子核和電子之間什麼都沒有，只有一片可以移動的空蕩蕩空間，卻讓我們有堅固密實的錯覺！

事實上，物理學家描述的電子（以及光子）本是能量的「擴散場」（difuse field），而且使用適當的儀器觀察時，你會發現它們是以離散的粒子形式「存在」。其實是意識本身在觀察時，造成了擴散場崩解成離散的粒子。借用愛因斯坦的話：「我們能因此而認為物質是由空間區域組成的，裏面的場極為密集⋯⋯在這種新型態的物理學中，場

與物質不能共存，因為場才是唯一的真實。」[6]

愛因斯坦證明了物質是壓縮的能量。當能量變得極度集中時，就會扭曲時空的結構，創造出物理學家所說的「重力井」（gravity well）。物體的質量愈大，重力井就愈深，對其他物體的拉力也愈強。

印度教徒認為物質世界是由「馬雅」或幻象構成。這種幻象支撐了物質的堅實性，但現今物理學的研究已經有辦法穿透幻象。使用大型的粒子加速器，物理學家能夠探測次原子領域，他們發現的事實動搖了牛頓所建立的物質世界觀（科學家發現，即使是原子核中的粒子這狀似堅實的東西，竟然也是幻象，因為它們是由名為夸克的點狀物構成的，大小與電子差不多）。奇怪的是，這些發現雖然讓早先的科學漏洞百出，卻跟東方宗教的許多信念相關。目前科學和宗教都指向共同的結論，亦即宇宙是能量和意識在各個面向的交互作用。如果說我們經驗的世界背後有個統一場，那便是我們藉以覺知世界的意識本身[7]。

第一脈輪的練習

接地靜坐（靜心冥想）

找張舒適的椅子，背打直坐好，雙腳穩穩放在地上。深呼吸，感受身體的擴展和收縮。感受你的腿、腳及腳下的地，感受這樣的接觸是那麼堅實，再去感覺你坐於其上的椅子，椅子上面你身體的重量，以及地心引力如何自然而然把你往下拉，既輕鬆又令人寬心。

將注意力帶到腳上。輕輕把腳壓向地面，感覺你的腿與地面密合。不要讓這股壓力變得緊張，致使腿上的肌肉緊繃，而是去感覺有一股

6.　引用自 M. Capek《*The Philosophical Impact of Contemporary Physics*》，三一九頁。

7.　關於東方神祕主義與西方科學，更詳細的討論，參見弗里喬夫・卡普拉（Fritjof Capra）著作《物理學之道》（*The Tao of Physics*）。

氣流從第一脈輪向下流進地球裏。接下來讓上半身接地時，試著讓這股氣流繼續流動。

當你將注意力轉向身體的重量時，會逐漸覺知到脊柱底端的重力中心。感受你的身體就安放在這個點上，專注在這個點上，彷彿那是讓你穩固下來的錨。當你感覺錨在這個點上時，便可以開始整合身體其他部位來接地。

將意力轉到軀體，聚焦在身體的中央通道，我不是指比較接近身體背面脊柱的部位，而是與重心重疊的內在核心。

花片刻時間調整你的頭頂、喉嚨、心臟、胃部和腹部，也就是其他六個脈輪，然後與底部脈輪成一直線。底部脈輪撐住了上面六個脈輪。深呼吸，同時讓脈輪的整齊對位緩緩穩固下來，保持平衡在第一脈輪之上。

現在，我們建立了垂直的能量柱。想像這根柱體是一條粗繩，最好是深紅色，從你頭上高高的地方竄下來，經過身體中心，直直穿過座椅和地面之間的空間，進入地底下。花點時間確定這條繩子通過你第一脈輪的定錨點，然後繼續前行，不只到達地面，而且深入地底下。如果做得到，觀想它一路進入地球核心，讓地球的重力場把這條繩子拉向它的核心。

這個時候花點時間檢查讓一切就緒：腳輕輕壓在地上，七個脈輪排列整齊，能量柱把我們往下拉，地心引力和諧的讓我們扎根，把我們的肉身和精微身一起定住，穩穩接地。

漸漸的前後左右晃動你的軀體，然後在第一脈輪的點上繞圈子。注意觀察，其實你的脊柱底端這個點並沒有動，而是身體繞著它轉。我們希望活動中也能保持接地，這樣做可以讓身體熟習這項技巧。

依舊保持腳輕輕壓著地面，讓過度的緊張逐漸排掉，進入地下。然後回復靜止狀態。

瑜伽體位法

下述哈達瑜伽的練習，著力於刺激和釋放海底輪的能量。

抱膝式（半身休息式，Apanasana）

這個姿式最簡單的版本就是平躺下來，雙膝彎曲，雙腳著地，離臀部約兩呎（六十公分左右）。

一隻腳留在地上，另一隻腿的膝蓋彎向胸部，雙手環抱膝蓋下方的脛骨。（圖2–4）。

深呼吸，吐氣時把膝蓋拉緊些，想像脊柱底部的脈輪打開而且拓展。讓你的腹股溝深層放鬆，感受第一脈輪一直拓展到腿與上半身交接之處。保持肩膀放鬆，整個脊柱平貼在地。

另一隻腿重複相同動作。

雙腿分別做完後，或許你也想同時抱住雙腿，彎向胸前。

圖 2–4
抱膝式

橋式（Setu Bhandasana）

這個姿式讓雙腿牢牢接觸地面，同時與脊柱維持動態接觸。

一開始平躺下來，雙手打直放在身體兩旁，手掌朝下。彎曲膝蓋，雙腳平行與髖部（臀部）同寬，因此你的腳後跟正好在手指前端。

腳下壓（身體不要抬高），感受大地的能量讓你的雙腿堅實。

下一步，將雙腳堅定壓入地面，讓脊柱一節一節抬高，就好像推

一串珠子，一次一顆，直到用腳和上脊椎撐住身體。如果可能，雙手交握於背部下方，把胸部推高，肩膀向後夾緊。理想上，膝蓋到肩膀應該形成一平面（圖 2–5）。

感受在這個姿勢上腿和腳給你的支撐。感受透過這樣的支撐脊柱連結在一起，而且獲得能量。深呼吸，維持這個姿勢至少完成三次呼吸。

脊柱放回地面，再一次脊椎一節一節放下來，最後放鬆臀部，讓腳和腿也放鬆。你可以保持膝蓋彎曲，準備重複這個姿式，或者讓腿平放在地上，感受下層脈輪的放鬆。

圖 2–5
橋式

半蝗蟲式和蝗蟲式（Shalabhasana）

面朝下俯臥，手放在身體下面，手掌碰觸大腿正面。

膝蓋打直，右腿沿著地面朝外盡力伸長出去。當你繼續朝著右腳下推時，開始把右腿抬離地面幾吋（圖 2–6）。感受第一脈輪努力讓這個姿式成形。

幾分鐘後（取決於你的體力）把腿放下來，換左腿重複動作。

　　如果你很容易完成這個動作，那就練習蝗蟲式，以上述方式同時
抬高雙腿（圖2–7）。

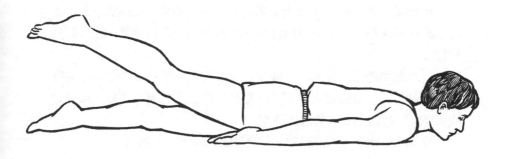

圖 2–6

半蝗蟲式

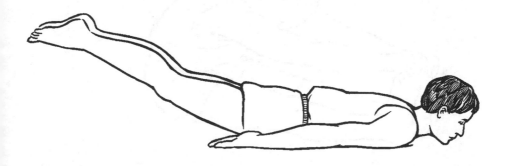

圖 2–7

蝗蟲式

頭觸膝式（Janus Sirsasana）

身體坐直，雙腿往前伸出去（支撐式，Dandasana）。曲起右膝，把右腳帶近腹股溝。

將骨盆抬離腹股溝，抬高胸部，把胸骨直接轉向伸長的左腿上方。吸氣。（圖 2–8）

吐氣時，髖部和上半身彎下來，手臂向前伸直，去碰觸左腳，盡可能讓背部保持平直。這樣能伸展你的腿筋以及膝蓋後側，也能延展脊柱。

盡力做到舒適的邊緣，不要超過變得緊繃，停在這個邊緣上深呼吸。每次吐氣，這個姿式再下沉一點點，停留十五到二十秒，或者你能夠舒服保持這個姿式的最長時間。

吸氣時坐起來。抬高背部。然後換腿、換邊重複動作。

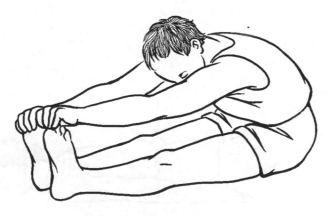

圖 2–8

頭觸膝式（此處誤植為雙腿伸直的姿勢）

深層放鬆

這項哈達瑜伽的練習也稱為意識放鬆，根本上是包含接地，以及逐一放鬆身體每個部位。把過程錄成錄音帶，或者請人以平穩、催眠的聲音為你念出指示也很好，不過沒有任何指令的按照自己的節奏，也很容易進行。

讓自己舒舒服服平躺下來。確定你夠溫暖，因為在這項練習中身體會變得非常放鬆，以至於慢慢變冷了，所以可能需要一條輕毯子。

從深呼吸開始。整個靜心冥想過程中，呼吸要保持舒適而穩定的節奏。

將左腿抬離地面幾吋。屏住呼吸幾秒，繃緊腿上每一條肌肉。接下來把氣呼出的同時，讓所有的肌肉放鬆。讓腿好像一塊死肉沉沉的掉回地面。微微的搖晃腿，讓它接地，之後就隨它去。右腿重複相同動作：緊繃、撐住，然後隨它去。

接著是右手臂握成拳頭，盡可能使勁繃緊所有肌肉。鬆開來。現在繃緊左手臂：舉起……繃緊……撐住……鬆開。

向兩側滾動你的頭，伸展你脖子上所有的肌肉。頭微微抬離地面、撐住、緊繃、鬆開。

皺起你的鼻子，噘起你的嘴，把你的眼睛瞇在一起。撐住、緊繃、鬆開。

在心裏面一一想著身體每一個部位，檢查這些部位是否真正放鬆了。從腳趾開始，依序是腳、腳踝、小腿、膝蓋和大腿。檢查看看確定你的臀部放鬆了，你的胃和胸，吸氣、吐氣、吸氣、吐氣，緩慢而深長。檢查確定脖子是放鬆的，還有你的嘴巴、舌頭、臉頰和額頭。

現在觀察自己的身體，平靜的吸氣和吐氣，深沉的放鬆。觀察你的思緒，不要費力讓思緒來來去去。如果希望身體有所改變，現在是最好的時機，使用正向語言下達無聲的命令或宣示，例如：「我會保持強壯」而非「我不會軟弱」。

當你準備好從冥想中回來時，首先動動手指和腳趾，然後動一動腿和手臂。張開你的眼睛，煥然一新的回到這個世界。

動態的練習

只要能夠接觸地球幾乎都算是「接地」動作，讓能量流動到腳上是第一步。下述增強生物能的練習（bioenergetic exercise），就能有效的達到這項目的：

舒舒服服站好，雙手放兩旁。用腳趾把身體踮高，下來時重壓在你的腳後跟，同時屈膝，假裝你正在往下沉入地底。雙手跟著身體的上下舉起和放下，有助於強調向下的流動。重複這項動作幾次，好好地的暖身。

基本的接地姿勢

身體站直，雙腳與髖部同寬或略寬。讓自己的雙腳微微成內八字，腳後跟張開得比腳趾寬一點。屈膝，膝蓋在腳前方一點點。

向地面下壓，彷彿試圖用腳把兩塊小地毯分開般，感受這個動作帶給你身體下半部穩定性和力量。

保持這個姿勢幾分鐘，想像在困難的情境下，你仍然維持著自己的落實性。

如果想要注入更多能量到腿上，吸氣時屈膝，吐氣時慢慢打直，但是不要完全打直。重複動作幾分鐘。絕對不要使膝蓋「繃緊」，那會切斷接地的循環流動。

大象式

這項練習是設計來帶給雙腿更多能量的。

雙腳平行與髖部同寬或略寬，身體下彎，手掌著地，保持膝蓋略彎。如果動作有困難，雙手可向前移動（圖 2–9A）。

吸氣，彎曲膝蓋，大約呈四十五度。呼氣，挺直膝蓋到幾乎完全打直，但是絕對不要使膝蓋繃緊（圖 2–9B）。

　　重複動作，直到你感覺腿微微抖動，或是有能量在流動。如果動作正確，通常幾分鐘內就會有感受。

　　慢慢起身，脊柱彎曲，肚子放鬆，直到身體站直。整個練習過程中務必保持呼吸充分而深長，也可以自然發出任何聲音。

　　動一動膝蓋，甩甩腿，然後舒適的站好，感受練習後的效果。

　　有需要就常常練習。

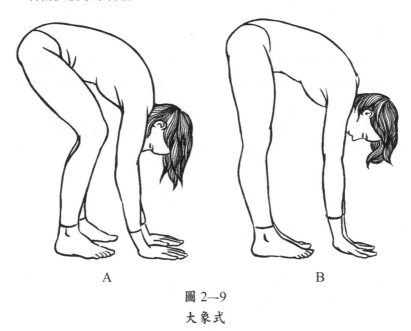

A　　　　　　　　　　　B

圖 2—9
大象式

腳頂天

　　這項練習也是在增強生物能。

　　平躺在地，抬高雙腿，膝蓋不要彎曲，也不要完全打直。

　　腳內勾，雙腿向上頂，腳趾朝著頭，腳後跟用力頂（圖 2–10）。

　　如果發現頂到某個位置腿會顫抖，停在那個點上，讓振動持續，這樣就能帶給雙腿和髖部能量。

日常動作中的接地練習

踏腳

　　早上起床後做這個動作效果絕佳。做完後如果可能，藉助腳底按摩棒、網球或愛侶，按摩一下腳也很好。

　　先用一隻腳踏地幾次，再換另一隻腳。這有助於打開腳上的脈輪，接觸我們腳下堅實的力量。

跳上跳下

　　這有助於我們接觸大地，既反抗了地心引力，又往下沉進去，有助於活化雙腿。因為會對腿帶來衝擊，最好能在土地上跳躍，而不是在有鋪面或堅硬的地板上。

　　假裝你是個小孩跳上跳下，一切都放輕鬆，整個人變得非常鬆弛。跳下來時要跟著屈膝，同時沉進地球裏。

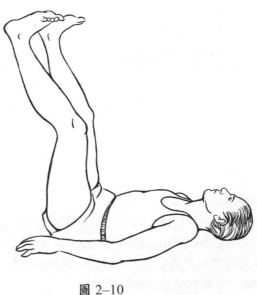

圖 2–10

腳頂天

踢腿

踢腿能排除掉雙腿的緊張，只要你不是踢向堅固的物體。

躺在床上，有節奏的踢動雙腿。膝蓋彎曲和雙腿打直，兩種方式都試試，體驗不同的效果。

慢跑

慢跑能活化腳、腿和身軀，加快新陳代謝，同時提高呼吸速率。

在戶外的泥土地上慢跑，是美妙的接地運動。

站著搭車

在都市的環境中，這是很有趣的接地練習。

搭公車或捷運時站著，不要攀附任何東西。膝蓋微彎，重心放低，以保持平衡。找出自己的重心在哪裏。

休息

只是放慢腳步、坐在椅子上、放鬆、什麼事都不做，就能帶來極大益處。這是今日美國最普遍的接地修行。

按摩

任何形式的按摩都有助於舒緩緊張，重新連結身心。腳部的按摩特別有助於接地。

吃東西

許多人靠著吃來接地，因為的確有效。無論如何，過度飲食還是會讓人喪失跟身體的連結，也會讓人「離地」。

睡覺

睡覺可以讓身體休息和靜止下來，是每一天結束時的接地方式，而且可以使我們第二天獲得新生，夜夜好夢！

關於第一脈輪的推薦書目

1、朱迪斯和維嘉合著的《*The Sevenfold Journey : Reclaiming Mind, Body,and Spirit through the Chakras*》Freedom, CA: The Crossing Press,1993.

2、Fritjof Capra（弗里喬夫・卡普拉）《*The Tao of Physics*》（物理學之道），New York, NY: Bantam Books, 1975.

3、Jean Couch《*The Runner's Yoga Book*》Berkeley, CA: Rodmell Press, 1992.

4、Elson Haas《*Staying Healthy with Nutrition*》Berkeley, CA: Celestial Arts, 1992.

5、Stanley Keleman《*The Human Ground: Sexuality, Self, and Survival*》Berkeley, CA: Center Press, 1975.

6、Stanley Keleman《*Your Body Speaks its Mind*》Berkeley, CA: Center Press, 1975.

7、Dr. Norman Myers 彙編《*Gaia: An Atlas of Planet Management*》New York, NY: Anchor Books, 1984.

8、George Session《*Deep Ecology*》Salt Lake City, UT: Peregrine Smith Books,, 1985.

第二脈輪

水

改變

對立

活動

快樂

情緒

性慾

滋養

靈敏的感受力

第三章

第二脈輪：水

啟程的靜心冥想

　　你平靜的躺著，安安靜靜，活在地球之上。地球靜止、穩固、不動。你也靜止，但隨著一起一伏的呼吸，你的體內開始出現小小的動靜。那就是一種改變。從裏到外，從外到裏，兩個世界藉由你架起了通道，改變的通道。

　　你的胸部鼓起時，空氣通過你的鼻子、喉嚨和肺。胸部一起一伏，如同浪打岸那麼均勻優雅。一來一往……一虛一盈……一進一出。

你的心臟在體內跳動著，你的血液跟著被帶動；生命之河連結了體內每一個細胞。血向外流動……血再度朝向中心流進來。你的細胞擴展又收縮，不斷再生、死亡。前後搖晃手指。神經脈衝流向你的手臂。你的呼吸繼續……吸進來……吐出去……吸進來……吐出去。

在肚子深處，你漸漸覺知到溫暖的橘光，被引動通過骨盆、腹部、生殖器。被引動的橘光如小河般淌下你的雙腿，又往上通過大腿，流過肚子，繼續向上通過背，滋養了你整個人。

你活著。你是一股波能，體內沒有什麼是真正靜止的，周遭也沒有什麼是靜止的。每一分每一秒，一切都在不斷改變。每個聲音、每道光芒、每次呼吸都是振盪，來來回回，不斷運行、搖擺、流動。不斷變化的能流，每一刻都有別於上一刻。等你完成這次的冥想時，你和這個世界皆已改變。

你的體內有一條變易之河。找出內在運行和思緒相關的精微能流，覺知它們向上或向下繞著全身不斷在變化。找出這些能流同時跟隨它們，讓它們獲得動能，舒緩你感覺到的任何緊張來移除障礙。你也可以透過外在動作來增強內在的能流：坐在椅子上來回晃動搖擺，創造出有節奏的動作。讓身體的律動漸漸增強，直到你想站起身來（即使手上拿著這本書）。站起來四處移動，站著搖擺，髖部繞圈圈，彎曲膝蓋，一直保持均勻而平穩的流動……不要忘記底下的根基。你搖搖擺擺，來來回回……上上下下……進進出出……向外拓展，但總是再度回到你的核心自我。

你隨著水流行進，有時緩慢如大河，有時迅急如春溪，有時悠然如平靜的湖面，有時熱切如海浪。舉起一隻手臂，想像水向下流淌過手。感受溼潤的液體流下你的背、臀部和腳趾。

把水想成是從天空流下來，愛撫著群山，形成小溪流到不同的池潭裏。想像水化成雨落到你身上，愛撫你的身體，形成小水流，流下你的骨盆和雙腿，直到腳下鬆軟了大地。你就是雨水，毫不費力的從天上落到地上。

　　你的思緒如雨點般從心靈紛紛落出。經過點滴的運行，體內的潮流慢慢脹大，開始運行——向下俯衝時比較快，從土峰上層層飛瀉下來——然後如蛇般蜿蜒的越過你豐饒領土上的大山谷。

　　你受到月亮黑暗與光明之舞的牽引，隨著潮汐起起伏伏，直到合而為一。你浩瀚深沉的海洋充滿了生命，你的熱情外湧，飛濺到岸上，然後再度回到你體內。你啜飲周遭所有的變化，隨著生命起伏，把一切脈動拉進你體內。進來……出去……你在呼吸。

　　在這浩瀚深沉的起伏裏，你伸出手去碰觸，找到自己的身體。唯有你一人知曉的感官知覺越過皮膚進入你手裏。你的手拂過肉體的曲線，追隨身體動作的路徑，你配合著碰觸時的感性而搖擺。你的內在浮現情緒：激盪、渴望、流動、沸騰。它們伸展、碰觸，同時揚升，成為動作。波動改變了，水不斷流動，進進出出。

　　你獨自一人，但其他的能流圍繞著你。那些能流也一樣起起伏伏，不斷改變、接觸和渴望。你朝向它們而且加入它們，你渴望合而為一不分彼此，隨著新事物移動。你的手渴望接觸，你渴望把海洋拉進一點，感受其他能流與自己匯合在一起。

　　你的肚子鼓起，性慾覺醒，你渴望碰觸且超越自己。你發現你的「另一半」相異而同源。探索之後你開始融合。你體內的能量愈來愈強，它提昇你，表達你，愛撫你。你的熱情如海浪般湧起，不斷衝擊海岸，滿足著你的需求。海水起落，它滋養、潔淨和療癒，並隨著每一份渴望、每一個動作和每一次呼吸流動著。你在合一的狂喜中，再度與另一股潮流完成融合。你手舞足蹈，飛揚再降落……然後休息。

　　你是水，是所有形式的本質，卻沒有形式。你是每個流動方向的起點，而且你就是這股流動的能量。你是感受的人，你也是行動的人。你是擁抱別人的人。

　　在這趟生命之河的旅程上，讓我們一起流動並結合我們的靈魂吧！讓我們一起流向大海！

第二脈輪
象徵與對應

梵文名字： *Svadhisthana*

意義： 甜美

位置： 下腹部、外陰部（生殖器）、子宮

元素： 水

功能： 欲望、快樂、性慾、生殖

內在狀態： 感受

外在狀態： 液體

腺體： 卵巢、睪丸

其他身體部位： 子宮、生殖器、腎臟、膀胱。

功能失調： 循環系統功能失調、性無能、性冷感；子宮、膀胱或
腎臟問題；下背僵硬

顏色： 橙色

感官： 味覺

種籽音： Vam

母音： [u]

屬性： （德）惰性 （暗德）

塔羅牌： 聖杯

質點： 根基（Yesod）

星球： 月亮

金屬： 錫

食物： 流體食物

對應動詞： 我感受

瑜伽路徑： 譚崔瑜伽

香氣： 鳶尾花根部、梔子花、透納樹葉

礦物： 紅玉髓、月光石（月長石）、珊瑚

輪瓣： 六瓣

動物： 魔羯魚、魚、海洋生物

印度教神祇： 因陀羅、水神伐樓拿（Varuna）、毗濕奴、瑞基尼
（Rakini， 夏克蒂在性輪層次的名字）

其他眾神： 月神黛安娜、海洋女神耶瑪雅（Jemaya，非洲信仰）、
海洋女神提雅瑪特（Tiamat，巴比倫神話）、馬莉
（Mari，巴斯克人的女神，與氣候相關）、水神寇文
蒂娜（Conventina，居爾特神話，與「新生」和「淨
化」相關）、海神波賽頓、海神里爾（Lir，愛爾蘭
神話）、甘尼米得(Ganymede，宙斯身旁水瓶侍者)、
酒神戴奧尼斯、牧神潘

大天使： 加百列（Gabriel）

主要運作力量： 異性相吸

改變的層次

我們往往以為一旦徹底研究了「一」，我們就會懂得「二」，
因為二就是一加一。但我們忘記了，我們還得要研究「加」
才行。[1]

——愛丁頓爵士

（A. Eddington，英國天文學、物理學和數學家）

我們向上通過脈輪的旅程始於向下──進入地球，進入靜止和穩
固。我們了解了我們的身體、與根基，以及與「一」連結的一切。現在，
我們準備好要引介新的層面，也就是「一」遇見另一個「一」成為「二」

---

1. A. Eddington（愛丁頓爵士）《*The Nature of Physics*》（物理學的本質）。
引用自 Richard M. Restak, M.D.《*The Brain, The Final Frontier*》
（Warner Books，一九七九），三五頁。

產生的層面。

也就是在這裏，我們初始的統一開始形成二元對立。點變成線，獲得了方向，把兩邊切割開來。我們從「土」元素移動到「水」元素，固體變成液體，靜止變成活動，有形變成無形。我們獲得一定程度的自由，不過複雜程度也增加了。

我們的意識從「感受到一體」轉移到「領悟什麼是歧異」。我們對自我的了解如今包含了對他人的覺知，與他人的連結讓我們興起欲望，我們的情緒與性慾也隨之而起。我們渴望結合，克服孤立，與外界接觸並且成長。這些全都是第二脈輪的意識面向，全部都是在誘發改變。

改變是意識的根本要素。改變命令我們關注，喚醒注意力，促使我們發出疑問，突然的噪音將我們從睡眠中喚醒。白日長短的改變使得我們去研究地球在天體中的運行。沒有改變，心智會變得遲鈍；沒有改變，就沒有成長和行動，也沒有了生命。意識在改變中茁壯。

在中國哲學裏，《易經》是充滿智慧的占卜系統，其基礎就是「變

圖 3–1
陰和陽的象徵符號，顯示兩者如何互相平衡和包容。

易」的概念——陰與陽的兩極力量交互作用的結果。陰和陽分別代表女性和男性、地和天、接納和創造。這兩股力量不斷互動帶來改變，是環繞著平衡狀態的永恆變動（圖3–1）。

如同易經的概念，第二脈輪的意識，是由兩極對立的舞蹈激盪出來的。在上層脈輪裏，我們達到了超越二元對立的意識層次，然而在第二脈輪裏，二元對立則成為活動與改變的驅動力；我們從初始的一體性生起二元對立，現在開始尋求回歸為一體，形成了異性相吸。藉由相互的吸引力，對立的兩極創造出不停止的活動。如果我們想要從穩固的大地，一路蛻變進入無限意識，必定需要某種活動來展開這個歷程。這個活動就是第二脈輪在整套脈輪系統中的意義，與第一脈輪的靜止剛好相反。第一脈輪尋求維持和創造出結構，第二脈輪的宗旨則是棄守和創造流動。流動允許彼此充滿能量的連結。這就是點和線的差異。

宇宙中每個已知部分都存在動作，它是所有能量、物質和意識的根本特質。沒有活動，宇宙是靜止的、固定的，時間也會停止存在，不再有場域可以創造堅實物質的幻象，而只能體驗到虛空。在此引用狄昂 · 福瓊（Dion Fortune 譯注：西方近代著名玄學家與靈媒。）的話：

> 「抽象之中的純粹動興起了宇宙。這樣的動能逐漸相反的兩
> 股力量互相抵消而靜止不動的節點，這些節點就是最初的原
> 子。原子活動建構了一切顯化的基礎。」[2]

我們都是這個持續不斷行進過程的一部分，同時穿越著了許多層面。我們不但穿越物質空間，也穿越感受、時間（從這一刻到下一刻）、意識（從這個念頭到下個念頭）。我們穿越活動中的世界，一個不斷

---

2. Dion Fortune（狄昂 · 福瓊）的《The Cosmic Doctrine》，五五頁。

改變的世界。「活動」是生命力量的核心本質，區分生與死、能動和不能動。石頭不會動，而人會動。因此，讓我們流過第二個生命之輪的元素「水」，一起發掘「水」如何帶給我們活動、快樂、改變和成長。

Svadhisthana（性輪）──水之輪

我們可以百分之百肯定，世界上任何偉大的事都是憑藉熱情完成的。

──黑格爾（Georg Wilhelm Friedrich Hegel）[3]

第二脈輪位於下腹部，在肚臍與生殖器中間，涵蓋這兩點之間的身體區塊（圖 3–2）。第二脈輪對應的神經節稱為薦神經叢。這個神經叢連結坐骨神經，是身體的運動中樞。因此，性輪往往被稱為「生命的基座」（seat of life）。有些人把這個脈輪跟中國功夫所講的丹田相提並論，但我認為丹田位於第二和第三脈輪中間。

也有人認為第二脈輪位於脾臟之上，如此就會把性輪推離與其他脈輪一直線的位置了。理論上，我找不到決定性的證據來支持某些通靈者宣稱的「在脾臟位置看到的能量是主要脈輪之一」。在男性身體結構上，生殖器非常接近第一脈輪，前兩個脈輪間的差異非常細微，很有可能造成混淆，不過在女性的身體構造上，子宮很明確的在第二脈輪的位置上，因此比較容易看成是單獨的能量中樞，不像男性的第二脈輪分不清位置。有可能上述理論（主要來自上世紀初的神智學）是奠基於男性的身體，再加上受到當時性壓抑的價值觀影響而抑制了第二脈輪。脾臟的確對情緒變化很敏感，但不應該與這本書想要探討的第二脈輪混為一談。

---

3. 黑格爾之言，引用自 Jack Hofer《*Total Sensuality*》（NY: Grosset & Dunlap，一九七八），八七頁。

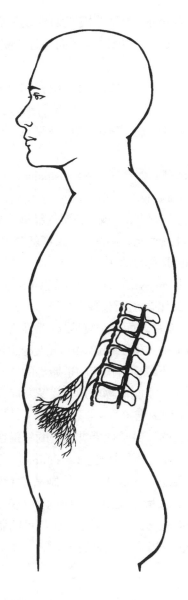

圖 3-2

薦神經叢和神經節

　　這個脈輪的元素是水，因此對應的身體功能與體液相關：血液循環、排尿、性行為和生殖；也跟水的所有特性相關，例如流動、無形、液態和隨順。

　　這個脈輪是性慾中心，也是情緒、感官知覺、快樂、行動和滋養的中心。在「卡巴拉生命樹」中，第二脈輪對應的是「根基」（Yesod），是水與月亮的管轄範圍，而連結的星球是月亮，月亮以二拍的節奏起伏牽引海水的漲落。

　　在梵文裏，這個脈輪稱為「Svadhisthana」，通常翻譯為「自己的居所」，字根「sva」意為「自己的」[4]。我們也發現了另一個字根「svad」，意思是「品嘗甜味」或「快樂的品嘗、享受或樂在其中」[5]。當植物根扎得深而且得到充分澆灌時，果實就會甜美。打開第二脈輪，就是開開心心去啜飲歡愉的蜜汁。

　　性輪的譚崔符號有六瓣，通常是紅色（朱紅，介於紅與橙色之間），而且脈輪內部包含了兩朵蓮花（圖3–3）。中間那朵蓮花的底部閃耀著一輪新月，新月裏面有一隻稱為「魔羯魚」（makara）的動物，那是像鱷魚一樣的生物，尾巴捲起來，讓人聯想起盤繞的昆達里尼。魔羯魚是海洋生物，一般相信代表的是熾烈的欲望和熱情。這樣的欲望和熱情必須駕馭好，才能繼續前進。我認為魔羯魚代表動物本能，潛伏於個人無意識幽深之處。

　　如同第一章提過的，脈輪透過非物質的管道連結在一起。這條流通於身體中央的管道被稱為「中脈」（sushuma），另外兩條管道是「左脈」（ida）和「右脈」（pingala），控制著陰和陽的能量，以「8」字型交纏繞過每一個脈輪，流竄於中脈兩旁（圖1–6）。這些精微能量（氣）流通的管道被稱為「氣脈」，在我們的體內存在有數千條。氣脈的梵文「nadis」意思是「流動的水」[6]。左脈和右脈分別代表了月

4.　Monier-Williams《*Sanskrit-English Dictionary*》（梵英辭典），一二七四頁以下。

5.　同上，一二七九頁。

6.　同上，五二六頁。

男神：毗濕奴

女神：瑞基尼
（夏克蒂化身）

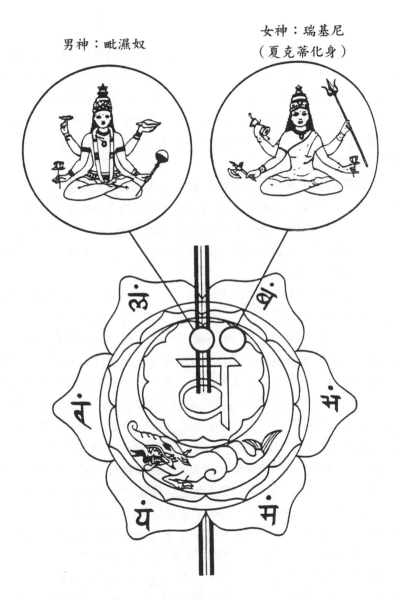

圖 3–3

性輪

（感謝 Timeless books 提供）

亮和太陽的面向。

就大腦而言，明確的刺激這些氣脈，例如鼻孔交替呼吸（nadi shodhana，淨化氣脈呼吸法），可以輪流刺激大腦皮層的左右半球（參見 213 頁的解說）。研究顯示，大腦左右半球各自負責的思考形式差異極大，需要兩者共同運作才能獲得平衡的理解。身體的右半邊是由左半腦掌控，負責語言表達和理性思考；身體左半邊則由右半腦控制，而右半腦比較富於直覺和創造力。

左脈和右脈交會於第一脈輪，到了第六脈輪再次交會。左右腦之間的平衡性，是第六脈輪的「靈視」得以發揮的必要條件。氣脈在第二脈輪的上下方交會，各自繞行脈輪的兩邊（圖 3–4）。為了均等受益於這兩股能量，尊崇二元的共舞是很重要的，以免困在任何一個極端，失去了我們的中心。

氣脈的運行和流動有助於脈輪的旋轉（圖 3–5），例如當能量經過右脈向上流動到右鼻孔時，會產生有方向性的、繞行每個脈輪的能流，另外有一股互補的相反能量，則是經由左脈向下流動通過脈輪的另一邊，完成整個循環。這兩股能量以相反方向繞行脈輪兩邊，使得脈輪旋轉起來。左右二脈在脈輪之間交會，使得每個能量中樞的旋轉方向，和上下兩個中心相反。由於每個脈輪和上下兩個脈輪的旋轉方向相反，於是脈輪就得以如齒輪般運作，嵌合在一起形成正弦曲線運動（波浪運動），讓精微能量（「氣」）沿著脊柱上上下下。

陰陽的概念也適用於脈輪本身。第一脈輪屬陽，因為它是我們的起始和根基，也是奇數；第二脈輪屬陰，因此包含了比較多「女性」特質，例如接納、情感和滋養。孕育新生命是性輪（子宮）的核心特質，顯然也是一種女性特質。水善於接納，遇到什麼就變成那樣的形狀，而且會流經阻力最小的路徑，卻隨著流動獲得力量和動能。

第二脈輪與月亮相關。如同月亮牽引潮汐，我們的欲望和熱情也能驅動汪洋大海般的能量。月亮主宰了無意識、神祕次元、看不見的東西、黑暗及女性的那一面。這個能量中樞有非常獨特的力量，尤其當我們從心靈深處向外移動，在現象世界引發改變時。

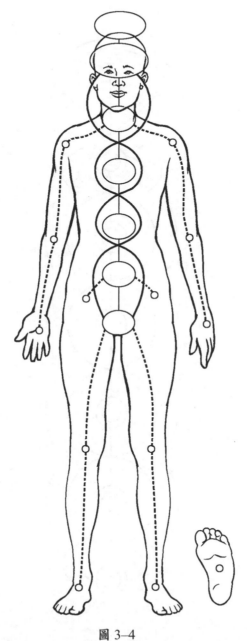

圖 3–4

七大脈輪和次要脈輪，以及它們的主要通道。

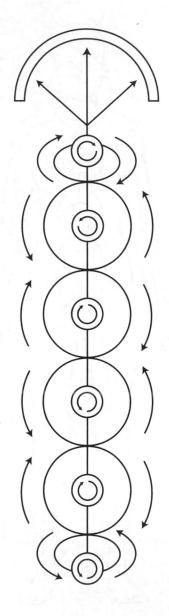

圖 3–5

脈輪的旋轉是兩股對立氣流，左脈與右脈推動的。

快樂原則

每一個完美的行動都伴隨著快樂。由此可知你的行動必須是
完美的。

——安德烈 · 紀德（Andre Gide，法國作家）[7]

人類這種有機體跟其他生物一樣，天生傾向追求快樂，躲避痛苦，佛洛依德稱此為快樂原則。如同想要生存的本能，快樂原則是先天的生物模式，與第一脈輪的生存本能密切相關。痛苦是生物體受到威脅的指標，而快樂通常顯示情境是安全的，於是我們的注意力可以自由轉向其他事物。

但快樂原則不僅只於求生存，許多令人快樂之事對我們的生存根本沒有直接幫助，某些時候甚至還可能危害到生存，例如把錢虛擲在無意義的物品或活動上，或是嗑藥。這些活動可能耗盡我們的資源，包括身體和支票簿。在其他例子中，快樂則讓我們能夠更深入身體的聖殿，感覺圓滿，並且擁有力量、愛和創造力，也能夠如冥想般專注，這些都是上面幾個脈輪的面向。

相應於第二脈輪的二元特質，快樂是個雙面刃。這個脈輪很容易困住我們，不過如同耽溺於快樂一樣，陷阱也可能來自迴避快樂。任何脈輪的平衡都需要開放自己面對它的特定能量，但是不能過度依戀。

快樂與各種情緒感覺，都是由大腦下方我們稱為「邊緣系統」的區域來處理的。邊緣系統控制了下視丘，下視丘又控制了荷爾蒙的濃度，同時調控自律神經系統的功能，例如心跳速率、血壓和呼吸。因此，能安撫這個大腦部位的刺激，確實有助於調控和舒緩荷爾蒙的分泌及生理作用[8]。某些跡象顯示，這麼做的確有助於我們延長壽命，活

---

7. 紀德，引用自 Jack Hofer 上述著作，一一一頁。

8. Bloomfield，《*Transcendental Meditation: Discovering Inner Awareness and Overcoming Stress*》，七八－八二頁。

得比較健康[9]。

　　一般認為，人類大腦皮層和邊緣系統的分離，導致現代人的自我毀滅和暴力傾向[10]。大腦皮層和邊緣系統的連結，有利於動作的流暢優雅，因為沒有身心的分隔來「檢查」動作和衝動，「檢查」可能會讓動作受到過度控制或是變得笨拙。其他動物身上沒有這樣的分隔。

　　快樂使得我們拓展自己，而痛苦經常會讓我們緊縮。如果我們要從物質世界的固定形式拓展到無所限制的意識，快樂或許是這條路徑的頭幾步，邀請意識遨遊整個神經系統，同時向外去接觸他人。此外，快樂會讓人順服，這是靈性覺醒的必要過程。

　　快樂幫助身與心建立更好的溝通。透過快樂，我們學習放鬆和釋放緊張，神經脈衝於是自由地流過整個生物體，不會因恐懼而去壓抑。漸漸的，這些脈衝創造出規律而一致的模式，能安撫整個神經系統。

　　快樂能讓我們聽取自己的感官訊息。有些佛教徒和印度教信仰系統強調，快樂和感官會誤導我們的知覺，會剝奪我們對實相真正本質的認識。但我們的意識會尋求真知，而感官正是這種意識的延伸。如果我們的感官真的剝奪了我們對真實的認知，那麼目盲、耳聾和喪失味覺，豈不是讓我們更幸福？這到底是「無知無覺」，還是明覺。較為精微的覺知能夠讓我們看見內在次元，而鈍化或壓抑較粗鈍的知覺，絕非達到這種境界的途徑！「超感官」知覺只是感官知覺最精微的面向罷了。捨去感官知覺，我們要如何變得敏於覺知呢？如同亞倫・瓦茨（Alan Watts）之言：「禁慾的靈性是病態，恰恰好反映出意欲治療的疾病本身。」[11]。

　　對任何層次的意識而言，感官知覺都是寶貴的資訊來源，提供了

9.　Theresa Crenshaw, M.D.《*The Alchemy of Love and Lust: How Our Sex Hormones Influence Our Relationships*》，二七六頁以下。

10.　Bloomfield 上述著作，四三－四五頁。

11.　亞倫・瓦茨（Alan Watts）之言，引述自 John Welwood《*Challenge of the Heart*》，二〇一頁。

最後變成資訊的原始資料，由大腦儲存和分析。忽視身體的感官知覺，令我們切斷了寶貴的感覺和情緒，然而若想傳送資訊到大腦，把心靈與生理能量灌注到全身，必須借助感覺和情緒。感官知覺正是建構我們的感覺和情緒的基石，沒有它們，我們就如同行屍走肉，生命會變得支離破碎。

快樂和感官知覺是第二脈輪的核心特徵。如果欲望是行動的種籽，快樂就是欲望的根，而感官知覺就是快樂的媒介。快樂對於身體健康、靈性復甦，以及個人關係和文化關係的療癒，是不可或缺的。

不幸的是，我們獲得的教導卻是要小心快樂，快樂是危險的狐狸精，虎視眈眈的想要誘惑我們離開自己真正的道路。我們獲得的教導卻是，要壓抑對快樂的需求，壓抑自然的身體衝動，於是再度造成身心分離。我們不輕易允許自己享受哪怕是簡簡單單的快樂：多睡一會兒、散散步或衣著舒適。這種嚴厲的評斷來自心智，鮮少源自身體，我們也可能會經驗情緒上的反動。

情緒

情緒的英文「emotion」源自拉丁文「movere」，有「移動」之意；字首「e」則是「向外」的意思。情緒透過身體促成意識進化。當我們表現情緒時，我們會把能量移出無意識，通過身體進入意識心。這種意識的流動能夠為身體充電，並能淨化和療癒身體，也是我們生命力的暢然運行。透過這樣的運行方式，我們產生了改變，回到第二脈輪的基本元素：行動和改變。

對於還不會說話的孩子，情緒表達是他們唯一能「說」或能夠被理解的語言，也是他表達自己內在狀態的唯一媒介。如果照顧的大人能適切「映照」孩子的情緒，孩子會形成合宜的情緒認同。這種情緒認同讓我們能夠認同往後生命中的各種情緒狀態，包括自己的和他人的。

情緒原本就與行動連結在一起。我們往往藉由限制行動來壓抑感

受,其實行動可以釋放導致長期緊張的情緒壓抑。我們不妨這樣想,情緒的基本原則就是要離開痛苦,朝向快樂移動。情緒是個「情結」,是面對快樂與痛苦的直覺反應,它始於無意識,透過行動得以進入意識。要阻擋某種情緒,我們必須限制行動,讓情緒停留在無意識裏,也表示我們沒有覺知到情緒,但我們的生活依舊遭到嚴重破壞,因為源自無意識的行動會讓當事人陷入麻煩。

壓抑情緒需要能量,因此方法如果正確,釋放情緒也就釋放了緊張。不緊張能創造出身/心的和諧能流,於是便帶來更深層的快樂,允許自己和他人有更深刻的連結。

壓抑原始的快樂會造成縱慾的需求,反而將快樂轉成痛苦。痛苦是個指標,顯示我們走到錯誤的方向。壓抑快樂對身體造成的剝奪,反而會要求我們的意識給與身體超過應得的關注。唯有透過滿足和化解,我們的知覺才能安全的進化到更寬廣的層次。關於印度教的愛神伽摩(Kama)有此一說:「伽摩受瑜伽士崇拜,因為只要取悅了祂,憑著祂就可以讓心智擺脫欲望。」[12]

快樂與情緒是欲望之根,透過欲望我們創造出行動,透過行動我們帶來了改變,意識也因為改變而茁壯,這就是第二脈輪的本質和作用。

---

12. Alain Danielou《*The Gods of India*》,三一三頁。

性慾

愛慾乃靈性的種籽與萌芽，最初存在……仙人照見本心，發
現有亦非有。

—《梨俱吠陀》（*Rg Veda*），第十卷一二九篇第四節

欲望即人們所知的「伽摩」或「愛」，如果被視為目的，就
會變得危險。事實上，伽摩只是開端。當心靈因伽摩的教化
而滿足時，才能產生關於愛的正確知識。

—— Rasakadamvakalika[13]

　　性行為是慶祝差異的神聖結合儀式，是生命力的擴張，也是平衡、復原、更新與再生的舞蹈。性行為乃是所有新生命的根源，因此也是未來的根源。性行為推動和療癒了我們體內的生命力，是一種深邃的節奏，脈動著貫穿所有的生物體。

　　性慾本是一股生命力，但是在我們生活的文化裏，生命中的「性」元素若非受到壓制，就是過度遭到剝削。電視螢幕讓我們的孩子觀看無止盡的謀殺和罪行，卻會審查任何涉及裸體和性愛的場景。努力工作和向上爬昇受到重視（因此也是重壓），投入生活中單純快樂的人卻被視為懶惰、軟弱或自我放縱。可是快樂的需求依舊會浮現，結果人們反而去追求負面的宣洩——酒精和藥物（以鬆開文化的拑制）、性上癮、暴力、強暴和粗俗的色情作品，以及上百萬美元的廣告，訴求的就是我們每個人壓抑的性慾。當攸關生命且自然之事被奪走時，造成的缺口就可能被利用來作為控制手段。被奪走的被零零碎碎地賣回給我們，我們因此而變得不完整。

---

13. Douglas and Singer《*Sexual Secrets*》，一六九頁。

詹姆士‧普雷司卡特（James Prescott）研究了許多文化，比較了性壓抑和暴力的發生率。他發現性的禁忌愈嚴苛的文化愈是暴戾。反過來說，「性」態度愈寬容的文化，犯罪率愈低[14]。為了我們身體及文化的健康，性慾是我們應該去了解和維護的重要本質。

從脈輪和昆達里尼的角度來看，性慾也是必須思考的重要課題。許多跡象顯示，比較高的意識和性行為密切相關，不過究竟是如何相關，眾說紛紜。

在瑜伽哲學中，一百滴「明點」（bindu，組成物質的無維度「焦點」，有時也與精液相關）昇華時，會精萃為一滴「精氣」（ojas，神聖意識）。結果，許多嚴肅的瑜伽修行，以及大多數關於脈輪先入為主的觀念，都認定禁止性行為是將明點轉化為精氣的方法。因為這種信仰盛行於眾多神祕教派，值得我們花時間檢視支持與反對的意見。

如同大多數的宗教傳統，早期的印度教原本是一種薩滿系統，目的是在獲得較佳的物質享受，例如穀物的豐收和更好的獵物。這套系統在儀式上最終發展出大規模的祭祀屠殺，很可能因此而造成反撲。文化風俗發生這種反動現象是司空見慣的，其中之一就是耆那教徒，他們建立了一套非正統的系統，相信人不該殺生，包括植物在內。由於不殺生，生命也不可能存在，耆那教徒因而成為「禁慾獨身的雲遊僧團，以極端的苦行受人矚目」，有些教徒甚至棄絕衣服以及／或者食物[15]，目的在於免於業報，以達到更進一步的解脫。印度教其他支派採行禁慾主義，作為內化犧牲的手段（這些犧牲原先是透過火祭儀式來表達），藉此提升個人的「苦修」（tapas，陶鑄、淨化之意）或內在之火。這股內在熱力讓當事人感覺它就是「神祕的潛在能量」的徵兆，比他所放棄的快樂更加珍貴[16]。犧牲快樂替代了人或動物的犧

---

14. James Prescott（詹姆士‧普雷司卡特）〈Body Pleasure and the Origins of Violence〉，刊載於 55 Margaret and James Stutley《*Harper's Dictionary of Hinduism*》，一二三頁。

15. Margaret and James Stutley《*Harper's Dictionary of Hinduism*》，一二三頁。

16. 同上，三〇〇頁。

性。

在印度，一個人的家庭生活和靈性生活通常分屬不同人生階段，性行為會生出需要撫養的小孩，改變一個人靈性追求的路徑，讓他進入一家之主的階段。一般人不會因此避諱，然而對已經選擇僧侶生涯的人必定是阻礙，因此必須迴避性行為。

禁止性行為成為開悟的道路，此舉也奠基於男性的生理機能。在完全吃素且經常三餐不繼的狀況下，保留精液或許可以保存體力。女性的真實狀況也許就截然不同了。

在印度神話裏，性行為無處不在。濕婆經常受到崇拜，而且是以祂的陽具——「濕婆林伽像」——來代表的，這個象徵在全印度到處都看得到；黑天（Krishna）以祂頻繁的豔遇聞名，性愛場景雕刻在印度各處寺廟裏；濕婆和夏克蒂永遠在做愛。性行為在神祇之間是神聖的，為什麼凡人就不是呢？

有些研究顯示，性行為當中產生的化學反應，可能會影響昆達里尼的升起，同時開啟心靈的能力。通常與第六脈輪（靈視）相連的松果體，富含一種血清素的衍生物，稱為褪黑激素。這種化學物質很容易轉化成一種複合物，稱為 10– 甲氧基哈梅藍（10 methoxyharmalan），有引起幻覺的潛在作用，可以帶來內視的能力[17]。松果體具有「光接收體」（感光細胞），我們在後面章節討論第六脈輪時，就會明白光和內視經驗在這一層意識扮演了重要角色。

有證據指出，褪黑激素和松果體整體而言，對哺乳動物女性和男性的生殖腺發揮了抑制效果；反之，性荷爾蒙例如雄激素（睪固酮）、雌激素和黃體素，同樣會抑制褪黑激素的分泌[18]。因此，增加性行為刺激了性荷爾蒙的分泌，對於「第三眼」脈輪的開發有不利影響，而

17. Philip Lansky〈Neurochemistry and the Awakening of Kundalini〉（神經化學與昆達里尼覺醒），收錄在 John White 編輯的《*Kundalini, Evolution, and Enlightenment*》（昆達里尼、進化和開悟，NY: Anchor Books，一九七九），二九六 – 二九七頁。
18. 同上，二九六頁。

上層脈輪過度活躍，也會反向影響性驅力。

不幸的是，關於昆達里尼和心靈超能力的研究仍然有限，沒有足夠證據形成確切結論。是什麼造成了這種化學變化？「幻覺」狀態有可能是因為褪黑激素分解代謝造成的嗎？一定是有益的狀態嗎？有沒有其他方式激發這種狀態？過度強調脈輪光譜的某一邊，會不會減少相反那一邊的能量？雖然證據還不足以下結論，這其中隱含的意義還是值得注意。

禁止性行為在正確情境下可以幫助打開通道，進入超常的意識狀態，同時提昇中脈能量。不過我們必須強調，沒有受過訓練便學習引導這股能量的技巧（無論是透過瑜伽、武術或單純靜坐）以達成守貞，可能沒有多大益處，反而會造成神經緊張和焦慮。如果不熟悉這些技巧，就應該找一位已經有過這方面經驗的老師跟他學習。

禁止性行為能夠幫助一個人打破沒有益處的老舊模式和習慣。性的力量如果不被允許表達為性行為，就會以別的方式找到出口。瑜伽士相信，繞過這個能量中樞，可以把這股能量沿著脊柱向上送到更高層的中樞。對於那些修習哈達或昆達里尼瑜伽，管道已經打開準備好掌控這股能量的人而言，上述說法大抵成立。但多年來我接觸了無數個案和學生，尚未發現任何一位禁慾獨身者說服了我，讓我覺得他比擁有健康性生活的人更超越、更快樂或適應得更好[19]。壓抑性慾往往會削弱我們的生命力，同時剝奪了來自親密關係的無比快樂與學習經驗。

如果禁止性行為只是為了打開原來封閉的管道，那麼就沒有必要一直保持禁慾獨身，因為管道一旦開放了，不論有沒有「性」，都可能維持暢通無阻。一般只是藉由禁止性行為來打破舊有模式而已，就好比斷食是打破不良飲食習慣的方式一樣。

---

19. 這不包括上師們。跟一般西方人相比，他們已經進入完全不同的意識層次，但是有些上師不恰當的踰越了性界線，顯示他們的禁慾修行有瑕疵。參見 Kramer and Alstad《*The Guru Papers: Masks of Authoritarian Power*》。

　　即使是在適當情境下，禁止性行為也不一定總是有益於個人成長。舉個例子，有些人習慣在自己與他人之間築起一道牆，對他們而言，性關係有可能是他們可以投入的最具啟發性的經驗。關係（必然牽涉的不只是第二脈輪）可以成為促進成長的深沉推進力。藉著與別人結合，我們拓展了經驗。我們在自己體內的經驗是非常個人性的，然而當我們沿著脈輪柱向上攀爬時，界限會愈來愈擴大，「我們都是一體」的領悟就會變得愈來愈明顯。開悟之路就是打破那些以為自己是孤立的種種幻覺。禁止性行為可能加深孤立感，而性行為則可以為消弭界限開路。

　　禁止性行為的缺點可能和獎賞一樣多。薦骨是我們情緒感受的中心，也是身體動作的起點，能帶給我們活力和幸福的感受。受挫的性欲可能導致下背疼痛、腿抽筋、腎出問題、循環不良、整個髖骨僵硬[20]。薦骨的僵硬也可能帶來膝蓋問題，因為會讓身體重量偏離地心引力的中軸線。這樣的僵硬會逐漸遍及整個身體，了無生氣的感受可能隨之而起。改變這種模式往往很困難，因為要打開能量中樞，可能得面對一直以來都深埋的情緒上的痛苦。

　　脈輪的開放和封閉都是漸進的，因為是實際互動後產生的模式。正如我們無法運一個停在地面上的籃球一樣，第二脈輪封閉的人往往也很難找到性伴侶來幫助他們打開脈輪，而已經開放的脈輪則可能會吸引來過多的伴侶。應付這種狀況的唯一之道，就是漸進且溫和地開放和關閉脈輪。

　　拒絕身體的親密和性釋放，也就拒絕了身體可以擁有的最大快樂，因而違反了我們生物的快樂原則。拒絕這樣的快樂，也會切斷駐留在下層脈輪比較精微的感受和情緒，而就切斷了我們的根基、完整性，以及內在的滿足感與和平意識。

　　威廉‧瑞希（Wilhelm Reich）在針對人體生物電流的研究中發現，

---

20. 二十年來從事個別和團體治療與教學的個人經驗。

圖 3–6
譚崔的印度人像

這股能量要能健康的流動全身，性行為是關鍵。瑞希認為，唯有透過性高潮才能達到全身生物電流的「完全循環」，而這樣的循環攸關心智和身體的健康。「興奮之後湧向全身的完整能流，造成了全然滿足的喜悅。」[21] 瑞希進一步發現，堵塞的性能量會導致焦慮，主要聚集在心臟與橫膈膜一帶。

「出現在生殖器讓人感覺歡愉的相同刺激，如果刺激的是心血管系，則會呈現為焦慮⋯⋯性興奮和焦慮是刺激擴散的兩個相反方向。」[22]

很可能出現在「心臟與橫膈膜一帶」的焦慮感，類似昆達里尼覺醒初期，昆達里尼衝進這塊區域的第三和第四脈輪時，身體所產生的感覺。至於這種感覺是焦慮的呈現，還是昆達里尼強行通過脈輪的反應，每個人的意見都不同，只能根據個人經驗而定。性行為或禁止性行為所產生的影響，以及這兩種經驗能夠帶來的意識拓展效果，和當事人靈性有多成熟或是否準備好掌握心靈能量，有密切的關係。

這本書的理論是一貫的，每個脈輪都必須開放和活躍，健康的能量才得以流至整個身／心。性行為是消融也是歡慶我們的差異性。性行為療癒身體，結合兩顆心，同時推動生命。性行為是生命的「水」車，移動了下層的「土」，也調和了上層的「火」。沒有性行為，我們就不會在這裏。

譚崔

性結合就是吉祥瑜伽，盡享感官歡愉，帶來釋放。此乃解脫之道。

—— kaularahasya[23]

---

21. Wilhelm Reich《The Function of the Orgasm》，八四頁。
22. 同上，一一〇頁。
23. Douglas Singer《Sexual Secrets》，開頭引言。

我們務必記得，脈輪系統來自譚崔哲學。譚崔主義興起於反對帕坦伽利《瑜伽經》的二元哲學，以及其他禁慾理念。譚崔主張身體是神聖的，感官可以帶來開悟、忘我境界和喜悅。因為這個緣故，西方人往往認為譚崔等同於性愛修行，其實譚崔哲學範圍更為深廣，是許多瑜伽和印度哲學的集大成，性結合只是其中一小部分的教義。

譚崔哲學的要素之一是多神崇拜，先前提過的濕婆與夏克蒂的結合，據說能帶來至樂。藉由將互補的支線編織在一起，例如男性與女性、靈性與物質、光明與黑暗、自我與他人，我們逃脫了二元性的切割，進入了整體性的哲學。譚崔追求的是擁抱而非拒斥，但依舊有其目標，那就是解脫意識，進入至高的開悟。

「譚崔」（tantra）一詞來自梵文字根「tan」，意思是「伸展」。譚崔的字面意義則是「織網或是織布機」[24]。這個梵文字眼也用來指涉「本質」、「根本原則」或「教義」。同樣的字根也出現在梵文中關於家庭和誕生的詞彙，例如「Tanaya」意為「延續家族」、「tanus」則是「身體的」[25]。

因此，譚崔象徵編織「存在」潛藏的根本結構。透過伸展和向外探求，我們遭遇也創造了這個神聖結構。濕婆和夏克蒂就是神聖的織線，濕婆代表純粹意識，而夏克蒂則是意識的顯化，祂們不斷互動著。當我們允許這些神性透過我們運作時，編織就完成了。

二元對立的認知往往被認為是痛苦和異化的源頭。譚崔則是重新統一二元性的神聖舞蹈，將分離的再度恢復為一體，結果就是與我們自己、伴侶及周遭宇宙合而為一的狂喜忘我經驗。

一對伴侶投入性行為時，彼此能量的交流遠超過生殖器之間的交媾。一對伴侶面對面時，兩人所有的脈輪都對齊了。藉由性興奮的激烈程度，每個脈輪的振動都變得比較強烈，兩個身體之間的能量交換也增強了，而且每個層次都交織在一起。伴侶可以自行選擇將這股能

---

24. Stutley《*Dictionary of Hinduism*》，二九八頁。

25. Monier-Williams《*Sanskrit English Dictionary*》，四三五頁。

量聚焦在身體、心智或心輪層面。

性的符號學充斥在印度藝術和神話裏，而且古代印度人狂熱崇拜濕婆林伽（男性生殖器象徵），無論是否伴有女神優尼（yoni，女性生殖器象徵）。儘管女性受到高度尊崇，是獲得解脫的神聖工具，但男性才是追求開悟的當事人。

究竟女性是被認為早已開悟了，還是根本不列入考慮，我們並不清楚。即使在今日，一般都是男性出家，進入寺廟過著靈性生活，而男性成為「開悟的」大師和靈性導師，也是普遍見到的情況。這些男性上師往往會規定，禁慾和苦行是追求靈性的路徑，而且沒有公認的老師指導，不可能達到解脫。但有些時候女性或「Tantrika」也會被視為上師。

雖然女神不是至高無上的，仍然被視為不可或缺。有一種說法是：「夏克蒂實踐了濕婆所有的物質性需求。沒有形體的濕婆只是純粹意識的本質，必須要有夏克蒂的創造能量來支持才行。」另外的說法則是：「沒有夏克蒂，愛人就只是一俱屍體罷了。」[26] 因為濕婆和夏克蒂活在我們每個人體內，故修習譚崔的伴侶可以選擇代表其中之一。

譚崔的宗旨跟其他任何宗派的瑜伽相同：從有限的意識中解脫出來。最普遍的方式是沿著脊柱向上提昇能量。與別人的靈魂結合的超越經驗，能夠將當事人帶入超常的意識狀態，在這種狀態中，比較容易進入高層境界。

譚崔修行多半企圖利用性能量湧現的力量，來喚醒女神昆達里尼（拙火），推動祂沿著脊柱向上。一般認為沒有受過喚醒拙火能量和開放脈輪的事前指導及修行，例如靜坐和瑜伽，就不能達到解脫境界。如同禁止性行為一樣，唯有充分認識了心靈修持的途徑，拙火覺醒的經驗才能帶來超越的體悟。但也有許多沒有上師指導就經由譚崔性行為自然覺醒的例子。無論是拙火被激發了，或者只是結合的狂喜狀態，

26. Lizelle Raymond《Shakti-A Spiritual Experience》

譚崔性行為都是任何人皆可達成的心靈體驗。

　　譚崔教義相信，男性與女性的身體都是供人崇拜的聖殿。這表示應該維護身體的潔淨和健康，同時帶給它性歡愉。譚崔信徒規律的修習瑜伽體位法（asanas）和呼吸法，遵守正確的飲食法則，同時研究靈修途徑。伴侶以同樣的敬意尊崇身體也是必要的，否則能量真正的交融就不大可能發生。

　　正確的修習譚崔技巧，最終會創造出「神胎」（mystic child），這是解脫的工具，透過它可以獲得神通（siddhis）。神胎不是物質性的存在，不過在這種情況下孕育孩子，當然會為胎兒注入我們個人最高的神聖能量。神胎指的是心靈的「靈氣體」，它是讓人體驗到更高次元的補充能量來源，這種心靈能量體可以運用到特殊情境，也就是療癒、執行特定任務或保護自我。在這方面，譚崔與西方「性愛魔法」（sex magic）的修練非常相似，都是運用神祇作為互相穿透的力量，一旦結合在一起，就能賦予接受者超自然力量。

滋養

> 要能溫柔、付出愛及關懷，人必須在最初幾年，甚至從誕生的那一刻起，就被溫柔的愛過和關懷過。
>
> ——艾胥利 · 蒙塔古（Ashley Montagu）[27]

　　滋養是性行為的總結意義，也是身體、心智和靈魂的根本需求。滋養意謂著照護、供應能量、愛和觸摸。滋養是母性核心的特質，也是我們初次對至樂的超越性、溫暖及安全的體驗。

　　單純的觸摸舉動對於人體組織的健康運作極為重要。皮膚可以視為神經系統的外層。皮膚是我們身體的疆界，透過碰觸，疆界會緩緩

---

27. Ashley Montagu《*Touching*》，二〇八頁。

崩塌，讓其他物質滲透進來，這樣我們整個內在系統都會強化，同時受到激勵。

實驗室中關於老鼠的研究顯示，小型哺乳動物在觸摸和食物皆被剝奪的情況下，寧願選擇觸摸而不是進食。其他條件都相同時，相較受到冷漠對待的老鼠，得到愛撫擁抱的老鼠學習得更快，也成長得更快[28]。

在人類身上，獲得足夠觸摸和母愛的孩子，與被剝奪這項享受的孩子相比，長大後的情緒穩定多了。缺少觸摸，身心都可能一直停留在嚴重的未發展狀態[29]。

滋養會刺激大腦的邊緣系統，有助於調控成長荷爾蒙的分泌，也能幫助舒緩心跳和呼吸速率。心跳和呼吸是由自主神經系統掌理的。

刺激本身就是在提昇嬰兒期智能和促進發展的要素，愉快的刺激為這樣的發展增添了穩定性和信任感。

不是只有嬰兒會受到其他生物觸摸的深刻影響，情緒的滿足和圓滿——無論是滋養、快樂或性釋放——對整個生物體都有安撫作用。

學習與他人合作的第一步，就是在互相增強我們的內在能量。透過這些能量交換通路，我們為進一步的成長、和諧與和平奠定了基礎。碰觸、伸手安慰別人的單純舉動，是第二脈輪的療癒面向。透過碰觸，我們等於在說：「我在這裏。」我們讓自己超越個人的孤立狀態，脫離自我中心，感受到連結，而這種連結攸關我們在這個星球上的和諧生存。第二脈輪的角色的確非常重要，壓抑這個脈輪會引發嚴重的不平衡，只會抑制而非加強意識拓展的流動。

任何人都可以帶來滋養，每個人也都需要滋養。如同為飢渴的植物澆水一樣，我們也會回應流動和行動，回應無限歡愉和神祕的生命舞蹈。透過滋養的舉動，生命獲得了更新和保存。

28. 同上，一二頁以下。
29. 同上，二〇八頁。

靈敏的感受力

靈敏的感受力是第二脈輪的超感官能力，也是「更高」意識的最初騷動，或是對他人更敏銳的覺知力的培養。

靈敏的感受力是覺知他人情緒的能力，亦稱「神入」。如同之前討論過的「感受」一樣，這種「覺知到的信息」不一定會被大腦的認知能力辨識出來。我們的體驗比較會是一種微妙的感受，彷彿我們親自在經驗別人的感受。就像我們會忽視自己的情緒一樣，有靈敏感受力的人也會辨識不出情緒是從別人那裏接收來的，而他們的身體和行為能然會產生回應。或許有些人能辨識出這些情緒，卻不明白情緒來源在自身之外。

與孩子心意相通的母親，是擁有靈敏感受力最普遍的族群。孩子可能不在母親身邊，但是當他突然陷入麻煩時，母親就會有感應。儘管母親不一定能意識到不安的源頭，依舊會受到影響。有些人經驗到心意相通的例子是，走進社交派對馬上就覺知到現場所有朋友的期待和感受，他們可能突然意識到別人期待他們的行為舉止應符合某種特定方式，也可能經驗到心情猝然改變，因為不自主的承載了某位朋友的心情。這些感受力靈敏的人往往不喜歡人群，也逃避社交聚會。

多數人都擁有某種程度的靈敏感受力，不過通常在有靈視（天眼通）或心電感應的人身上，這種現象較為強烈。靈視和心電感應能力是上層脈輪的特性，如果上層脈輪的開放度還不足以意識到感應的信息是什麼，那麼靈敏的感受力往往會帶來不愉快的影響。這類人的注意力不斷偏離自己的中軸，而且人的困難能量強過自己的心聲，隨之而來的就是對自我產生困惑，尤其是自己的行為動機。「我不知道為什麼我會這樣做；我真的不希望這樣。」、「跟沙麗談話過後，我好沮喪，我不曉得為什麼。」這些感受往往肇因於別人的心情或願望。

靈敏感受力是擷取信息的寶貴來源，有助於心靈超能力的發展。有意識的去觀照，這種能力會帶來助益而非損害。許多人心靈受到轟炸，因為一直不自覺地接收周遭環境裏的困苦能量。對這些人而言，

「接地」是最最重要的事。接地可以把注意力帶回身體的中心線，幫助我們釐清「各種能量的源起是誰」。認清這個現象是下一步。弄清楚你和別人的情緒需求的不同，可以幫助你自覺的不去接收不想要的「廣播訊息」。許多擁有感應能力的人時常覺得自己被迫要去回應接收到的他人需求，但若有能力辨識，就可以出自選擇而非義務了。

對他人和對自我的覺知應該保持平衡。缺少良好的判斷，兩者永遠不會平衡。我們只有從自己內在出發，才有能力判斷。

第二脈輪的練習

開啟第二脈輪的練習，包括鍛練髖部和下腹部的動作。有些練習只針對打開脈輪，其他練習則旨在施以刺激，同時將能量貫注於這整個區域。

以全身為目標的練習包括了觸摸和滋養，例如按摩和性行為。簡單的自我滋養活動，例如長時間的熱水泡澡、沖澡或游泳（都與水相關），都不應該輕忽。滋養自己，是接受或給予他人滋養的第一步。

水冥想

第一步

水能淨化內在與外在。首先準備一大杯水，靜靜坐著喝水。感受水在體內向下流動，感受它的清涼、溼潤，感受它進入你的胃。想像水通過你全身，在血管、肌肉和消化系統中流動。把手指沾溼，撫摩自己的臉，感受水的涼爽和清新特質。

第二步

下一步是讓自己潔淨。這是以水淨化的儀式，應該要徹底執行且享受它。你可以利用蓮蓬頭、浴缸、湖泊、溪流，甚至是戶外浴缸。確定四周是乾淨的，在骯髒的環境中很難感覺潔淨。

　　如果你選擇的是浴缸或蓮蓬頭，可以拿著你最喜愛的毛巾、肥皂和乳液放在旁邊。如果是溪流，就找一塊平坦的地面，可以躺下來讓身體乾燥；如果是戶外浴缸，事後為自己安排一些隱私的時間。

　　當你沉浸在水裏時，一一關照身體每個部位，對自己說：「現在我的手應該乾淨了；現在我的腳應該乾淨了；現在我的臉應該乾淨了……」等等。與水合而為一。完成清潔動作後，觀想水帶走你生活中不想要的任何負面事物。如果你身處自然環境，可以拿不會造成污染的一樣東西象徵負面的一切，將其丟進水裏；如果身處都市，可以把一些象徵性的液體倒入馬桶或是排水口。

　　當你悠閒的躺在澡缸裏、身邊環繞著水時，想一想你人生中起起伏伏的循環，把自己看成是行動的工具。假設你抽離出來從另一次元檢視自己，你注意到的是什麼樣的行為模式？

　　想想人生此刻你設法擺脫的事：習慣、癖性、傷害或恐懼。看著它們流出體外，通過你的「接地線」，如同河川流向大海。想像雨降下來，以清新的水重新注入河流，讓河水再度滿盈。

　　接著想一想你希望進入自己生命中的事物：新的模式、人或事件。想像頭上有道瀑布，將種種祝福傾瀉在你身上，感受自己把這些祝福吸納進來，讓它們流遍全身。

　　耶瑪雅（Yemaya）是非洲的海洋女神，偉大的母神。「祂的形象是高大美麗的女性，光燦而黝黑，滋養又能吞噬萬物，既如水晶般清澈明晰又深不可測的神祕。」[30] 耶瑪雅女神是滋養者、諮商者和療癒者，是肚腹容得下一切生命的母親角色。當你坐在浴缸時，想像這位偉大的海洋之母懷抱著你搖晃，滋養你，感受自己在女神的子宮裏即將誕生，詢問祂賦予你的誕生什麼目的，請求祂協助你的誕生平順又輕鬆。接受祂的滋養，將它吸納進內在，並想像與人分享它。為了你的誕生，感謝祂。

30.　Luisah Teish《*Jambalaya*》，一一八頁。

穿上乾淨的衣服。再喝一杯水，喝的時候安安靜靜，想著水循環的本質，以及你如何融入這些循環中。如果可能，趕快去拜訪一大片水域。

女神式

平躺下來，放鬆，尤其是雙腿、骨盆和下背部。彎曲膝蓋，把腳靠近你的臀部。

慢慢張開你的膝蓋，用腿的重量來延展大腿內側（圖 3–7）。試著放鬆，不要過度逼迫你的腿到不舒服的程度。保持這個姿勢至少兩分鐘。

再度把膝蓋合起來。做這個動作必須非常緩慢和平穩，隨時都要深呼吸，並且記得放鬆。這個練習讓你觸及自己在性愛方面不設防的脆弱，弔詭的是，你必須了解這樣的脆弱，才能完全開放自己到如此的程度。

接下來你可以開始練習，慢慢張開和合攏你的雙腿，張腿時吸氣，合腿時吐氣。這項練習可能會讓腿部和骨盆微微顫抖。

擺動骨盆（一）

首先平躺下來，雙腿彎曲，慢慢開始隨著呼吸上下擺動你的骨盆。充分吸氣到你的胸腔和腹部（圖 3–8），然後充分吐氣。每一次吐氣結束，雙腳微微使力把骨盆推離地面，後腰部則下壓貼緊地面（圖 3–9）。

擺動骨盆（二）

在柔軟的表面例如床墊上，進行擺動骨盆（一）的後續練習。這一次以比較快的速度上下擺動骨盆，而且使出最大的力氣（圖 3–8 和 3–9）。讓自己自然地發出任何聲音，這有助於釋放封鎖住的能量。

髖部轉圈

從站立的姿勢開始微彎膝蓋，骨盆前推，落在身體的重心軸上。

圖 3-7

女神式

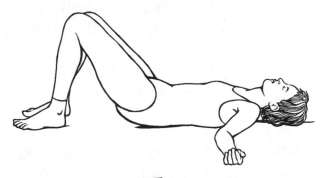

圖 3-8

擺動骨盆（一）

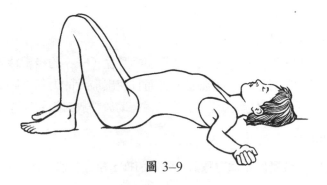

圖 3-9

保持膝蓋彎曲靈活，轉動骨盆，先是小圈圈，然後愈轉愈大圈（圖3–10）。頭和腳應該保持原來的位置，只有骨盆在轉動。讓轉動盡量平穩。

一開一合踢腿（剪刀踢）

這項練習有助於讓能量通過骨盆，往往可以推進到上層脈輪。這是強力提昇昆達里尼的典型方法，效果強大。重要的是不要繃緊肌肉，避免肌肉疼痛，要跟自己的身體協調好。

平躺下來放鬆，雙腿抬高離地約 5 ～ 30 公分，雙腿打開。

再度合起雙腿，然後往外踢開（圖 3–11）。大約做五次之後，肯定你會想休息。

休息之後，雙腿舉高（膝蓋打直）與地面垂直，然後張開雙腿。合起雙腿，然後放下。重複動作直到累了。舉起腿時應該吸氣，放下腿時要呼氣。

用骨盆走路

你見過爵士舞者嗎？這種走路方式類似爵士舞蹈動作。

膝蓋彎曲，保持骨盆非常靈活，重心放低走路，以誇張的動作搖擺髖部。從第二脈輪層面行進有什麼感受？這種動作帶給你體內什麼感受？走動時，允許整個身體自由地搖擺。

情緒釋放

有許多練習利用呼吸、按摩和各種體位法來促進情緒的表達和釋放，這些練習力量強大，應該在有經驗的治療師指導下進行。瑞希身體工作（Reichian bodywork）、生物能醫學（bioenergetics）及再生療法（rebirthing）是其中三派訓練，如果你有興趣，找書來看，或請教能提供更多細節的治療師。

不過，重要的是要記住，修習這些技巧時產生的任何情緒都必須處理，也就是必須把這些情緒排除掉。哭泣、吼叫、踢腳，或只是請

圖 3-10

髖部轉圈

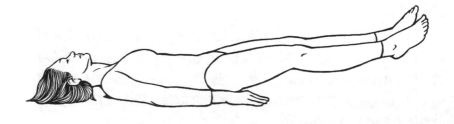

圖 3-11

一開一合踢腿

求別人抱住你，都是可以接受且值得鼓勵的方法，可以用來疏通可能
存在這個脈輪或任何脈輪的堵塞。最好能找到可以跟你共修的朋友，
提供你需要的滋養。

關於第二脈輪的推薦書目

1、Margo Anand《*The Art of Sexual Ecstasy: The Path of Sacred Sexuality for Western Lovers*》LA: J.P. Tarcher/ Putnam, 1989.

2、艾倫·貝絲（Ellen Bass）與蘿拉·戴維絲（Laura Davis）合著《治療的勇氣之三：勇氣可嘉的女人》（*The Courage to Heal: A Guide for Women Survivors of Sexual Abuse, NY: Harper & Row, 1988*），生命潛能，一九九四

3、Nik Douglas and Penny Slinger《*Sexual Secrets*》NY: Destiny Books, 1979.

4、理安·艾斯勒（Riane Eisler）《神聖的歡愛》（*Sacred Pleasure, SF: Harper & Row, 1995*）

5、George Feuerstein《*Tantra: The Path of Ecstasy*》Boston, MA: Shambhala, 1998.

6、丹尼爾·高曼（Daniel Goleman）《EQ》（*Emotional Intelligence, NY: Bantam,1995.*），時報出版，一九九六

7、Timothy L. Sanders《*Male Survivors: 12 Step Recovery Program for Survivors of Childhood Sexual Abuse*》Freedom, CA: The Crossing Press, 1991

第三脈輪

火

力量

自主

意志

能量

新陳代謝

科技

蛻變

自尊

第四章

第三脈輪：火

啟程的靜心冥想

　　我們靜止不動，卻感覺到體內愈來愈溫暖；我們孤獨一人，卻感覺到身邊有人；我們渴望掙脫獲得自由，渴望溫暖和光明。這裏有形式，卻沒有內容；這裏有生命，卻是靜止的；這裏有意識，而且甦醒了！

　　從靜止的地方，我們展開行動，慢慢的伸展出去、擴張、呼吸、延伸、流動。進入形式，我們召喚生命。生命的

光來自我們與他人、過去與未來、已知與未知撞擊出來的火焰。

我們舞動著，全身頌唱著歡愉之歌，因為生命之舞一路燒掉了我們的恐懼和傷痛。感受到歡愉的溫暖融化了緊張，脈動、成長著，感受那上升和前進、療癒和撫慰、溫熱和冷卻的律動。

從無窮無盡的運行之處，我們召喚「自性」（Self）。我們召喚自性甦醒，展開旅程的另一段。我們召喚自性甦醒，朝向太陽、火焰、溫暖和蛻變。我們透過意志召喚自性，自性也回應我們的召喚而出現。

我們奔向太陽，召喚金黃的光芒。那生命的光芒、創造的光芒、意識的光芒，火光閃爍……我們召喚火焰在我們體內燃燒，把我們的熱情鍛鍊成力量。有了力量我們才能對抗黑暗，推擠、拉扯著，終於明白那本是我們的一部分，我們力量的一部分，我們恐懼的一部分。我們大笑，放下戰鬥，逐漸融合，變得完整，變得更有力量。我們在黑暗與光明的柱子之間穿梭，尊崇兩者……發現自己來到嶄新而榮耀的國度。這個國度充滿喧囂的活動，生機蓬勃，如星子閃爍，燦亮的光河反射太陽的光芒。

火花吸引了我們的目光，我們轉向火的光輝，它舞動著，連結並點燃碰觸到的一切。火碰觸到體內某樣東西，點燃力量、意志和行動。火花飛散，點燃了其他的引線和火……引起了爆炸，燃燒得更加光燦……然後熄滅。

我們獲得提昇，我們被照亮了，我們大笑。我們感覺身體隨著上升的熱度搖晃，熾熱的火舌在體內四竄，擴張、收縮，雖然範圍愈來愈大，但總是會回到我們體內的源頭。我們的身體現在燃燒著，散發著光和熱，以及力量和意志。能量在我們體內鼓動著，向上下及四面八方到處流竄，轉變了內在與外在的一切，我們的腹部漲滿喜悅。

感受這股能量在你體內深處，隨著你個人的生命之火熊熊燃燒。感受這股能量深入地球，通過地球向下直達熔化的熾熱核心。感受這股能量從地球返回，從地底下熾熱之處升起，通過你的腿、骨盆、腹部，向上移動通過你的身體，通過你身體的每個部位：你的手臂、你的手、你的胸部、頸部和頭。

感受這股能量流出體外，連結其他火花，連結那些千絲萬縷的能量，其他人的生命之火。感受這股能量連結你體內的思緒，以及你不斷放電的神經元。千絲萬縷的能量互相連結，思緒連成線，交織成網狀圖案，在鼓動的火焰中起起伏伏，隨著活動產生的熾熱光輝熊熊燃燒。

現在你是非常重要的能量交會點，交融、結合、爆炸、放射。拓展你對外和對內的覺知，編織一張能量之網，宛如一團火，愈竄愈高愈明亮。大能流貫你全身，毫不費力，輕鬆又鎮定。你與周遭及體內的能量合而為一。

想一想你認識這股力量的時刻。當你感受到這樣的連結、活力、重要性和力量的時刻。想一想大能流貫你全身的時刻，它彷彿來自溫暖的太陽。想一想那些時刻，同時去感受那些時刻。感受你的身體發射出它們的意義，與它們的莊嚴共舞，和它們的能量同歌。

在這個充滿活動的火熱世界裏，我們是周遭能量的管道。我們向它敞開自己迎接大能，隨之燃燒，啜飲力量，同時傳遞能量……輕鬆、不費力、甘願、喜悅。

你的能量現在達到高峰又返回來餵養內在之火——熔化的核心，餵養你的身體，靜靜的充電，準備好再度擴展，回應你下個目標的召喚。

火已高高燃起，現在煤炭熾熱得發光。興奮欣喜之下，你的身體放鬆。微笑浮上你的嘴唇，你的雙手安然於它們掌握的力量，你再度回復和緩的呼吸……吸氣……呼氣……吸氣……呼氣……吸氣……呼氣。

你心滿意足，安靜休息。

第三脈輪
象徵與對應

梵文名字：	*Manipura*
意義：	光輝的寶石
位置：	肚臍到太陽神經叢
元素：	火
外在形式：	電漿態（超氣態）
功能：	意志、力量、肯定
內在狀態：	歡笑、喜悅、憤怒
腺體：	胰臟、腎上線
其他的身體部位：	消化系統、肌肉
功能：	失調潰瘍、糖尿病、低血糖、消化不良
顏色：	黃色
種籽音：	Ram
母音：	[a]
輪瓣：	十瓣
塔羅牌：	權杖
質點：	榮光（Hod）、勝利（Netzach）
星球：	火星，還有太陽
金屬：	鐵
食物：	澱粉質
對應動詞：	我可以
香氣：	血竭（或稱麒麟竭，龍血樹樹脂）、檀香、番紅花、麝香、肉桂、薑
礦物：	琥珀、黃寶石（拓帕石）、黃水晶、鈦晶
動物：	公羊
感官：	視覺
屬性：	（德）變性（或激性，憂德）

蓮花符號： 十瓣藍色倒三角形花瓣，加上印度教代表太陽的
　　　　　 萬字符號（卍），底部是隻奔跑的公羊
印度教神祇： 火神阿耆尼（Agni）、太陽神蘇里亞（Surya）、
　　　　　 風暴與毀滅之神樓陀羅（Rudra）、女神拉基尼
　　　　　 （Lakini，夏克蒂化身）
其他眾神： 居爾特火之女神布麗基特（Brigit）、希臘女神
　　　　　 雅典娜、希臘太陽神希利歐斯（Helios）、阿波
　　　　　 羅、日本天照大神（Amaterasu，太陽女神）、
　　　　　 居爾特太陽神貝雷諾斯（Belenos）、 埃及牛神
　　　　　 阿比斯（Apis）、埃及太陽神雷（Ra）
大天使： 米迦勒（Michael）
主要運作力量： 燃燒

生命之輪燃燒……

像火一般在我們體內流動的生命力是什麼？它是什麼？生命
宛如滾燙的熔鐵，準備好傾注，選擇好模具，就此燃燒起來。
　　　　　　　　　——《摩訶婆羅多》（*Mahabharata*）[1]

　　從土到水到火！我們的舞蹈繼續發展，在我們重新掌握自己的身
體後變得狂熱，透過情緒和欲望找到了意志、目的和行動。我們的力
量增強了，我們感受到自己的力量是從腹內升起的，由我們的願景下
降，同時從心喜悅地釋放出來。現在我們進入第三脈輪，由前兩個脈
輪結合的層次向上攀升，擁抱從上層脈輪降下來不斷成長的意識流。

　　在這裏，「火」元素點燃了意識之光。我們從無意識的肉體層次，
進入靈與肉令人興奮的結合，創造出意志主宰的行動。隨著我們激活
自己的力量，我們也將行動導向了更高的目的。

1.　William Buck《*Mahabharata*》（摩訶婆羅多），四九頁。

讓我們檢視前兩個脈輪是如何結合起來，帶領我們進入這個新層次的。第一脈輪帶給我們堅實、穩定、聚焦和形式。我們在此經驗了統一，並以此為根基進到第二脈輪，經驗了差異、變化和不停止的運行。在這裏我們擁抱兩極對立，發現差異、選擇、情緒和欲望的熱情。我們超越了單純求生的本能，拓展到渴望快樂、與他人融合。

當我們把物質和行動放在一起時，我們會發現它們創造了第三種狀態：能量。如果摩擦兩根棍子，最終會擦出火花，燃起一團火。在物質世界裏，我們稱呼這樣的現象為燃燒，在肉體上則為代謝；就心理學的意義而言，則是熱情的火花點燃了力量和意志，表現在我們的行為上就是活動。

這是我們的第三脈輪，它的目的是蛻變。如同火將物質轉變成熱和光，第三脈輪將土和水這兩種被動元素，轉化成動態的能量和力量。土和水是被動的，它們屈服於地心引力，向下流動，流向阻力最小的路徑。對比之下，火向上移動，摧毀形式，將物質的原始能量帶入新次元：熱與光。

如果我們要向上通過全部七個脈輪，必定是我們的意志之火推動了活力。透過意志才能將我們從固定模式中釋放出來，創新作為。是意志引領我們離開阻力最小的路徑，離開成癮的習慣或是別人的期待。透過意志，我們採取了困難或富於挑戰的行動，迎向新事物。一旦採取這些行動，我們就會開始蛻變，不過第一步是要打破舊模式。

因此，第三脈輪的起步工程就是克服「慣性」。在物理學上，慣性指的是物體傾向於停留在它目前所處的狀態，動者恆動，靜者恆靜，除非有外力介入才會改變。在第三脈輪裏，意志結合了靜與動的力量，結合了土和水，讓彼此互相形塑。高爾夫球桿揮擊靜止的球，其動能會讓球動起來；捕手拿著手套不動，可以讓飛動的球停住。我們的意志恰如其分的結合了動與不動，因而可以指引行動的方向，形塑我們的世界。

最困難的部分是起步。一旦點著了火，繼續燃燒就比較容易，只需要不時撥動一下，同時添加柴火；一旦創業了，就可以拿收益繼續

投資，保持生產力。一旦克服了慣性，達到能量比較容易產生的狀態，第三脈輪就可以「大展身手」，開始以較少的努力和意志來產生力量。

運動中的物體和其他物體互動時會產生熱能，熱能繼續激發運動，於是出現新的結合。粒子因碰撞而結合，改變了物質狀態：分子也會互相結合，使固體變液體，液體變氣體，麵粉和雞蛋變成蛋糕。火是蛻變的力量，可以摧毀形式、釋放能量。

太陽是蛻變之火的首要範例，甚至可以稱為大宇宙的第三脈輪。如同其他相似的恆星一樣，太陽一開始是一團擴散的氫氣星雲（加上比較重的微量元素）。目前的理論主張，鄰近超新星的震波衝擊了氫氣雲，使得它自我崩塌，創造出數千個漩渦，每個漩渦的重力場強到足以吸進必要物質，因而創造出太陽系。之後，形成太陽系的氫氣漩渦塌陷時因內部摩擦而產生的熱，最後熱與重力結合，啟動了讓太陽大放光芒的作用力。

太陽透過核融合發光發熱。太陽的熱是如此強烈，因此有足夠力量克服氫原子核互相排斥的電荷，將氫原子核互相推近，融合成質量稍微小一點的氦原子核。質量差異轉換成純粹能量，能量又激發了更多的熱和運動，於是整個過程可以永遠進行下去。核融合需要強大的重力場作為容器，同時創造出足夠的密度，讓這個作用力自我繁衍下去。我們再一次見識到重力（第一脈輪的力量）如何引發運動（第二脈輪），創造出能量（第三脈輪的力量），而能量又如何維持著整個循環的運轉。

脈輪是根本的「意識統一場」中互相依存的界面。它們並非各自運作，只能在知性上加以區隔。同樣的，我們也無法區隔能量與運動，正如我們無法區隔能量和質量一樣。質量、運動和能量是物質世界中無法分割的三項特性。前三個脈輪代表三位一體的基本原則，規範著我們的身體和所有物質，它們合在一起形成了因果之舞，賦予我們行動的能量，少了能量的補給，我們就失去了力量。不過單靠能量並不足以構成力量，為此能量必須加以導引。

指引這股能量以達成目標的，是向下流動的意識；是智能形成了

塑造意志的意圖，引導著所有的動能。以此方式，向下的流動賦予了我們形式，而向上的流動則帶給我們動能。唯有意志與能量結合時，我們才擁有力量。

要進入這個脈輪，就得擁抱整合了身體能量和智能所產生的內在力量。這麼一來，我們就能有效的完成蛻變。

臍輪（太陽神經叢輪）——光輝的寶石

臍輪就好像朝日；凝視鼻尖冥想這個脈輪，你可以攪動世界。
　　　　　　　　　——《牧牛尊者百論》（十世紀著作）

在我們的體內，第三脈輪位於太陽神經叢一帶，覆於腎上腺之上。我們緊張時會出現「騷動不安」的感覺，源頭就在這裏，因為此時第三脈輪失去了信心和力量。那是一種浮動的感覺，把我們的能量向上帶而非往下，不過同時也會刺激和喚醒我們變得更敏銳。當我們穩穩接地時，這樣的刺激可以帶來力量和活力，反之，就可能升起漫無方向的混亂能量。

如同太陽神經叢這個名稱所暗示的，這是一個與太陽相關的火熱脈輪，帶給我們光明、溫暖、能量和力量。第三脈輪代表「起而行」，代表我們的行動、意志和活力，它從胸骨之下延伸至肚臍，因此也稱為「臍輪」（圖4–1）。一般認為所有的重要氣脈都源自肚臍，因此相信臍輪與力量有關，這是由於肚臍是生產前所有養分和能量的源頭，氣的通道沿著這些路徑建立起來就不足為奇了。

與火對應的是燃燒，所以第三脈輪掌控了新陳代謝，並且負責調節和輸送代謝能量於全身。新陳代謝的完成是透過燃燒物質（食物）成為能量（動能和熱能），因此消化系統是這個作用力的重要部分，也是第三脈輪健康與否的指標。類似糖尿病、低血糖或胃潰瘍等毛病，都與這個能量中樞直接相關。

空氣對於新陳代謝極為重要氣，也就是風，第四脈輪的元素。沒

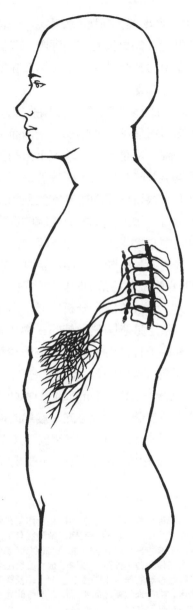

圖 4-1

第三脈輪，即臍輪（亦稱太陽神經叢輪）。

有了空氣（風），火不會燃燒，細胞不會代謝[2]。當我們的呼吸緊迫時，新陳代謝就會受到阻礙，如果沒有空間呼吸，我們的力量則會受到限制。同樣的，如果運用力量時缺少同情（第四脈輪），我們便是在冒著讓傷害與壓迫延續的風險。

我們可以從很多方面來評估第三脈輪的健康情況。身體上，我們可以檢視太陽神經叢這個部位的結構。緊繃而堅硬的胃、圓滾滾的啤酒肚或下陷的橫膈膜，都是第三脈輪不平衡的指標。你可以觸摸檢視自己的身體來探索這個能量中樞，環繞著這個能量中樞的身體部位呈現出什麼樣的身形？跟這個層面的基本體型相比，比較擴大還是收縮？大肚子可能顯示對於權力、支配與控制的過度需求，或者純粹是想要占據空間的自我中心需求；虛弱而下陷的第三脈輪則顯示害怕掌握力量，退縮到自我裏面，不願意突出。全身過重可能是第三脈輪功能失調，因為這說明身體沒有適當地將固體物質（食物）代謝成能量[3]。

你也可以從「火」元素的角度分析自己。你經常冷冰冰嗎？你偏好冷飲還是熱飲？渴望還是避開熱辣辣的食物？你是否容易流汗，發熱還是發寒？你是急性子且精力充沛，還是慢吞吞、無精打采？這些事實都可以顯示我們體內的火太多還是不足。

在梵文裏，第三脈輪稱為「Manipura」，意思是「光輝的寶石」，因為臍輪就像太陽光輝燦爛，是個發光、發熱的能量中樞。臍輪的象徵符號是十瓣蓮花（圖4–2），中心有個倒三角形，周邊有三個T形的萬字符號（卍，印度教火的象徵符號，不要搞混成納粹的標記）[4]。

---

2. 細胞新陳代謝的關鍵過程是釋出氫原子並透過化合作用移轉給氧原子，兩者合組成水。能量以ATP（腺嘌呤核苷三磷酸，或稱三磷酸腺苷）的形式儲存在細胞裏，需要氧才能把能量較低的磷酸鹽形式ADP（腺嘌呤核苷二磷酸，二磷酸腺苷）轉化成高能量的ATP。肌肉工作時會用掉第三個磷酸根，必須回收再度加入氧形成ATP。有趣的是，與第三脈輪相關的氫（太陽裏含氫），以及與第四脈輪相關的氧（呼吸中含氧）透過釋放水的動作來代謝，而水是第二脈輪的元素。這是在化學層面表達了意識通過脈輪下降的凝聚過程。

3. 也可能與第一脈輪需要更多重量來接地有關。正常的接地管道可能堵塞了，或是第二脈輪功能不足，擋住本身性方面的感受或是別人獻殷勤。

男神：毗濕奴　　　　　　女神：拉基尼（Lakini）

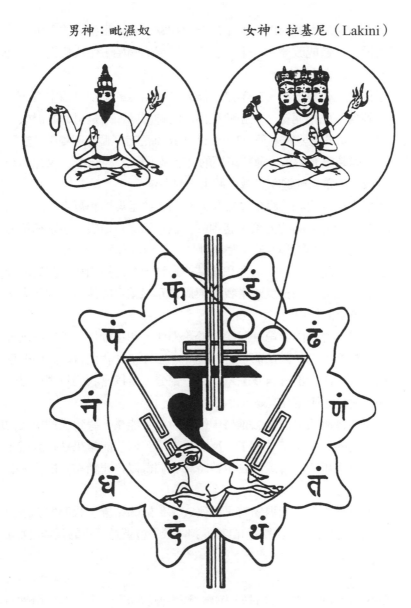

圖 4–2
第三脈輪，即臍輪（亦稱太陽神經叢輪）

我們操控環境的力量有部分與手的能力相關，有十根指頭的手可以伸入周遭世界，造成改變。「十」也是新循環的開始，使我們進入「變性」，嶄新意識的開端。

蓮花之內有隻公羊。公羊是充滿力量和活力的動物，通常與印度教的火神阿耆尼相連結。在脈輪裏出現的神祇圖像，是男神毗濕奴以及伴侶夏克蒂的化身拉基尼（Lakini）。拉基尼有三個頭四隻手，能驅散恐懼，同時應允祈求。蓮花裏頭的文字是種籽音「ram」。冥想這朵蓮花，據說能帶來創造和毀滅這個世界的力量[5]。

火是生命的火花，點燃意志化為行動；火是濕婆和夏克蒂之間的火花，介於兩極之間的力量。體內的火讓我們保持溫暖、活躍和精力充沛，因此我們本身也能成為蛻變的力量。人類同時需要及給予溫暖。第三脈輪的力量是生命、活力和連結的力量，不是控制和支配的冰冷力量。體內的能量和火反映了我們與周遭元素結合的能力，因為火正是結合與燃燒的作用力。

火發光發熱，因此第三脈輪屬於「陽性」和主動性。害怕或感覺無力時我們會退縮，因此而變得被動和「陰性」。我們會因此而約束自己的行動，用一部分自我去牽制另一部分，所以當我們封鎖自己的力量和表達時，便顯得退縮、冷漠和自制。

這樣的控制需要能量去維持，卻不會產生能量，導致我們精疲力竭，對行動的天生熱情萎縮了，反而得去「製造」能量來執行計畫，藉助有興奮作用的咖啡或甜食，暫時讓我們得以打起精神，卻終究還是會耗盡活力。

當我們從生命中間退縮時，就變成了封閉的系統。我們的表達會轉向自我，而且往往是憤怒和自我批判，於是會更進一步的耗弱自身。

---

4. 儘管表面上看來並沒有直接相關，有趣的是納粹的「萬字符」（卐）代表了我們所知人類歷史上最惡劣的權力濫用。
5. 《*Sat-Chakra-Nirupana*》第二十一篇，引用自 Avalon《*Serpent Power*》（靈蛇力量），三六九頁。

火需要燃料來燃燒，但是在封閉的系統裏，燃料終究會燒光。唯有跟這個世界保持動態的互動，我們才能持續行動和接觸，餵養自身的火和對生命的強烈熱情。

要打破恐懼和退縮的循環，需要以關愛和接納的方式與自我重新連結。如果不跟前兩個脈輪——我們的身體與根基、我們的熱情和歡愉——保持接觸，就沒有燃料可以提供給內在的火。欲望會帶給我們熱情，使它更有動力。

如果我們不關愛自己，不給自己呼吸、探索和犯錯的空間，就沒有空氣可以燃燒。如果我們與靈性失去連結，也就沒有火花來點燃火，那麼世上所有的燃料都沒有用處了。如果不能安頓於內在的核心，我們就會以為力量是外來的，而不能從內在感受到力量。

我們體內的力量，取決於連結、融合與汲取周遭一切來滋養自己的能力，取決於我們對力量和基本的自信處之泰然。第三脈輪也和為意志帶來力量的自尊相關，當我們的意志產生影響力時，自尊就提昇了。如此一來，我們就能好好引導自己的人生，朝向我們所愛的、能讓我們發光發熱的、能挑戰我們，以及使我們煥然一新的事物去發展。以上就是在第三脈輪必須整合和發展的所有元素。

力量

開放系統的力量不是我們可以擁有的財產，而是向其保持開放的運作過程。

——喬安娜 · 梅西（Joanna Macy）[6]

我們已經陳述過，力量就是有具體方向的能量。那個人性的力量又是怎麼一回事呢？在主張放棄力量乃是促進社會合作的文教系統裏，我們要如何培養和維持個人力量呢？如果社會富有創造力的思想

---

6. Joanna Rogers Macy《*Despair and Personal Power in the Nuclear Age*》，三一頁。

者被視為偏差份子，同時一致性被強調的話，會出現什麼狀況？許多父母訓練小孩要順服並且循規蹈矩，但即使是服從，也需要我們個人意志的合作才行。

社會性的合作當然是必要的，但如果是被支配而形成的，就稱不上是「合作」了。這樣的合作之中沒有意願、活力，也沒有第三脈輪的特徵：「光燦的火花」。這樣的合作會變成順服與受挫，造成並戕傷擁有力量和意志的感覺，也損害了我們的自尊。

要在第三脈輪的層次發展和療癒自己，必須重新檢視著重於支配的「力量」概念，通常我們稱之為「壓制的力量」。我們應該培養整合也就是「團結的力量」，來連結生命的各種力量。當我們想到力量時，可能會認為那是動詞而不是名詞，但的確如此，力量只能存在於行動中，存在於「推動」變化或觀念之中。我們可以用「賦予的力量」取代「壓制的力量」。

在當今的世界裏，我相信此刻我們正共同經歷第三脈輪的後期階段（參見第十二章〈進化的觀點〉），我們對於力量和能量的概念已經變得相當複雜。經過科技、媒體、政府體制、核子武器和超大型企業的洗禮，我們正在學習某種程度的控制。少數人為數百萬人做了決定；一架飛機可以摧毀整個城市；只要一通電話，地球上大部分的生命都可能被消滅。力量、控制、能源和政治權力等議題，成了當代大事件的關鍵主題。從鐵製矛頭到核子彈頭，我們經歷了漫長的時光，然而把力量用於控制和支配的弊病依舊存在。

要通過這個脈輪進到心輪，我們需要重新定義力量的概念，成為提昇、賦權與加強的力量。我們的權力結構必須確保而非威脅人類和自然資源的永續，也必須確保我們能互相信任且有能力彼此合作。我們必須確保同時能增強個人及文化的力量，而不是以其中一方為代價來支撐另一方。我們要如何改變現狀呢？

今日支配我們的世界觀著重的是界分性。我們的科學以化約的觀點來檢視自然，將物質不斷分割為更小單位。西方醫學把身體看成是生病的各個部位的集合，而不把心／身當成整體來看待。我們把人、

國家、領土、文化和種族都看成是個別的、孤立的「組件」，可以透過控制來算計、搬運和調整，而非自然的秩序。

「壓制的力量」需要不斷的施力和警戒。人們被迫臣服，總是受到威嚇，然後還得周密的防備。權位永遠不會穩固，反而需要愈來愈強大的防禦力量。我們跨越自己的界線，耗盡內在資源去竊取他處的財富，以為他處跟我們是分開的。我們從病態的觀點出發，以為增強支配力就可以增強力量，讓我們更有力量壓制一切。

透過脈輪系統來看，力量源自連結和整合，而非戰鬥和支配。首先，每個脈輪因為與其下的層面向結合而浮現，也因下降的意識流動而活躍起來。下降的意識帶給我們對每個層次的理解。力量來自統一和完整而非透過分界。

團體或組織的真正力量都取決於是否團結一致，是否有能力統合和協調內在力量。這個星球的力量也仰賴我們結合多元事物，以及從整體中創造新事物的能力。演化正如一層層脈輪的進展，是不斷重組成更有效率的運作層次，而且永遠要融合先前發展出的一切。聚焦在差異性上面，會產生兩極對立、分隔和異化；聚焦在統合，則會增強力量。

如果世界是由陌生人統治的，我們只能冷眼旁觀；如果聲音太微弱而無法被聽見，就會增強異化感。這使得個人容易受控制，輕易被操控成為更大的團體服務，而這個團體承諾一點一滴歸還我們喪失的力量。透過參與讓人異化的工作，我們獲得作為津貼的些許自由。我們參與得愈深，允諾的回報就愈多，但實際上我們往往變得更加異化。

因為被異化，所以我們喪失了內在力量——連結、統合及交融的能力。失去了內在的力量，我們變得停滯不前，喪失了熱情、意志和欲望。我們變成自動操作的機器，活在自動運轉的世界裏，失去了自主性，不再渴望創新，並且卡在下層脈輪的重複模式裏，沒有能力解脫尋找自由。我們需要信心才能冒險進入未知，沒有強壯的第三脈輪，就無法擴展到新的層次，而是繼續困在原地，死守著安全感和一成不變。

　　儘管汽車保險桿上面的貼紙建議我們要「顛覆掌控模式」，事實上我們仍然活在「順服的模式」裏。在這個模式裏，順服者比支配者眾。我們自小就獲得教導，要放棄自己的意志去順從別人，首先是聽從父母，接著是老師、神職人員、上司、軍隊和政府官員。某種程度的順服顯然是必要的，如此才能達成社會性的合作，然而在這個過程中，許多人跟自己的內在意志失去了連結，隨後又發現自己無力抵抗酒精、藥物或破壞性的行為。

　　在順服的模式裏，力量在我們自身之外。如果我們從外在尋找力量，尋求別人的指引，往往會發現自己落入他人的掌控，處於可能被犧牲的情境。缺少內在力量，我們會不斷的尋求刺激、興奮和活動，害怕放慢下來，害怕感受內心的空虛。我們投入活動，以此來獲得別人的認可，希望被看見，並且強化我們的小我。我們可能因為想滿足小我而追求權力，並不是想獲得能力以服務大我。沒有宗旨的力量只是一時興起，有時甚至是危險的。

　　力量要仰靠能量，如同生存依賴物質、性行為依靠行動一樣。力量的英文「power」源自拉丁文「podere」，意思是「有能力」，與字根為「shak」（「有能力」）的梵文「Shakti」（夏克蒂）同樣意思。夏克蒂是我們最根本的能量場，由濕婆的火花點燃和賦予形式。

　　電力必須通過電線的導引，我們才能利用它的力量，同樣的，我們的生命能量也必須經由意識導引之後，才能真正感覺到力量，而得以運用它。我們的細胞經由新陳代謝產生能量，並沒有經過有意識的導引，然而要擁有力量，就需要有自覺意識。我們必須了解事物之間的關係，必須有能力認知和消化新資訊，調整行動以獲得最大效益。我們必須有能力創造和想像此時此地之外的事件，擁有知識、記憶和推論的能力。

　　因此力量同樣也仰賴上層脈輪，卻不會以下層脈輪為代價。隨著我們的成長，愈來愈深刻的了解意識和靈性世界，我們對於力量的概念的確也隨之進化。這樣的進化來自我們每個人的內在，我們的核心、根基、膽識，同時也來自我們的視野、創造力和智能。我們的未來仰

賴於此。

意志

> 我評估意志的力量，是看它能承受多少抵抗、痛苦和折磨，
> 以及是否懂得如何轉化為優勢。
>
> ——尼采[7]

你如何讓一件事發生？坐著不動，然後熱切許願？還是等待水到渠成？這是不太可能的事，如果你希望發生任何有效的改變。想要改變，你需要行使意志。

意志是由意識控制的改變。隨著第二脈輪開啟了對立的二元性，我們有了選擇而做出決定，於是便誕生了意志。

意志是我們克服下層脈輪慣性狀態的手段，也是必要的火花，以點燃我們力量的火焰。意志是心智與行動的結合，是欲望有意識的方向，透過意志我們創造了未來。個人力量絕不可缺乏意志，因此意志乃是發展第二脈輪的主要關鍵。

我們在生命的不同關頭都經歷過不愉快事件，處於第二脈輪的情緒層面，我們可能感覺自己是環境下的受害者，而身為受害者，我們總是感覺無力。感受到這樣的無力和痛苦是重要的一步，這讓我們觸及到自身的需求，而這會成為意志的燃料。

但是要進入第三脈輪，需要我們不再把自己視為犧牲者，並了悟持續的改變只可能來自我們的努力。如果責怪別人，想要改進的唯一希望就會寄託在期待別人改變，而這是我們無法控制的事。當我們扛起責任時，改變就能受到個人意志的掌控，如此才得以真正的療癒，脫離受害的處境。

---

7. Friedrich Neitzsche（尼采）《The will to Power》（權力意志），下卷，第三六二則筆記（一 八八出版，一九六七英譯本）。

　　這並非在否認受害的存在，我們的文化裏確實有許多情境非常不正義，同時也不是在兜售新時代的信念——我們是自己實相唯一的創造者，與他人無干[8]。事實是，意志是透徹領悟到我們可以把每個挑戰視為機會，去喚醒我們的最高潛能。這並非否認之前的遭遇，而是將之納入你的生命，作為未來的跳板。我們雖然沒有辦法永遠掌控遭遇到的事情，但是可以控制自己面對事情所採取的行動。

　　意志的任務首先是克服慣性。如之前所述，慣性可能存在於或靜或動的狀態下，全然無精打采或懶洋洋就是靜態慣性的例子。一旦站起身來行動，我們的肌肉就會進行氧化過程，心臟也會搏動，於是就擁有了較多的能量。舉個例子，慢跑者宣稱他們在有慢跑的日子裏精力比較充沛。儘管他們耗費了能量去跑步。透過動能的產生，能量會招來能量，而這正是意志開啟了整運作過程。我們也可能發現自己卡在想要迴避之事的動能裏脫身不得，在這種狀況下，我們可以運用「靜止不動」來產生改變，拒絕成為運轉的一部分，每當事情迎面而來時，我們就加以終止。

　　在卡巴拉生命樹裏，意志是第三層的力量和形式有意識的結合，與「榮光」（Hod）和「勝利」（Netsach）相關。「勝利」提供了光輝燦爛的美，也就是能量，而「榮光」是比較知性的狀態，代表智能和形式，兩者反映了向上和向下的能流在第三脈輪相遇時的角色。意志擁有智巧和策略時，比較有能力達成目標，並能避免我們企圖靠蠻力行事而浪費能量。做事聰明點而不是辛苦點，會比較有效率。

　　力量和形式在第三脈輪結合起來，讓彼此進化到更高和更有效率的層次。第三脈輪的火焰一旦點燃，火就比較容易維持下來；理解之光一旦透露出來，就照亮了深入的理解路徑。等到昆達里尼上升到這個脈輪時，祂就會讓自己明顯可見。昆達里尼在這裏點燃火，摧毀無

---

8. 我們可能創造出自己的實相，然而是在其他六十億人也在創造他們實相的共同場域內創造出來的。我們的實相並非獨立的，而是鑲嵌在更大的結構裏，這個大結構強加了一定的限制和挑戰。

知、業障和身體的不潔。就是在這個脈輪裏，昆達里尼開始燃燒！

要培養意志，第一步是了悟你的確擁有意志，而且一直都運作得相當好。看看你的周遭，以你個人為中心所見的一切，你穿的衣服、住的房子、交的朋友，都是你用意志創造出來的。感覺無力不是缺乏意志，而是覺知不到也連結不到我們不自覺運用的意志。

覺知不到我們擁有意志是普遍現象。一天之中有多少次，你看著自己的工作疲倦地嘆氣，同時說（或者哀鳴）：「我非得要做這工作。」我們告訴自己非得要上班、非得要洗碗、非得要完成這件或那件差事，或者非得要花更多時間陪伴孩子。把這些狀況看成是一長串令人厭倦的義務，而非我們主動的選擇，會剝奪掉我們自主的力量。我不是非得要洗碗，是我選擇去做它的，因為我喜歡乾淨的廚房。我不是非得要去上班，是我選擇了它，因為我喜歡領到薪水，或是我喜歡遵守與人的協議。這種態度上細微的改變，能幫助我們跟自己的意志成為朋友，重新結盟。

在討論意志時，人們往往會去區分意志和真實的意志。如果你依循別人的指示行事，而其實不想這麼做，你依然行使了自己的意志，不過在內心深處，這不是你的真實意志，而是上將自己的意志讓渡給了別人。想要把意志拿回來，就必須了悟那是我們自己的選擇，同時檢視選擇背後的理由。我們是否試圖討好？是否害怕後果？是否與自我失去了接觸？我們如何處理這些議題？

只有在回答上述問題之後，才能真正看清我們的意志在為什麼服務。是為了看起來良善嗎？是為了討人喜歡？維持和平？逃避責任？保持隱形？一旦知道自己的意志在為什麼服務，接下來我們就得問這麼做可能背叛了什麼。看起來良善，是否背叛了你真心的需求？維持和平，是否鞏固了可能需要去衝撞的負面情境？討好別人，是否降低了你的自尊？意識到這些影響，就等於獲得在其中抉擇的權力。

真實的意志需要跟自我深入溝通，信任自己的決斷，同時願意冒險，也承擔這些風險的責任。如果我們膽敢不順從別人的意，行使自己的真實意志，就得冒著受人批評、嘲笑甚至拋棄的風險。這些都挺

嚇人的，尤其是如果我們的家庭環境嚴重瀰漫著順服模式。大膽運用你的意志，才會誕生比較強大的自我意識，而透過這股力量，意志才會進一步發展。意志如同肌肉，不去操練就無法增強，而就像所有的操練一樣，當我們明智地進行時，比較能達到目的。

真實意志可以視為更高的神聖意志在個人層面的表達，它起源於我們與大我的基本合拍，它會拓展到個人小我之外，擁抱更高的目的，不是為了報酬而行動，是為了行動本身就是「正確的」。如阿萊斯特·克勞利（Aleister Crowley，譯註：英國頗受爭議的著名神秘家和魔法師。）所說：「真實意志不受目的閹割，擺脫了對結果的欲求，每一方面都是完美的。」[9]因此，如果不受制於自我中心對結果的欲求，我們意志的所作所為將會帶領我們走向天命，儘管這天命不保證免於痛苦，卻幾乎可以篤定它會吸引第三脈輪，並點燃你存在的真實核心。

探查並運用更高意志，是需要小心處理的任務。我認識許多人，他們利用更高意志的概念來逃避接觸自己的意志，把力量視為身外之物，「在這種情境下，宇宙希望我怎麼做？為什麼不給我徵兆？」，做決定之前得利用牌來占卜無數次，而且無止盡地尋求他人意見，把自己的力量讓渡給別人為他們做決定，例如靈媒、老師、治療師或上師。尋求指引往往是可取的，我們有時也可能用這種方式來規避責任。或許更好的問題是：「我對這個世界的貢獻會是什麼？該如何以最好的方式來完成？」內在力量就是向周遭流動的力量開放自己，這些力量一旦連線了，我們的意志就能優雅的包裹住我們的目的。

知曉自己的意志，會讓我們回到更實際的層次，懂得有效行使意志。首先，確認自己是腳踏實地的（接地的）。沒有接地，我們就沒有「插上電源」，無法擁有流竄全身的解脫流動帶來的力量，而比較容易被推得團團轉，往往是在回應別人的意志罷了。這種現象披上了「知性意志」的形式，踐踏了身體的內在欲望，而這很容易從我們內

---

9. Aleister Crowley《*The Book of the Law*》，第四十四篇，二三、二四頁。

在對話中占盡優勢的「應該」和「必須」辨識出來。自律很重要，若是出於意願而非應該，效果會更好，如此整個身／心才能同心協力的自律。

如同力量一樣，意志往往與紀律、控制和操控連結在一起，例如控制飲食的意志、上學的意志或完成計畫的意志。雖然要完成多數事情紀律是不可或缺的，但如果身／心缺乏內在共識，紀律只不過是掌控性的另一面向罷了，因為身體各個部位會自行其事。靠著紀律我才能坐在這裏修訂這本書，但我的意志和欲望跟我的目的是結合在一起的。我發現最需要修訂的部分，往往是我規定自己去寫的文稿，只因為我每天該寫作的時間到了，並不是因為我靈思泉湧而寫下的。那些文稿都缺乏力量。意志和欲望如果不能達成共識，我們就會喪失熱情和動能，這麼一來便浪費了我們用來執行意志所需的力量。

為了讓意志投入，我們必須接觸自己的欲望。如果不曉得自己要的是什麼、如何發揮自己的意志呢？雖然過度依戀自己的欲望，也可能使我們陷在下層脈輪裏，但壓抑通常只會封鎖住意志的力量。當一個人覺得受到剝奪、沒人愛或是工作過度時，就比較容易想要操控；一旦放鬆、感到快樂、與自我保持接觸，意志就會變得昂揚。

不過，意志並非總是跟每個欲望和諧一致的。你可能想要一片巧克力蛋糕，但你更強的意志是拒絕，因為你想減肥。你或許不想要承擔一項特定的任務，但還是相當平靜的行使意志去完成工作。我們仍然受欲望的役使，不過我們會選擇那些到頭來算是最重要的欲望。

在這個環節上，紀律變得最為重要。英文的紀律「discipline」，事實上是源自「disciple」，意思是學徒，也就是願意學習的人。這裏我們面對了奇特的悖論：將自己的意志屈從於可以圓滿實現這個意志的結構或形式之下。在紀律主導下，我們得以某種程度的超越感受而作為，例如我們可能在某一天「不想要」進行冥想練習，或是「不想要」去上班，然而當我們的意志專注於更大的目標時，這些感受就變得無關緊要了。這麼一來，第三脈輪不僅由第二脈輪的情感導向賦予了動力，而且也超越了情感作用。

對於意志的了解，包括無窮盡的不斷選擇，來自更深刻的目的感。這種目的感源自我們在這個世界的自我定位，源自我們是誰、我們的所愛與所恨，以及我們的天賦。每個人都有人生目的，我們的終極意志就是要實現這個目的。此目的可以釐清很難區分的「意志」（will）和「意興」（whim）。意興是暫時的，意志則擁有更大目的。我們必須檢視個人行動的長期影響，以及在更大的目的中要發揮什麼作用；我們要思考的是深遠的因果關係。我們的力量同樣會隨著我們的目的感成長，因為目的賦予我們方向，將單純的能量轉化成有影響力的力量。

如果我們不清楚目的，就很難了解在特定情境下意志的動向。意識的職責就是正確評估我們是誰，因為在這個謎團中蘊藏著意志必須著力的目標。一旦知曉了自己的意志所在，力量就會增長。能夠運用我們的力量，往往只不過是領悟到我們的確擁有力量。透過運用和實驗，這樣的領悟會逐漸鞏固，最終會讓我們建立信心。

所有脈輪都有正負面向，過度發揮個人意志可能令我們陷在這個層次裏，特別是這個意志與更大的宇宙意志無法協調一致時，因為個人意志原本是宇宙意志的一部分。聰慧敏銳的人必須有辨識力，知道何時他們的意志變成了有害和過度操控的力量。（如果沒有意識到，別人必然會試圖點醒他們！）讓這個脈輪投入工作需要培養意志，然而要想超越這個脈輪，就必須在適當時機放下我們的意志。擁有真正力量的人，不應該有想要支配的需求。

當個人意志和神聖意志合而為一時，關鍵就在於遵循這份意志了。如果個人意志與更高的意志不一，同樣重要的是去洞察它們之間的歧異。再度引用克勞利之言：「一個人自以為的意志和他真正的意志不符合時，就是在浪費自己的力量，也不用期盼可以有效的影響他的環境。」[10] 這種時候就必須去檢視個人意志的動機。若失於省察，便可

---

10. Aleister Crowley《*Magick in Theory and Practice*》, xv。

能發現有太多障礙擋在路上，感到舉步維艱。儘管許多道路都是困難的，適合我們的正確道路還是會凝聚所有的能流，讓困難比較不那麼難以承受。我們的智能負責的任務，就是覺知出正確道路，意志的任務則是遵循這條路徑。

自尊

讓一個人認識自己的價值，並讓一切臣服於他腳下。
——愛默生（Ralph Waldo Emerson）[11]

第三脈輪的屬性是力量、意志、活力和自律，究其根本都是奠基在自尊上。當自尊高時，我們自信、果斷、積極主動、有紀律，而且基本上對生活懷抱熱情；若自尊低落，我們滿心都是懷疑和自我責備，如同攔沙壩的作用，阻擋了成事需要的心理動能。如果有太多攔沙壩，我們會整個失去動能，最後呈現沒有活力的慣性狀態。一旦發現自己陷在慣性的泥沼裏，自我懷疑和責備只會更加嚴重，這樣的循環可能導致癱瘓無能。

於是羞恥的心魔進入甚至有可能接管第三脈輪。羞恥是自尊的反面，它會瓦解身體的中間地帶，剝奪這個區域的能量。羞恥中斷了從底部向上的流動，讓從頂端向下收束的心智能量過度發揮，結果能量不是向外流動，而是轉向反對自我。

自尊來自於合乎現實的自我意識，而自我意識最初是源自於身體和肉體認同，它讓我們清楚邊緣和界線；其次是來自第二脈輪的情緒認同，它讓我們的自我經驗充滿生機，同時保持快樂和連結；第三是來自於錯誤的自尊，它使我們向外伸展，大膽冒險，無論成功或失敗，而這麼做的同時，也可以實際認清自己的能力。透過自律，我們磨利

---

11. Ralph Waldo Emerson《*Essays*》（愛默生散文集）〈Self-Reliance〉（First Series，一八四一）。

了技巧，由此而形成了自尊的基礎。

我們的自我概念因為跟他人互動而更加明晰。如果我們獲得別人的愛和接納（第四脈輪），同時感覺我們擁有能夠付出的東西，就更有可能接納和愛自己。透過溝通，我們可以獲得誠實的回饋，知道別人對我們的看法，而且能夠傳達自我的內在本質。而透過最上層的兩個脈輪，我們可以獲得超越個人性的元素，讓自我維持在更大的母體中。

自尊形成了良好的基礎，讓我們可以打開心胸，並且維持成功的關係。如果下層脈輪完成了它們的任務，我們的伴侶就不需要費心讓我們有安全感、解讀我們的感受或是支撐我們的自我，我們也可以更充分的進入愛的歡愉經驗。

打破無力感

限制是顯化的第一法則，因此也是力量的第一法則。

——狄昂·福瓊 [12]

力量就像身上的每條肌肉，必須有意識的去發展。誠如眾所周知的名言：「知識就是力量。」，大部分的無力感乃是無知的結果，不知道如何有效行動，而這有可能只是單純的缺乏覺知或關注。增強我們的覺知就會增強我們的力量，因此靜坐冥想之類的練習通常會有幫助。當我們沿著脊柱向上提昇能量時，這股能量會同時貫穿第三層次，因此自然而然就會感受到力量。不過，單靠冥想還不夠。

下述是一些簡單的概念，與第三脈輪的發展相關，接下去會提供一些身體的練習來打開這個能量中樞。

---

12. Dion Fortune（狄昂·福瓊）的《*The Cosmic Doctrine*》，一一二頁。

打破慣性

做一些不一樣的事。如果你原來是懶洋洋的，那麼就動起來；如果你過度躁動，那麼就靜下來。打破無聊的重複模式，選擇一項挑戰。克服困難能增強力量和信心，死守著安全感鮮少能培養出力量，只有放棄打安全牌，你的力量脈輪才會較快甦醒。

避開否定

不了解你處境的人所給的批評，有時候可能是傷害大過幫助，特別是如果你很敏感，往往會把批評放在心上。在我們想要進行新鮮而不確定的事情時，否定會瞬間癱瘓我們的力量，當場讓敏感的人怯步不前。記住，正如愛因斯坦之言：「新觀念遇到的最大反對，來自誤解它的人。」

裝配電線和電阻器（裝設好暢通的迴路）

確定你的能量在完整的迴路中運行，也就是送出的能量有管道回來；確定這股能量不會非必要的被困住、中斷、消散或破碎。利用第二脈輪的流動和動能來點燃意志之火。

努力和阻力

努力和阻力都會磨損和耗盡我們的能量，兩者都是力量沒有和諧流動的徵兆。當你發現自己因為努力而緊張時，請停下來思索一下你正在做什麼，想像自己做來毫不費力，順暢而享受。問自己為什麼如此執著於特定事物不想放手，問自己為什麼需要耗費這麼多力氣，要順暢的流動究竟缺少了什麼關鍵要素？

如果你不斷抗拒某種力量，那麼就停下來問自己為什麼這股力量會在此刻現身。阻力通常是恐懼，力量的反面。你在害怕什麼？想像一下，如果你停止抗拒，會發生什麼事？你的意志如何能少一點努力或阻力來保護你？

打破依戀

導向不會顯現具體成果的能量，乃是「擱置」或困住的能量，或者沒有用的能量。如果在合理的努力之後，還是不能讓事情順利進行，那就放手吧！一旦不再受到依戀的控制，你就會感受到無比快活的能量。釋放得愈多，你的能量就愈少摩擦。你變得愈輕盈，就會更加向靈性移動，遠離物質界。無論如何，小心不要走得太遠，因為地球是力量呈現的場域，少了穩固性，力量可能變得過度擴散。

關注

關注讓能量得以聚焦。需要關注時就得集中注意力，把注意力放在自己身上，或者關注別人也接受別人的關注。覺知自己的注意力往哪裏去，它往哪裏去，其他的能量必然會尾隨。

接地

我們必須有能力將自己的注意力導引到此時此地，才能呈現力量。接地帶我們來到當下，進入體內的力量能鞏固和讓我們的能量集中。儘管我們已超越第一脈輪向上攀升，但進行這個簡單練習的需求始終存在。

憤怒

以安全和有效的方式釋放封鎖住的憤怒，有時可以幫忙打通第三脈輪。最好與接地連在一起進行，這是利用你體內能量造成改變的絕佳途徑，如果不能改變你的處境，至少能改變你的心態。封鎖住的力量往往是封鎖住的憤怒，而憤怒是帶來淨化的強大力量，這股力量很難贏取，而且應該明智的使用它，也不值得為了我們自己內在需要解決的問題，而損傷所愛。

增加資訊

知識就是力量，我們學習得愈多，能做的事就愈多，理論上會犯的錯誤也愈少。在任何情況下，學習都有助於增強我們的力量。

愛

愛是統合的力量，讓我們緊密相連，同時激勵我們，賦予我們力量繼續前行。愛是歡愉、淨化、振奮和療癒的力量，從上層脈輪餵養能量到第三脈輪。愛給予我們肯定、聯繫和目的，它能強化自尊，也能激勵意志。

笑

把事情看得太認真有可能讓我們與自己的力量失聯。如果我們笑得出來，就表示有力量掌控情況，所以每當事情看起來似乎糟糕透頂時，記得要自嘲一下。

照護自己

如果你不照護自己，沒有人會代勞，因為你比其他人更了解自己的想望和需求。如果你照護自己，就會降低從外界獲得照護的需求，而這樣的需求往往與力量成反比。

獲得力量的靜心冥想

想一個你感覺無力或成為受害者的時刻。回到那個時刻，感受那份恐懼、傷害或憤怒，感受自己在那個人生階段還是個小孩、青少年或成人……讓你的身體表達出當時你的感受所呈現的外貌。你怎樣走路？你如何舉止？你如何說話？

暫時脫開這副身影，保持距離檢視它，彷彿你是旁觀者。看看你能否同情自己，不帶批評的接納自己。如果你做得到，那麼下一步就要看看你是否能自嘲，對這樣的悲愴、痛苦和嚴肅覺得有趣？

接下來要回到原來的場景，以不同的結果重演一次。想像自己做了一些事生氣、反擊、跑走、發笑、堅定的挺立著——而改變了情境，只要是你認為充滿力量的行動都無妨。如果你必須召來幫手、神靈或朋友，這也是你的自由，儘管採取任何手段來翻轉情境。

當你解決了困境，拍拍自己的背，感受那份完整和滿足的感覺，試著把那份感覺帶回你的現實生活中。

接著自問是否因為目前的人生處境而責怪任何人。你花了多少力量在他們身上？為了重拾自己的力量，在紙上寫下他們的名字後燒掉，然後說：「我藉此釋放你，不再為我的人生和失敗負責任。我現在自己承擔起責任。」當你取回能量的同時，也讓自己獲得了力量。

第三脈輪的練習

火呼吸法

這是快速的橫膈膜呼吸法，用來清除身體的毒素，升揚內在之火，激勵上升的能流。

以舒適的姿勢坐直，背部挺直，雙腿放鬆。運用腹部的肌肉迅速彈動橫膈膜，使鼻子快速呼氣。保持嘴巴閉著。

你無須用力吸氣，因為當你放鬆腹部，空氣會自然流進鼻子和胸腔，讓你吸入空氣。

接著再度迅速彈動橫膈膜，然後放鬆，形成另一次的吐氣和吸氣。

等到這個過程練得順暢了，快速的重複，造成幾次迅速而連續的吐氣。以五十次左右的吐氣為一回合來練習，每一回合結束時，做一次深長的呼吸。三個回合每次至少五十次的練習是很好的起步，過一陣子你可以根據自己的感受來調整。隨著肌肉適應了動作，增加次數和速度。

慢跑

跑步是激烈的高能量身體運動，它使心臟鼓動、肺臟呼吸、血液奔流全身。在所有為身體充電的手段中，慢跑或許是最好的全面鍛鍊方式，可以克服身體無精打采的狀態。

仰臥起坐

雖然聽起來像是美式健身操而非瑜伽練習，但平常的仰臥起坐能增強覆於第三脈輪之上的肌肉，同時有助於強化消化器官。

一開始平躺下來，膝蓋彎曲，雙腳平行，手指在脖子後面交握。

繃緊腹部肌肉，直到頭抬離地面幾英吋，然後吐氣。你不需要一直抬高坐直身體，最初幾英吋的收縮就可以鍛鍊肌肉了。

頭放下時吸氣，用力時吐氣。盡你所能重複多次，並隨著時間增加次數。

伐木式

與第三脈輪連結的音調，是一聲響亮的「ah」（啊），這個聲音應該伴隨這項練習中的動作。伐木式也是釋放憤怒的絕佳方法。

雙腳穩穩站好，腳跟相距約六十公分左右。雙臂高舉過頭，雙手交握。背微微後彎（圖4–3）。

彎下身時發出「ah」的音，整個上半身向下擺動，雙手甩過雙腿之間（圖4–3）。動作要迅速流暢，盡可能散發出最大的力氣和力量。

一小節練習五到十次，感受能量湧出來充滿你的上半身。

弓式

腹部朝下平躺，雙手放在兩邊，放鬆自己。深呼吸，然後彎曲膝蓋，雙手去抓腳踝（如果抓不到腳踝，可以利用帶子連結之間的距離）。

吸氣時抬起頭，下壓薦骨，同時抬起胸部，抓緊腳踝，讓背部成為弧形。用手臂把肩膀往後拉，靠肚子保持平衡（圖4–4）。深呼吸。

在這個古怪的姿勢中，利用雙手幫忙維持弧形，同時盡可能放鬆身體其他部位。

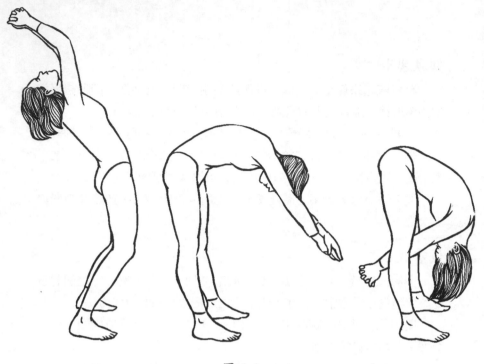

圖 4-3
伐木式

圖 4-4
弓式

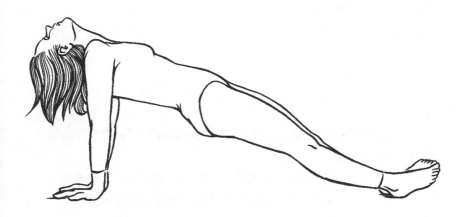

圖 4-5 船式

圖 4-6
挺腹

挺腹

從坐姿開始，雙腳向前伸直，手掌放在髖部兩旁。

將骨盆向上推，使得頭和腳形成微彎的弧線，尤其要透過太陽神經叢用力推（圖4–5）。

慢慢放鬆，回復坐姿。

船式

不經過練習很難維持船式，這個完美的小動作可以繃緊肚子的肌肉，培養平衡和自制。

仰臥平躺，抬高雙腿雙腳（膝蓋盡量打直）和上半身，讓整個身體呈「V」字型（圖4–6）。維持這個姿勢愈久愈好，然後放鬆。

比較簡單的版本，是一次舉起一條腿，或者把雙腳靠在牆上，如此可以聚焦多一點在腹部肌肉，而非可能還不夠強壯的大腿肌肉。

化身太陽

要激活力量，手臂扮演了重要的角色，因為它們能實際的接觸這個世界。我們透過雙手做事，而做事就是第三脈輪的核心。這項練習的好處是它包括了觀想和動作，著力於將能量從心和太陽神經叢外移到手臂和手。

身體站直，手臂高舉過頭，雙腳與肩同寬。

深吸一口氣，盡可能向上伸直手臂和手指，然後手掌朝下，慢慢放下雙手到身體兩側，整個過程中手臂要一直盡力向外伸長（圖4–7）。

手放下到一半時，你應該去感覺彷彿在推什麼隱形的力量。這麼做時，想像自己是太陽的中心，正用手臂畫出圓周。當你感覺到推擠的力量時，想像那是你努力要突破的阻礙，感覺雙手把它推開。想像一絲絲的能量通過手指流洩出去。完成整個圓圈時，花片刻時間感受和想像太陽的光輝環繞著你。

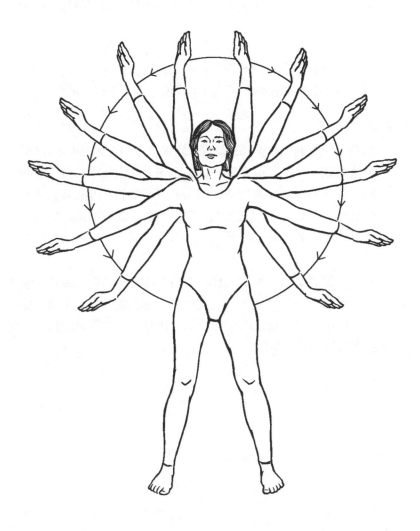

圖 4–7

化身太陽

勁走

站直，手肘彎曲，雙手握拳在胸。

邁開一步，同時用一隻手臂向外推，彷彿你在推開障礙，然後推出另一隻手臂。

重複動作。

勁走時，假裝你在清開身旁的阻礙，儘管你或許會覺得可笑，但不妨使用一些字眼來加強動作，例如：「滾」或「走開」。

大笑圈

這是孩子的遊戲，至少要三個人才能進行，四人或以上更好玩。

所有人都躺下，把頭放在另一人的肚子上。由其中一個人先開始發出「哈」的音三次，接著換下一個人，再下一個。因為我們的頭會在別人的肚子上彈跳，不需要多久時間，「哈」就會變成「哈哈」，然後就是哄然大笑了。

基本上，讓能量快速流動的任何活動，都有益於第三脈輪，重要的是要克服沒有活力的惰性，一旦克服了，意志就會成為主宰，結合了欲望與了解的力量，就能導引能量進入行動。在意識的成長上，這是令人振奮又快活的一步。

與第三脈輪相關的推薦書目

1　Roberto Assagioli《*The Act of Will*》NY: Penguin Books, 1974.

2　Aleister Crowley《*Magick in Theory and Practice*》NY: Dover Publications, 1976.

3　Melita Denning and Osborne Phillips 《*Psychic Self-Defense and Well-Being*》St. Paul, MN: Llewellyn Publications, 1980.

4　Joanna Rogers Macy《*Despair and Personal Power in the Nuclear Age*》PA: New Society Publishers, 1983.

5　羅洛・梅（Rollo May Ph.D）《愛與意志》（*Love and Will, NY: W.W. Norton, 1969.*），立緒，二〇〇一

6　Starhawk《*Truth of Dare: Encounters With Power, Authority, and Mystery*》San Francisco, CA: Harper & Row, 1987.

第四脈輪

愛

風（空氣）

呼吸

平衡

關係

親和力

一體性

療癒

第五章

第四脈輪：愛

啟程的靜心冥想

我們是由愛創造出來的。
熱情的波動點亮了靈性的光輝，
向下，我們進入我們的
母親……母親……物質……
愛的牽引召喚我們，深入地球，
如同父親推進母親一樣深入。
深入大地的子宮——
由水和土構成的溫暖幽暗的子宮。愛的
子宮——

安全、幽暗、搖籃、寂靜。

我們成長。

黑暗中唯有一種聲音——

生命之音、愛之音、心之音。

鼓動……鼓動……鼓動……鼓動……[1]

現在聽自己的心跳聲。心跳的節奏把生命、空氣和呼吸

打到你身體每一部分，讓你煥然一新；

你沐浴在空氣中、太虛中、呼吸中、生命中。

現在感受你生命的核心，用雙手擁抱。

感受它在渴望、呼喊、愛、希望、療癒。

感受它在你體內，與你同樣年紀，一直鼓動著，

從子宮深處開始，感受它在那裏多麼久了。

永遠鼓動，永不停止。

永遠鼓動，永不停止。

永遠鼓動，永不停止。

永遠鼓動，永不停止。

你愛那顆心嗎？

深深呼吸，吸進空氣……吸進溫柔、深度和智慧。

隨著你的呼吸，靈性來到你的心，碰觸你……

推動你……改變你。

深深的，你接納，口渴的啜飲著。

感謝這個接收的器皿。

現在火焰的波動更快速，我們喜悅的奔向天空，

高於土，高於水，越過火，進入風。

我們伸出手，張開翅膀飛翔，自在御風而行。然而不久

顛顛簸簸搖晃著，我們呼喊：

---

1. 如果有合乎心跳節奏的鼓聲，會有幫助。

心在哪裏？心在哪裏？家在哪裏？

我們聽著鼓聲飛翔，深入聲音裏。

我們飛向地面，放慢速度。

我們讓自己靜下來傾聽得更深，寂靜便是那聲音。

溫柔的我們伸出手，因為心是如此柔弱。我們輕輕的碰觸，

因為心在害怕。

我們向內在的愛張開雙手，想要結合、想要碰觸、想要療癒。

現在就獻上愛。請求進入自己的內心。

深深傾聽，聽到內在，那寂靜的聲音。

Anahata，Anahata，Anahata，Anahata。

深深傾聽，吸進那聲音、那呼吸、那療癒之風。

進……出……進……出……進……出……

吸進新的，呼出舊的，每一次呼吸都在更新。

每一次呼吸，風在你體內和四周，

徐徐和風、生命的風暴、改變的風。

你的心為何呼喊？你的心渴望什麼？你的心在哪裏找到平靜？

釋放心的盼望和夢想，乘著改變的翅膀飛翔，

然後乘著愛的翅膀回歸，所成就者超越你的夢想。

你不孤單。你的呼喊在相同的一千顆心中回響。

如果你傾聽，你可以聽得到：鼓動、鼓動、鼓動、鼓動。

每個人內心深處找得到心，

周遭每個地方找得到心。

我們在內心深處找到了心，

每一次我們探觸，便探觸到心。

每個人的內在都是愛，等待甜美的展露。

隨著呼吸的風釋放出愛，抵達遠方。

碰觸你所愛之人內在的心，

傾聽他們的呼吸，呼進……呼出……呼進……呼出……

跟你一樣，他們歡笑、呼喊和玩耍，

不間斷的節奏日復一日。
感受那心與你心何其相似：
盼望、療癒、呼吸、感受。
讓那裏沒有撞擊的聲音，
只有愛和喜歡的聲音。
——每個人加入愛之舞蹈，
結合地球和上界的舞蹈，
讓我們每個人結合在一起，
把每個人都視為姊妹和兄弟。
在我們的內心和平的種籽
潛伏著，等待甜美的釋放。
乘著改變的翅膀它們飛翔
在內心深處我們呼喊：
Anahata，*Anahata*，*Anahata*，*Anahata*。
愛之音。

第四脈輪
象徵與對應

梵文名字：	*Anahata*（心輪）
意義：	不受打擊
位置：	心
元素：	風（空氣）
外在狀態：	氣態
功能：	愛
內在狀態：	同情、愛
腺體：	胸腺
其他身體部位：	肺、心、心包膜、手臂、手
功能失調：	氣喘、高血壓、心臟疾病、肺病

顏色：	綠色
種籽音：	Lam
母音：	[e]
輪瓣：	十二瓣
塔羅牌：	寶劍
質點：	美麗
星球：	金星
金屬：	銅
對應動詞：	我愛
感官：	觸覺
瑜伽路徑：	虔信（奉愛）瑜伽
香氣：	薰衣草、茉莉、鳶尾草根、西洋蓍草、馬郁蘭、繡線菊
礦物：	翡翠、碧璽、玉、粉晶
屬性：	（德）變性或悅性（喜德）
動物：	羚羊、鳥類、鴿子
蓮花符號：	十二花瓣中有六角星。中央是濕婆林伽，位於倒三角形（trikuna）之內，又在種籽音「yam」的符號裏。神祇是大自在天（Isvara，至尊，統合之神）與夏克蒂的化身卡基尼（Kakini）。星形底部有隻奔跑的羚羊，象徵自由
印度神祇：	毗濕奴、吉祥天女拉克絲米（Lakshmi 保護神）、黑天（Krishna）、大自在天、愛神伽摩（Kama）、風神瓦魯（Varu），無限女神阿底提（Aditi），廣延天女（Urvasi）
其他眾神：	愛神維納斯、北歐愛神芙蕾雅（Freyja）、牧神潘（Pan）、愛神丘比特、愛爾蘭療癒之神 Dian Cecht、古埃及真理與正義女神瑪特（Maat）、古希臘醫神 Asclepius、古埃及生命與醫療女神伊西

絲（Isis）、古希臘風神 Aeolus、 埃及風神 Shu（還
有基督，儘管不稱為神祇，同樣代表心輪的能量。）

大天使：　　　　拉斐爾
主要運作力量：　　均衡

系統之「心」

愛最先誕生，神祇抓不到，精靈抓不到，人也抓不到……無
論天多高地多廣、海洋多遼闊、火燒得多高，你更偉大，愛！
風趕不上你，火趕不上你，太陽趕不上你，月亮也趕不上你。
你比它們都偉大，愛！

──《阿闥婆吠陀》第九卷第二篇第十九節

現在我們已經點燃了意志的火焰，掌控了我們的人生，燒穿了我
們最頑強的阻礙，我們可以讓自己的火稍微平息了。隨著火焰轉成溫
暖的餘燼，我們轉向自己溫暖而淨化過的核心，準備好擁抱下一層次
的意識。

從活躍而火熱的太陽神經叢，我們推進到不一樣的新領域；從身
體和具象顯化的國度，我們進入比較難以捉摸的靈性；從聚焦在自我
及自我的欲望和行動，我們開始擁抱更大的模式，讓小我在更大的關
係網絡中舞蹈。我們超越自我本位，朝著更大、更深、更強的目標成
長。當我們向上攀升追求至樂時，也拓展了自己。

現在我們到達了脈輪系統的中心點。即使是在我們的語言裏，
「心」都代表著事物的核心、精髓、真理之所在，如俗語所說的：「直
指本心。」這裏是我們的靈性中樞、核心，是結合上、下、內、外力
量的地方。第四脈輪的任務乃是整合與平衡個人存在的不同面向，這
個過程會為生物體帶來燦爛的完整感，讓靈性與物質絕妙的互相滲透。
在這完整的覺知中潛藏了內在和平的種籽。

心輪是愛的中樞。如同靈性與物質的結合，濕婆和夏克蒂在心輪

內結為一體。在無窮盡的創造之舞中，祂們的愛向外放射，貫穿一切，賦予存在永恆性，讓宇宙得以延續。這兩位保護之神以毗濕奴和吉祥天女的形象現身，掌管了我們生命的中間地帶，帶給我們穩定性和延續性。我們可以把祂們的愛想成是「結合」的力量，把構成生命的一切基石聚合在一起的力量。

我們在心輪這個層次體驗到的愛，跟第二脈輪較偏色慾和激情的愛截然不同。性愛是有對象的，因為特定人物在眼前而激發熱情，但是在第四脈輪裏，愛不依賴外界的刺激，而是向內體驗到存在狀態。因此，我們體驗到愛是向外發散的，無論什麼進到我們的場域，都能夠以愛和同情相待。這是神聖的情懷、同理心的連結，而不是我們的需求或欲望的延伸。但願透過意志的力量，我們的需求已經被滿足或超越了。愛可能與深刻的平靜感一同浮現，這種平靜源自無欲無求；愛也可能跟喜悅的接納一同浮現，接納我們在萬事萬物中的定位；愛還跟內在的和諧性帶來的光輝一同浮現。與第二脈輪無常的本質及瞬息萬變的熱情不同，來自心輪的愛具有持久的特質，它永恆不變。

心輪——靜止的中心點

心輪的符號是有十二瓣蓮花瓣的圓圈，環繞兩個相交的三角形所形成的六角星（圖 5–1）。兩個三角形代表靈性下降進入身體，以及物質上升與靈性相遇。這個符號也被稱作「大衛之星」，代表了神聖的結合——男性與女性平衡的相互滲透。這是開放的心輪散發出來的光輝之星。六個角也可以看成是與其他六個脈輪連結，因為這六個脈輪都在這個中心完成整合。

在身體層面，這個脈輪連結的是心神經叢（圖 5–2），同時掌管心、肺和胸腺。正如每個脈輪可以視為一團旋轉的能量，整個身／心也可以視為一個脈輪。如果沿著一條路徑從頂輪盤旋而下，通過每個脈輪，會發現心是這個螺旋形的終點，既是中心也是目的地（圖 5–3）。我們在這裏發現了「颱風眼」，狂風暴雨的正中央一片平靜。

男神：大自在天（至尊）　　女神：夏克蒂化身 Kakini

圖 5–1

Anahata（心輪）

（感謝 Timeless books 提供）

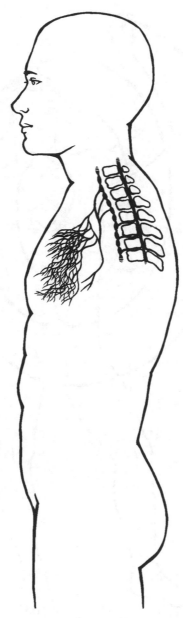

圖 5-2

第四脈輪，心輪

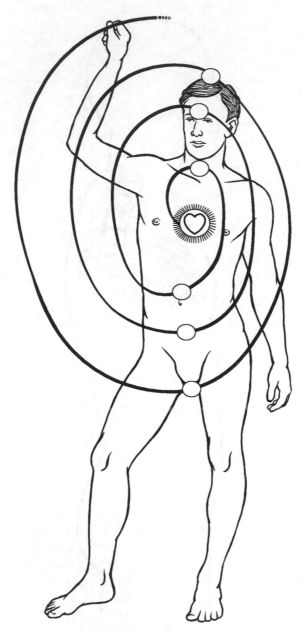

圖 5–3

心是這個螺旋的終點。

　　這個脈輪的梵文名字是「Anahata」，意思是「沒有任何兩物相擊發出的聲音」，同時意謂著「不受打擊」、「不受傷」和「清新」。當這個脈輪不因舊傷而悲傷時，它的開放是天真、清新且光燦的，第四脈輪的接納取代了第三脈輪的戰鬥。如果第三脈輪完成了它的任務，我們就比較容易接受任何處境了。

　　第四脈輪的元素是風（空氣），是目前為止最不稠密的物質元素。風這個元素通常連結的是「知識」，以及「寬闊和生機蓬勃的事物」。風代表自由，如同飛翔的小鳥；風代表開放和清新，如同房間通風良好；風代表輕盈，單純而柔和。當我們戀愛時，我們感覺自己飄飄然彷彿騰雲駕霧。風意謂著廣闊，唯有透過放手才能達到這樣的境界，如果過度緊抓所愛不放，會使所愛之人窒息，就好像剝奪了他們的空氣（風），如同我們想要「呼吸的餘地」時，會說我們需要空間一般。

　　風（空氣）是物質的氣態，跟我們已經討論過的元素都不同，因為風傾向於平均的散播在它所占據的任何空間（除了那些顯然比大氣輕或重的氣體裏）。水會停留在碗的底部，土保持堅硬和固定的狀態，火會依附著它的燃料向上移動，而風會擴散。供桌上燒的香，會漸漸瀰漫整個房間。風蘊含了均衡、沉著和平等的意義，同樣的，心輪反映了慈愛的淡定，對應於萬事萬物複雜的相互關係。

　　最後，風代表了呼吸；透過攸關生命的呼吸過程，我們的細胞才能存活。印度教徒稱呼吸為「prana」，字源是「pra」（意思是「第一」）和「na」（意思是「單位」）。在瑜伽哲學中，「prana」指涉的是吸進生命能量（呼吸）及生命能量本身（氣），也就是構成一切生命的基本單位。這股能量代表了物質世界和心智世界的介面（接觸面）。心智如果想要影響身體，可以透過控制呼吸來達成，控制呼吸同樣可以安定心智。「prana」（氣）是身心之間的重要連結，正如心輪是上下層脈輪的整合器一樣。

　　開啟心輪需要結合技巧和了解。首先，我們學會從關係的角度來看這個世界：是什麼因素造成了事物產生連結，而且維持著連結。當然，這包括了我們與他人及周遭世界的關係。

心需要了解、練習平衡身與心、內在與外在、自我與他人，還有施與受。打開心需要超越自我，允許自己臣服於大過小我的力量。最後，打開心輪需要了解如何控制呼吸，因為呼吸是身體和心智蛻變的手段。

下面的章節我們會一一討論心輪的各個面向，希望能解開你的心所受的束縛，帶給你平靜，因為《奧義書》如是說：

> 一旦所有的心結都解開了，那麼即使這一世誕生為人，必死
> 的生命也會獲得永生。這就是整部經典的教義[2]。

愛

愛是宇宙核心在成形過程中作用於每個意識單位的吸引力。

——德日進（Teilhard de Chardin）[3]

愛在所有英文字當中是由四個字母組成的「love」（愛），它或許是意義最豐富，也是最難以捉摸的。對每個人的靈魂而言，愛是如此根本，因此成為主宰我們生命的珍貴本質。但我們要如何發現愛呢？要如何維持它？如何分享它？還有一個超越文字所能表達的問題：「愛究竟是什麼？」

愛就像力量，是我們都想要而且需要的。幾乎沒有人會覺得他們擁有的愛夠多了，許多人甚至生活在缺少愛的恐懼中。幾乎沒有人了解愛，但我們都在追求愛，一旦找到，便會以愛來衡量自己的人生。這股神祕的力量究竟是什麼？為什麼愛在我們的人生中擁有這麼大的力量？

---

2. Katha Upanishad《The Upanishads》（NY: Dover Publications，一九六二，英譯者 Max Muller），11.6.15。

3. Pierre Teilhard de Chardin《Let Me Explain》，六六頁。

　　愛是團結的力量，能夠把事物吸引在一起，讓它們保持關係。在這種合為一體的關係中，我們可以接觸到潛藏的延續性，讓我們這些孤立的個體得以和大我保持關係。我們需要確知父母會日復一日的在我們身邊，才能產生安全感。要有束縛的力量，才能長久結合，進化出固定模式，形成比較深刻和凝聚的狀態。愛允許改變和自由，但核心仍然保持凝聚。

　　進入第四脈輪時，我們會超越自我中心，打開自我設定的界線，融入於愛的狂喜。邀請愛最有力的方式莫過於先付出愛。由於愛是我們都想要也需要的，因此我們傾向於被感覺安全也欣賞的人所吸引。對別人提供這樣的安全感和接納，也會造就欣欣向榮的愛之場域。提供愛的能量，無論是口頭讚美、同理的認可或身體的照護，都會誘發類似的回饋能量，而追逐金錢或權力的人，卻往往只是透過敬佩和認可的形式來接收愛。直接發現自己在尋求認可，可以讓我們迴避掉一些用來尋找愛卻成效不彰的方法。

　　愛與贊同是我們個人成長的基礎，因為愛能促成自我接納，而自我接納也是愛自己必要的一步。孩提時代，我們經由父母的贊同或不贊同而受到制約和教導，這樣的回饋形塑了「我們是誰」的初始概念。「喔，看看這是莎莉做的，很有創造力吧？」如此便形成了正向回饋系統。如果我跟你說你今天看起來好漂亮，你會覺得很愉快，很可能你也想找些好話來讚美我，於是我也會感覺愉快。如此的良性循環會讓我們感覺愈來愈舒服自在，而且互相欣賞。

　　但有許多事情會減少愛的能量在人際間流動——過度依戀一個人或許會減少對方與你之間的能量流動；嫉妒也會減少愛的流動，因為嫉妒把愛限制在狹隘的範圍內流動；恐懼同性戀、年齡偏見和種族偏見都會限制愛。「你不可以碰他，他跟你是同性別」、「她太老了」、「他們不相稱（膚色、高矮胖瘦或背景）」上述任何一種界分都會破壞萬物一體且互相依存的體悟，而這份體悟是心輪不可或缺的。如果我們視愛為無限，從豐盈而非匱乏的觀點來接近愛，就會明白愛事實上是生生不息的。

打開心輪拓展了一個人分享愛的能量的範圍。比起相同背景的人，背景歧異的人更能激勵成長。我們了解得愈深廣，愛的能力就愈強大。心輪認知的世界是一體而非分隔的。

保留愛通常也會減少接收到的愛。這是一種惡性循環！「我不認為約翰喜歡我。如果我告訴他我多麼欣賞他，他八成會認為我很可笑。」而同時，約翰心裏正想著你是多麼冷淡和疏離。打破這樣的循環，可以移除心輪層次上某些人際障礙。由於第三脈輪的確能賦予我們力量，這樣率先採取行動就會比較容易。

遭到拒絕是人類最根本的恐懼之一。這沒什麼好驚訝的，你只需要想一想保持我們的核心健康是多麼重要的事，而拒絕則會威脅我們基本的內在平衡和自我接納。如果心輪是個整合器，那麼拒絕就可能導致我們「分崩離析」。我們的正面回饋系統短路了，我們轉而「不愛」自己，開始自我破壞，不再感覺與人連結，我們被切割了，單獨且孤立。對有些人來說，完全沒有愛活著比較容易，勝過冒險開放自己與人分享。

這樣的恐懼對於了解心輪是不可或缺的。恐懼是種保護機制，協助我們平衡輸出和輸入的能量流動，它是心輪精微能量的守門人。不過「守護」是把雙刃劍。脈輪中能量的輸出和輸入是成正比的，我們的門戶關得愈緊，就更加限制所有脈輪的能量流通。這樣的緊縮不僅抑制了與外界來往的能量交流，也局限了上下層脈輪之間的流動，導致心智與身體之間的疏離。最終心輪會能量耗竭，而把自己禁閉在孤獨一人的世界裏。

學習去愛需要耗費許多層面的能量。我們需要四個脈輪共同運作，才能創造同時維護愛。我們必須能夠感受、溝通並擁有自主權和力量，而且需要有能力去觀看和了解。最重要的是，我們需要放鬆，讓愛自然發生。心輪屬「陰」，有時最深刻的愛就是願意讓一切保持本來面目。

愛是「風」的擴展與均衡、東方的破曉、鴿子的優雅，以及和平精神，愛就是包圍我們的場域。透過愛我們找到了自己的中心、核心、

力量及活下去的理由。

　　愛並不是去獲得連結，而是在擴及一切生命的複雜關係網絡裏，看清楚我們已經是連結的。愛乃是領悟到「不分彼此」──我們都是由相同的本質構成的，在同一個星球上隨著時間推移，面對同樣的問題，懷抱同樣的希望和恐懼。愛是核心的連結，無關乎膚色、年齡、性別、外貌或金錢。

　　愛尤其是靈性連結的深刻覺知，覺知自己被超越自身限制的高層意識所碰觸、感動和啟發。愛是與貫穿一切生命的深刻或根本實相產生連結，而這個實相也把我們連結在一起。愛讓凡俗變得神聖，進而被仔細的照料和保護。當我們喪失與一切生命連結的覺知時，就喪失了神聖的意識，喪失了照護、保衛及滋養我們的事物。

　　我們就是那份愛。我們就是愛的生命力，也是愛的表達、呈現及載具。我們透過愛成長、超越、戰勝及臣服，以追求更深刻的再次成長。我們煥然一新，耗弱後再度更新。愛是永恆和安定的力量。愛賜福於核心的生命之輪，讓一切眾生得以運轉。

關係與平衡

　　要真正了解他人的理想狀況，不是看他們在極端壓力下如何
　　反應，而是要看他或她如何因戀愛變得脆弱而受苦。
　　　　　　　──艾爾多・卡羅德努特（Aldo Carotenuto）[4]

　　在第四脈輪的層次上，我們踏出了下層脈輪的小循環，開始綜觀到它們是如何共同運作的。這朵蓮花裏面的神祇是統合之神大自在天，代表三種基本傾向（惰性、變性和悅性）的互相依存。大自在天代表

---

4. Aldo Carotenuto《*Eros and Pathos: Shades of Love and Suffering*》（Toronto: Inner City Books，一九八九），五四頁。

這三種性質的平衡,這種平衡性有時會被視為幻象,因為它永遠在變化中。從孤立到成為一體,首先需要進入關係之中。

讓我們回顧到目前為止我們所建立的結構,看看下層脈輪之間的關係是什麼。第一脈輪是關於分隔、獨立及堅固的物體,這些物體的大小從次原子粒子(只要它們可以被稱為物體)到行星和恆星。我們在第二脈輪裏檢視物體如何運行,也就是作用在物體上的力量。在第三脈輪,我們檢視物體運行時相撞所發生的重組、結構改變、起火燃燒,以及能量的釋放。由此我們見識到一切物體內在如何進行這些小循環,結合起來形成更大的結構。

這些循環唯有處於特定關係中才能延續下去。如果隔得太遠,兩極不會相吸,也不是所有燃料都會著火。有一股更大的力量在維持著這些子程式的運作,也就是第四脈輪的力量,我們稱之為愛,它鞏固了關係的永恆舞蹈,使得較小的結構可以持續它們的子程式,讓我們一直運作下去。對身體的愛給了我們動機去照顧身體的需求;在家庭中,愛讓家人守在一起,因而得以執行人生大事,並且養育小孩;就團體而言,對共同主張的愛連繫了成員,讓他們可以完成任務;對學習的愛則讓我們買書或上學。讓我們處在關係之中的就是愛。

這股神祕的力量充滿悖論。愛同時擁有「吸引」和「放射」的力量;我們「陷入」戀愛中,又因為這樣的經驗獲得「提昇」;愛是「沒有限制」的「拘束」力量;愛既需要「親密」,也需要「距離」。愛的本質是平衡和均衡,停駐在我們每個人的核心。

我們比較小的模式和循環一再重複,是由心智來覺知和規範的;心智透過意志行動,保證這些模式和循環延續下去。從關係的角度觀照這些模式和循環的面向,我們看到的是彼此的空間,而不是事物本身。我們把世界看成是環環相扣的拼圖。

每個脈輪之間都有差異,第三和第四脈輪的主要差異在於覺知。透過創造和重複的模式,生物體產生了自我覺知。我們的下層脈輪活動影響並創造出意識,我們根據自己的本能和情緒行動,從錯誤中學習。當學習愈來愈複雜,並且被儲存在較高的中心成為概念、記憶和

邏輯時，便會再度下降到意識可以影響行動之處。

關係乃是物質和資訊之間的介面，而且和居於兩者間的所有層面攸關，事實上，一切資訊都可以看成是對關係的覺知。關係模式給了我們概念，形成思想、溝通和認知的基本結構，是界定「我們是誰」的基礎。第四脈輪的意識層次所覺知的世界，是個錯綜複雜的關係網絡，以愛的力量將其凝聚在一起。

我們一旦能洞悉物體和它們的活動都是關係，就會認知到這些關係完美、平衡和永恆的本質。舉個例子，在觀察行星時，我們會看到其關係無止盡的循環是多麼協調和平衡——行星在軌道中運轉，與太陽的拉力達成平衡，永恆地重複彼此的模式。我們看到每顆星星高掛在空中固定的位置上，儘管它們一直在運轉和振動；我們看到每一片青草都覆蓋著屬於自己的一小塊草皮，儘管每年它們都會枯死，然後再生。

當我們以這種方式看出模式時，便可洞悉一切持久的模式都是它各個部分維持動態均衡的產物，於是我們發現生命的每個元素都被編織進更大的模式裏，並且各安其位，這麼一來我們就可以尋找自己跟周遭環境的平衡點，這個平衡點成了整體不可或缺的部分，具備了曼陀羅的凝聚力，從中心點向外發散。當我們了解周遭關係是如此完美時，就會示意心輪開放。

相同的平衡原則也可適用於我們的人際關係中。如果能維持全面性的平衡，關係就會長長久久。當伴侶的一方或雙方感覺關係已經失去平衡，而且沒有能力恢復時，關係就會結束。這種狀況可能歸因於施與受的不平衡，也可能是因為基本生命力的不平衡，或是靈性進程、金錢、性愛、權力、家事、養兒育女、溝通的不平衡，亦或是在關係領域中逐漸耗竭的其他元素的不平衡。我們必須記住，關係的平衡是動態而非靜態的——隨著時間不停的在變動。如果要維持住關係，整體之中必須包含基本的對等力量。

唯有內在平衡，才能使我們與他人的關係維持平衡。內在平衡讓我們得以覺知，使我們進入曼陀羅井然有序的模式所內蘊的均衡性，

而這樣的均衡性又成為開放和穩定的基準點。這不是心智也不是身體，更不是任何單一脈輪可以獨力完成的，必須是以圓滿的心輪作為存在的核心才能達成。

當意志有意識的舒緩和滿足了我們的需求時，我們的心智對於關係就會有較好的了解，於是才找到了自己「適當的位置」。藉由這個位置，我們所有的關係，從開始到結束，才能與更大的模式調和一致。最均衡──也是最優雅──的關係，必然是最持久的關係。至於比較短暫的關係，則是創造出更大模式的墊腳石。

對於完美的領悟，開展了我們心輪的接受能力。

每個脈輪透過與中脈對齊而接收到補充的能量，因為中脈就是能量的中柱。如果我們沒有跟自己保持平衡，脈輪就會脫離對位，就好像脊柱的脊椎脫位一樣。不幸的是，並沒有「脈輪矯正師」來幫忙復歸原位，這是我們必須自己做的事。

心輪是個人曼陀羅的正中心，因此如果脫離正確的位置太遠，會讓我們蒙受巨大的損失，同時造成最大的傷害──心輪（核心）之內的不平衡可能會使整個系統失衡。不只是上下層脈輪需要平衡，心與身、內在與外在、自我和超越都需要平衡。為了去愛，我們必須某種程度的超越自我中心，同時棄守孤立狀態，好讓我們體驗到更大的一體感。為了結為一體，我們要放棄一些個體性。

結為一體乃是「解脫的能流」促成的，我們因而體驗到愛使人自由與興奮──結為一體、超越、神聖，以及多少有點超常的意識狀態。脫離愛就是回到比較渺小的位置，恢復凡俗的自我，單獨一人且孤立，從愛的恩寵與牧歌般的飛揚狀態中摔落下來，因此我們會眷戀、執著於維護愛的狀態。

愛讓人振奮、向上提昇，風險就是我們可能輕易喪失自己的根基。為了維護愛，我們需要穩固的地基來滋養愛和生根，我們必須保持一部分個人性的本質──熱情和意志就是從這部分的自我湧現出來的。如果我們過度超越自己的個別性，就不再能夠充分呈現出自我了。讓火焰跟燃料分離，等到火燒完了，就會墜落在地。我們傾斜了自己的

平衡性，無法再為現有的關係提供內涵。如果我們喪失自我，喪失自己的核心，也喪失了自己的心，就會錯置我們與所愛之人的關係。引用英國作家勞倫斯（D. H. Lawrence）的話來說：「……如果一個人讓自己完全屈從於他人，就會有收拾不了的麻煩。你必須平衡愛和個體性，事實上，兩者都要有所犧牲。」[5]

平衡的生活就是生活在優雅、精緻和溫柔的狀態下。愛是持久的，同樣的，懷抱著愛所為之事也會持久，反之，喪失平衡的則不會持久。只有靠我們內在的平衡性來平衡這個世界。

要維護平衡，我們必須覺知自己的每個部分，這不能用盤點存貨一樣的知性方式達成。這樣的覺知其實是來自我們的核心，也就是「心」本身的動態經驗，只要賦予心自由，心自然就會以有機的方式去組織和達成平衡。

最後一點是，心輪需要在輸入與輸出之間平衡。正如呼吸間的吸與呼是相等的，我們的能量也必須再度填滿，才能持續付出。調控合宜，就會有源源不絕的能量通過每一個脈輪。愛在給予時會倍增，然而許多人因為付出太多、失去根基，或是在能量耗竭時仍然付出，而導致脈輪無法對位。我們獲得的教導是自私不好——總是想著平衡自己是錯誤的，然而改變了自身的平衡性，也會改變周遭曼陀羅的均衡性。持續透支會耗盡資源，直到我們無力再付出，隨之而來的反噬可是一點都不可愛。

在追求萬事萬物的平衡時，我們需要擺脫「善」與「惡」的二元對立，無需如清教徒般良善的安撫纖細的自我，也不需要因自私自利而變得邪惡。真正的愛是從一個中心流動到另一個中心，允許每個中心都以獨特的方式自由跳出它們那部分的舞蹈。因為心輪是屬於陰性的脈輪，其中一項挑戰就是讓「放手」取代「行動」或「成就」。唯有如此，我們才能真正看清模式的本來面目。

5.　D. H. Lawrence〈The Stream of Desire〉，出自 John Welwood《Challenge of the Heart》，四八頁。

　　愛並不是依附在某個對象上，而是與自己和諧的一種狀態。在長時間斷食、靜坐、冥想「愛」這個主題之後，肯恩・戴特沃德（Ken Dychtwald）如此描繪愛：

> 「愛似乎領略到我們皆為一杯地球湯裏的一小部分，而地球又是更大的宇宙湯裏的一小部分。因此，愛就是覺知這份美並擁有充滿活力的關係，同時自然而然的欣賞和感謝這樣的情境。愛這檔事似乎並不是去尋找愛……而是去覺知它。這並非如何去創造發明而是如何去發現。」[6]

　　愛是健康的生物之間自然的關係。只需要相信愛一直在我們周遭，時時刻刻存在於萬事萬物中，我們就能在自己內心找到愛。

親和力

　　親和力是用在化學上的名詞，形容兩種物質建立和保持連結的傾向，而親和力的產生，則是因為物質內在原子結構的本質吻合。

　　親和力的結果就是彼此相連。當兩個具有親和力的物質碰在一起時，會彼此相連，形成比較久遠的連結。雙方都擁有另一方所欠缺的，在比較簡化的層次上，這意味著對立的事物相吸以尋求自身的平衡。

　　人際的連結跟化學連結是如此相似，我們往往稱其為「化學作用」。我們或許不一定了解為什麼受到某人吸引，但無論如何感覺就是在那裏，而且常常是不可抗拒的。

　　最常見的狀況是，對方的能量場裏擁有我們想要和需要的東西，如果幸運的話，我們也擁有他們所需要的東西，如此就可以產生連結，而且有利於延續這份親和的感受。因為心輪是代表平衡性的中樞，所以從這裏升起愛再恰當也不過了。愛一開始是很自然的想要把我們的

6.　Ken Dychtwald《*Body-Mind*》，一四九頁。

能量和其他生物的能量融合在一起，而且保持平衡。

這樣的平衡性可以從脈輪的角度來分析。我們都可以感受到以下非語言的自我宣傳：「白人男性，三十二歲，占優勢的是上層脈輪的覺知，傾向於尋找根基穩固的女性；保證能提昇昆達里尼」，或是「黑人女性，極富創造力，尋求能給予溫柔呵護的第二脈輪夥伴」。雖然這些宣傳未形諸文字刊登在報紙上，卻會在派對上散播開來。每當我們遇見一個人時，我們的第六感就會捕捉到這些訊息。

這並不是說我們只會對跟我們相反的人產生親和力。很多時候，發現有人可以分享我們的看法，也會帶給我們親和感——一種獲得認可的平靜感，來自找到了理解自己的人。我們向外投射的能量發現匹配的能量逐漸接近。再說一次，我們的脈輪既開放又封閉，但它們永遠在尋找平衡。平衡不是奠基於二元對立性上面，比較是生物體要尋求提昇，展開下一階段的發展（參見第十一章〈脈輪與關係〉）

無論如何，親和力最重要的面向不是我們對他人的化學吸引力，而是在自我的組成要素之間培養親和力。我們一旦擁有這種內在的親和感，就會發散出慈愛、接納和喜悅的振動，這麼一來就會使得甚至鼓勵別人找到自己內在的親和感。

有太多人的心智不斷跟身體交戰：「你太胖了。」「要更努力，沒有完成這項計畫之前不能休息。」「你餓了是什麼意思？我一小時前才餵過你！」許多人以嚴厲和不退讓的方式掌控他們的身體。

身體同樣會和心智作戰，好像寵壞的孩子不斷要求關注——「餵我」、「我太累了」——因此身體跟孩子一樣，需要的是「不會寵壞」的滋養和支持，以確保滿足基本需求。

自我接納是我們練習無條件的愛的第一次機會。這並不表示我們必須放棄努力變得更好，而是我們不以未來或想像中的改變為條件來愛自己。當我們內心產生無條件的愛時，就會變得更容易接納別人，包括缺點及一切，一種出自心輪的無條件之愛。對自己接納與同情之後，要做什麼個人改變就會容易多了。

親和力也可以看成是一種振動特質。當我們變得「親和」時，我

們感受到的和諧狀態凝聚了我們一切所言或所行，彷彿是同一音階的不同音調奏出和諧共鳴。我們散發愛，是因為我們的內在創造出凝聚的核心，而這個核心又和諧了周遭的情境。

在心臟裏面，每個細胞不斷搏動，如果把心臟解剖了，每個細胞還是會繼續獨自搏動著。把這些細胞跟其他心臟細胞放在一起（例如放在顯微鏡的載玻片上），細胞就會改變它們的節奏共同搏動，進入規律的共振狀態（我們會在〈第五脈輪〉充分討論）。藉由融入心跳節奏，我們也和自己細胞組織的核心節奏以及周遭世界的節奏達成共振。

那麼，一個人要如何創造出這種親和感呢？花一點安靜的時間跟自己對話。你真正需要付出的，只是不時點召自己一下而且。在你讀完這段文字後，花點時間閉上眼睛，同時深呼吸，跟自己的身體打聲招呼。看看你是否得到回應的問好。展開對話。是否有什麼方法可以善待自己？有沒有哪些部位需要關注？哪些部位不必要的居於主導？你對待自己是否跟對待別人一樣好？是時候開個表揚大會宣示你的感謝了嗎？或者你需要的只是靜靜坐著傾聽一段時間？

如果數大就有力量，那也唯有在這些數是團結時。我們擁有許多構成的零件，我們的力量就在於這些零件的團結與和諧，只有這樣我們才能實際有效的施與別人。如果所有零件都調到與核心——也就是心臟——共振，那麼每個零件就會自動彼此協調，進入自然的親和狀態。

療癒

無論是有意識或無意識，所有存在都有能力療癒自己或他人。這種本能是蟲類、鳥類、獸類以及人類與生俱來的天賦。上述所有生物都以不同方的式找到自己的藥物，來療癒自己和彼此。

——國際蘇菲教團創辦人伊那業特 · 可汗

（Sufi Inayat Khan）[7]

　　療癒就是變得完整。如果心輪是負責整合和團結的中樞，那麼理所當然它也是療癒的中心。事實上，愛正是終極的療癒力量。

　　當我們向上來到心輪時，我們會遇到手臂。站直，手臂向兩側伸展出去，身體就形成了十字型，交會的中心點正是心輪（圖 5–4），這如同雙腿連結的是第一脈輪，而手臂是中間脈輪（第三、四、五脈輪）不可或缺的部分。手臂裏面的「陰性」通道，包含了中醫十四條能量通道的其中三條，這些能量通道被稱為「經絡」。手臂上的三條經絡對應於心、肺和心包（包覆心臟的薄膜）（圖 5–5），顯然這幾條經絡都與心輪相關，它們攜帶能量（氣），從中心向下流動到手臂和手掌。

　　能量從「心」向外流動到手的通道，我稱之為「療癒通道」，療癒的能量以此為媒介到達別人身上。手上也有一些次要脈輪。雙手是身／心非常敏銳的延伸，比起身體大多數部位擁有更多的神經感受體。雙手既創造也接收，同時是感覺器官，跟雙眼和雙耳吸進的訊息。在覺知與控制心靈能量方面，手是寶貴的工具，因此必須打開手上的脈輪，參見 35 頁的練習。

　　療癒就是恢復生物體或情境的平衡。我們相信所有的疾病，無論是由細菌、外傷或壓力造成的，都是「不平衡」的結果，而這會造成組織崩解，破壞它原本的共振親和力。

　　打開心輪，培養對周遭人的同情、連結與了解，自然就會產生療癒驅力，領悟到我們都是一體的，因而像菩薩一樣，在眾生受苦時，不可能獨自解脫（菩薩就是已經證道而不成佛，除非眾生可以跟上，菩薩選擇駐世以教導眾生）。我們會跟菩薩一樣，在個人道路上前行時，付出時間來療癒別人，如此也有助於我們平衡靈性與物質世界的需求。

7.　Sufi Inayat Khan《*The Development of Spiritual Healing*》，八九頁。

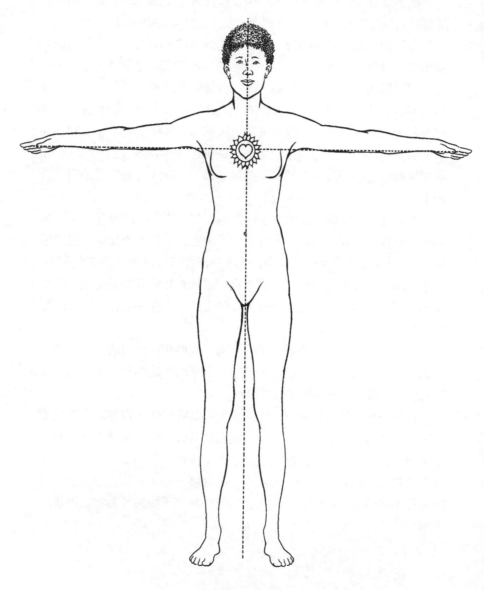

圖 5-4

心輪的十字。

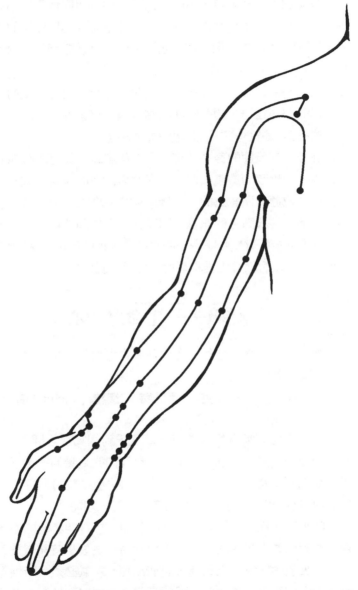

圖 5–5
手臂上的經絡。

幫助別人也是源自於單純的同情心態，而同情正是心輪的核心精神。有了對別人不加判斷的同情，必然會使我們以療癒的態度伸出援手，就像把牆上的圖畫擺正那麼自然，因為我們對事物平衡性的看法，凸顯了所有不平衡的事物。

我們不必是專業的療癒師、醫生或擁有超自然力量的人，才能開放自己的療癒通道。想要幫助老婦人過馬路、安慰哭泣的人或是撫慰疲累的肩膀，是心輪療癒能量的強力表達。

許多人在療癒的努力中忘了平衡的訓誡，你可以說他們是好管閒事的人。要恰當的療癒一個人，必須與自身的能量達或平衡，而這不一定符合療癒者所認為的「正確」概念。真正的療癒者必須讓自己的能量接地去接收對方的訊息，同時允許對方創造自己的平衡感，療癒者在對方的療癒經驗中不過是觸媒罷了。當我們的心輪開放且平衡時，我們的存在就會散發出愛和喜悅，這種愛便是真正的療癒。

呼吸——生命之「心」

如果你的呼吸在任何方面受到拘束，你的生命也會受到相同
程度的拘束。

——麥克 · 葛蘭特 · 懷特（Michael Grant White）[8]

正常人每天吸氣的次數在一萬八千到兩萬次之間[9]，總計平均是五千加崙的空氣，光就重量來說，是我們飲食量的三十五倍。我們可以幾星期不進食、幾天不喝水、幾小時失溫（極冷狀態），但是只能幾分鐘沒有空氣。（我們能持續多久沒有思想呢？）

呼吸跟「風」（空氣）的元素相關，是打開心輪的主要關鍵。風也是在體內傳布最快的元素。不像食物需要幾小時甚至幾天來消化，每一次吸進的空氣會立刻進入血液流動。氧氣必須不斷供應給每個細胞，否則細胞會迅速死亡。因此身體擁有周密而精細的運輸系統，將氧氣分配到全身各處，那就是我們由心臟主控的循環系統，而每一次

呼吸都會滋養和供應身體系統的所需。

　　呼吸的重要性無法單靠上述簡單事實來表達，除了維持基本的生命功能之外，呼吸也是讓自己蛻變的最重要工具之一——幫助我們燒掉毒素，釋放累積的情緒，改變身體結構也改變意識。沒有呼吸，我們就不能講話，因為空氣是我們聲音背後的力量；沒有氧氣，我們就無法代謝食物，腦袋也就無法思考。呼吸是賦予生命、療癒和淨化能量的源頭，我們大大低估了呼吸的重要性。

　　不幸的是，一般人的呼吸並不是非常深長。正常的一對肺葉可以容納約一公升的空氣，然而一般人每次吸氣約半公升或更少。你可以自己確認這項事實：正常吸氣，然後看看你可以再多吸進多少氣。這麼做的同時，注意一下深長的呼吸是什麼感覺。注意胸腔哪些部位覺得緊繃，這些部位又如何壓縮了呼吸，然後給予這些部位溫柔的按摩。透過按摩或者情緒釋放，鬆開胸部和上背部，有助於加深呼吸。

　　大部分的知性活動因為不怎麼需要身體動作，會導致淺短的呼吸，然後漸漸變成習慣。經常恐懼、焦慮、沮喪、抽菸或只是空氣污染，也會導致習慣性的呼吸不足。一旦形成這種習慣，就會造成比較緩慢的新陳代謝，比較低水平的身體能量，而且體內會累積毒素，這一切都會助長自我鞏固的循環。當我們的新陳代謝遲緩時，就會變得懶洋洋，於是更加仰賴便利的方式，例如可以走路時卻開車，攝取興奮劑來提神，或是靠抽菸（適得其反）來刺激胸部[10]，然然上述一切都無助於呼吸。

　　大腦同樣極為仰賴持續不斷的氧氣供應。身體休息時，四分之一的氧氣消耗是供大腦使用的，即使大腦只占身體質量的五十分之一

---

8. 「呼吸教練」麥克 · 葛蘭特 · 懷特是我私人認識呼吸技巧特別傑出的專家。引言取自他的網站：www.breathing.com。

9. Swami Rama, Rudolph Ballentine, M.D., Alan Hymes, M.D. 《*Science of Breath, a Practical Guide*》，五九頁。

10. 我發現抽菸會帶來心輪有能量的假象，往往是因為需要去掩蓋不抽菸就會有的空虛感。當然抽菸不能解決問題，它只不過是讓人能夠去應付那常駐心田的空虛感。

[11]。屏住你的呼吸，看看你能維持意識多久。

呼吸也是體內少數幾項同時是自主和非自主控制的功能。當我們害怕時，呼吸就會不由自主收縮，這是殘留的生存本能，屏住呼吸有助於我們不被危險動物偵測到。同樣的，我們也可以藉助強力深呼吸來戰勝恐懼，藉此舒緩全身的緊張。

透過自主的控制呼吸，自覺的努力增強肺活量，可以逐漸養成深呼吸的習慣。呼吸的確能改變身體的構造，一旦改變了，身體就會渴求增加氧氣供應，這是進化也是導向療癒的作用歷程。

印度教徒相信，呼吸是身心之間的門戶，整套瑜伽系統就是建築在「pranayama」（調息）的呼吸技巧上，這套技巧是設計來拓展意識和淨化身體的。當思緒沉寂時，呼吸也會平靜，於是具有撫慰和療癒效果的震動能量就會流竄全身。透過控制呼吸也可以鎮定心智。呼吸的氣流不斷進進出出身體，這是一直在運行的能量場持續的填滿你的身體，然後再度無形地回到外在世界。

瑜伽呼吸技巧是設計來滋養靈魂與靈性通道的，例如主要的氣脈和針灸的經絡，這些通道經由呼吸而變得飽滿，提昇了整個生物體內的精微振動。瑜伽行者區分了「shula prana」（只在生理層面吸進空氣）和「sukshma prana」（呼吸造成的精微能量運行）。重要的是在呼吸時關注由此產生的比較精微的氣行。我們可以透過觀想或運用體位法，將這股能量導向特定區域或脈輪。

呼吸練習

瑜伽呼吸練習有許多種，而且不盡相同。如果你真的有興趣著力於這項練習，有不少瑜伽相關著作羅列了更多這裏的篇幅容納不下的方法。下述列出一些基本的練習方法：

11.　Isaac Asimov（艾西莫夫）《*The Human Brain: Its Capacities and Functions*》。

深呼吸，或者完整的呼吸

這項練習跟聽起來一樣簡單。以舒適的姿勢坐著，觀照你呼吸的路徑，盡可能吸氣和呼氣。深深吸氣進入你的肚子，然後進入你的胸腔，最後進入你的肩膀和喉嚨。反轉順序吐氣。重複數次。

火呼吸

這是快速的橫膈膜呼吸法，運用腹部肌肉迅速連續彈動，創造出快速短暫的呼吸。比較完整的描述，請參見第四章關於第三脈輪的章節。

鼻孔交替呼吸

這是講究方法緩慢進行的呼吸，著重在鍛鍊中樞神經系統，能帶來更進一步的放鬆和深沉的睡眠。

用右手蓋住右鼻孔，透過左鼻孔深深吸氣，等氣吸飽足了，再蓋住左鼻孔，透過右鼻孔呼氣。氣吐盡之後，再度透過右鼻孔吸氣，氣吸飽後換成左鼻孔呼氣。這個呼吸模式就是吸氣、換用另一邊鼻孔呼氣、吸氣、換用另一邊鼻孔呼氣，如此持續用每一邊鼻孔呼吸二十次以上。這套呼吸練習會帶來意識的深刻轉變。

收束法（bandhas）

「bandha」的意思是封鎖，呼吸技巧中的「收束法」就是屏住呼吸，把氣封鎖在身體的特定部位。基本的收束法有三種：收頷、收腹和提肛（會陰），目的是將氣保留在身體的三個主要區域。

收頷法（jalandhara-bandha）把能量送到頭部，刺激甲狀腺和喉輪。只要充分吸氣，收縮喉嚨，頭朝胸部低下，保持背部挺直。在舒適的狀態下盡可能屏住呼吸，但是不要勉強，因為如果做得不正確，可是會讓你頭暈眼花。

收腹法（uddiyana-bandha）以站姿進行，有助於按摩體內消化器官，同時淨化身體。充分吸氣，然後深深吐氣。當吐完氣時先憋住氣，

盡可能內縮胃部和腹部，注意不要吸氣。盡可能撐得愈久愈好，然後慢慢放鬆腹部肌肉來吸氣。

會陰收束法（mulabandha）能鍛鍊海底輪。練習方法是吸氣後屏住呼吸，同時夾緊會陰和肛門括約肌，這樣會刺激睡著的昆達里尼。

第四脈輪的練習

擴胸

手臂放在背後，雙手交握，抬高手臂讓手肘打直。這樣應該會把你的肩膀向後拉並突出胸部。接者深呼吸，頭向前甩，利用手臂作為動力，上下擺動上半身，鬆開那裏可能有的緊繃肌肉。繼續深呼吸。（圖 5–6）

如果要進一步伸展和打開胸部四周的胸肌，可以拿一條皮帶、毛巾或領帶，用兩手抓著高舉過頭，和手臂形成三角形。手肘打直，手臂抓著皮帶向背後伸展，讓胸部好好擴張。如果無法保持手肘挺直，兩手抓皮帶的位置可以移開一點；如果感覺不到充分的伸展，就把雙手移靠近一點。

眼鏡蛇式

這是非常適合一早醒來先做的瑜伽練習動作，它著力於上胸椎，可以幫助減輕胸部塌陷導致的駝背。

肚子著地平臥，手臂彎曲，手掌向下放在肩膀兩旁。不要利用手臂支撐，慢慢抬起你的頭、肩膀和背部，在舒適狀態下盡可能抬高。接著放鬆，再一次盡所能抬高，之後用手臂把自己再推高一點。不要把手肘完全挺直，而是著力於打開胸部，保持肩膀放鬆下垂，頭抬高。伸展胃部和胸部，深呼吸然後放鬆。隨你喜歡可以重複練習多次。（圖 5–7）

圖 5-6
擴胸

圖 5-7

眼鏡蛇式

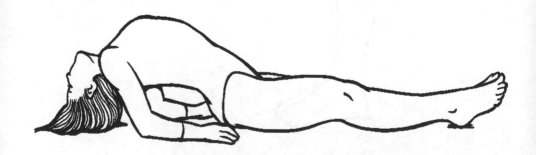

圖 5-8

魚式

魚式

這是另一招瑜伽體位法，是用來拓展胸腔的。先平躺下來，雙腿貼地伸直，雙手手掌朝下放在臀部之下。接著手肘下壓，抬高胸部，脖子向後彎，盡可能讓頭碰地。深呼吸。在舒適狀態下盡量保持這個姿勢，然後放鬆。再次深呼吸。（圖 5-8）

如果這個動作太難，你可以在肩胛骨下方墊個支撐物，讓上半身彎過支撐物，放鬆上脊柱。

風車式

我們小時候都做過這個動作。站立，手臂向兩旁伸展開，來來回回扭動上半身。這個動作可以把身體的能量向下送進手臂和手，同時放鬆胸部和腹部繃緊的肌肉。

手臂轉圈

這個動作會刺激上臂和上背（翅膀）的肌肉。手臂向兩側伸直，以同個方向轉小圈圈，漸漸的圈圈愈轉愈大，接著反方向重複這個動作。你也可以（配合風的元素）假裝是拍動翅膀飛翔一般拍動手臂。這麼做的時候，記得要深深的呼吸。（圖 5-9）

打開手輪

由於心輪的能量往往是透過雙手來表達，因此第 35 頁介紹的練習也適用於心輪。

圖 5-9
手臂轉圈

靜心冥想

劫波樹——如意樹

這項練習必須審慎之處在於小心你所求的，因為你很可能會得到它。

就在心輪之下，有一八瓣的小蓮花「Anandakanda Lotus」，在這朵蓮花之內，是來自因陀羅天庭的「天界如意樹」，稱為「Kalpataru」（劫波樹）。這棵神奇樹前方有一寶石裝飾的祭壇，據說保有內心最深沉的願望——不是我們自以為想要的，而是內在靈魂更深層的渴望。有人相信，如果我們真心向這棵樹許願，釋放出願望，如意樹所賜與的甚至會多過我們的渴求，帶給我們自由（moksa，解脫）。

舒服地躺下來，花幾分鐘讓自己接地，集中心神，放鬆你的肌肉，確定你處在安全和舒適的環境裏。

深呼吸、吸氣、吐氣、吸氣、吐氣、吸氣、吐氣、覺知自己的心跳。傾聽心跳的節奏，想像心臟每一次搏動，通過動脈和靜脈錯綜複雜的網絡，把血液打到全身上下。想像在你心臟之上的通道是一棵樹的樹枝，心臟之下的則是樹根，充滿了生命。循著氧氣的路徑從心臟送出來，流過你的胸部和肩膀，向下到手臂，進入手，然後再返回。再度向下流動到你的肚子、腿、膝蓋和腳，然後向上返回，通過你的身體回家，重歸核心。每一滴通過心臟的血都回來了，經由呼吸、空氣和生命再度更新。

你的心是棵神聖的樹。它的枝椏是生命之網的支線，伸展到全身，然後向外進入世界。樹的主幹就是你——你的核心、你的存在、你的自我。從這個核心向下扎根，那是樹的基礎。樹根的通路找到了食物和水，支持並且賦予我們實體。從這個核心伸出枝椏，長出的葉子就是心的願望。葉子收集太陽和風，讓你成長。枝椏開花和結果，然後掉落地面好再度成長。所有展現過的，終究會回歸源頭。

在這棵樹前面，有一座寶石裝飾的祭壇。提供獻祭——可能是你

願意放棄的,例如壞習慣;或是你願意奉獻的,好比創造力、忠誠或療癒力——給這座祭壇。讓這個獻祭成為象徵,用來交換應允你的願望。

下一步是吸氣到你的心輪,感受它的傷痛和喜悅,感受內在靈魂深層的渴望。不要明確的定義這股渴望,而是去感受它的本質。讓感受增強,吸氣進去,感受這股渴望流竄你全身,向外脈動,回歸,再次向外脈動。讓這股渴望充滿樹的枝椏。

當這棵樹浸淫在你內心最深層的願望時,想像有一隻鳥來到樹上。鳥飛進樹的核心,頭擺向這邊又向那邊,全神貫注的傾聽那表達出來的渴望和願望。與這隻住在你心裏的鳥兒交流一會兒。交流的時候,讓這隻鳥靠近你的內心,讓你的心(不是你的腦)向鳥兒說出願望。願望要出自你的熱切企盼,如果腦海裏出現了明確的意象,那很好,但是不要特意去搜索意象。當你覺得完成交流了,吻別鳥兒,溫柔的讓牠飛走。放牠自由,讓牠去完成牠的工作。讓牠離開,而且要忘掉牠。鳥兒會把你的願望帶到無上力量那裏,因此願望可以在對牽涉其中的所有人都最好的方式下實現。

欣賞與感謝儀式

跟你覺得相親且彼此也親近的一群朋友圍成圈,或是坐在與你深刻連結的愛人或朋友對面。

如果你們是巫術導向的,就建立一個結界,或者花一些時間確保在這段期間和這個空間裏不會受到干擾。花一點時間接地,集中心神,深呼吸,而且放鬆。

環視這個圓圈。凝視每個人的眼睛,一次一人。想想這個人在你生命中的價值,你們共有的經驗,你們經歷過的磨難和喜悅。從他們的觀點思考這些經驗——他們的掙扎、恐懼和喜悅。有需要就多花點時間,然後閉上眼睛,進入內在。

從圓圈的東邊開始,請在那個位置的人坐到圓圈中央。外圍的人一起輕柔的吟唱他的名字三到四次。唱名之後,順時鐘從中間那個人

原來位置的左邊開始，每個人輪流用幾分鐘述說出對他的欣賞與感謝。「我真的很高興那時候你幫我發動車子。」「感謝你傾聽我的態度。」「我喜歡你逗我笑的方式。」不要加進任何評論、批評或建議。只要對方覺得恰當，也可以擁抱或送禮。

輪完一圈訴說欣賞與感謝後，位於中央的人叫出下一個人的名字，然後回到圈圈裏，大家吟唱下一個人的名字。重複整個過程，直到團體的每個人都輪過中間的位置。再次接地，然後吟唱，分享食物和飲料，可能的話放點音樂，當然還有團體擁抱，最後結束活動。

同理心練習

對於在特定議題上出現摩擦的配偶，這往往是個好練習。做這項練習時，想像自己就是跟你不愉快的那個人，從他或她的觀點有始至終的說故事。敘述時要設身處地自問你的敘述是否正確，是否遺漏了任何重要的事。接著變換角色，讓對方從你的觀點來說你的故事。

培養同情心的靜心冥想

你可以獨自一人進行這樣的靜心冥想（靠想像），也可以在團體中進行，或者最好能在擁擠的地方進行，例如公車站、餐廳或公園的長椅上。

選一處舒適的地點坐著，同時放鬆。閉上眼睛，集中心神，然後開始深呼吸。吸氣進入你的肚子，下到你的腳，進入地底下。融入你的心跳，感受心跳的節奏在全身搏動。吸氣到心裏面，感受你的心，無條件的接納自己，讓愛充滿你，然後吐氣。

張開眼睛環顧四周。注視你可以清楚聚焦的每個人，一次一個人。凝視他們的眼睛，傾聽他們的聲音，觀察他們的行動。如果當下你是獨自一人，就想像你認識或經常見面的人。利用呼吸讓一切在你全身循環，不帶判斷、批評、反感或欲望地注視每個人。讓自己聚焦於他們的心，看看身體如何環繞著那顆心形成這樣的體態，想像那顆心的希望和夢想，想像它埋藏的悲傷和恐懼，讓你的內心湧起對那人的同

情。吸氣進去,讓自己好好的感受,但是不要抓住不放。每一次吐氣時再呼出來。

不要言語或動作,想像一道能量從你的心流到他們的心。送給他們愛,然後釋放掉。不要固著於那樣的連結,或者讓自己以任何方式擔負責任。放掉那連結,然後移到另一個人身上。

當你覺得足夠了,閉上你的眼睛,回到自己的內心。以你注視別人的同樣方式感受自己的心,給予自己一樣的同情和愛。吸氣進去,把它送得更深入,然後釋放掉它。

與第四脈輪相關的推薦書目

1　Farhi, Donna. *The Breathing Book: Vitality and Good Health through Essential Breath Work.* NY: Henry Holt, 1996.

2　Hendricks, Gay. *Conscious Breathing:Breathwork for Health, Stress Release, and Personal Mastery.* NY: Bantam, 1995.

3　Hendricks, Gay, Ph.D. and Kathlyn Hendricks, Ph.D. *Conscious Loving: The Journey to Co-commitment.* NY: Bantam, 1990.

4　Stone, Hal, Ph.D. and Sidra Winkelman, Ph.D. *Embracing Each Other: Relationship as Teacher, Healer, and Guide.* Mill Valley, CA: Nataraj Publishing, 1989.

5　Welwood, John. *Challenge of the Heart.* Boston, MA: Shambhala, 1985.

第五脈輪

以太

聲音

振動

溝通

梵咒（真言）

心電感應

創造力

第六章

第五脈輪：音

啟程的靜心冥想

初始之前，一切俱黑，一切俱空。

宇宙之臉深沉未顯，

的確，根本沒有表相，只是無盡的空
無。

沒有光，沒有聲音，沒有動作，沒有生
命，沒有時間。

一切俱無，宇宙尚未創造出來，

甚至尚未孕育。

因為沒有形式來孕育或是被孕育。

在空虛中黑暗撞見自己，
覺知到什麼都沒有。
孤獨而漆黑，尚未誕生，尚未顯形，寂靜無聲。
你能想像這片寂靜嗎？空無的寂靜？
你能讓自己安靜到足以聽見嗎？
你能傾聽自己內在的寂靜嗎？

深呼吸，而且緩慢，因此那呼吸寂靜無聲在你肺中。
感受你的喉嚨隨著空氣進入而擴張。
傾聽那空無，傾聽那安靜，
深入你內在傾聽那靜止之處。
緩緩吸進這團虛空，深沉而平靜的呼吸。
在這無限安靜中，黑暗撞見了自己，
在這空虛中，知曉自己的孤獨，
而孤獨渴求他者。
在此渴求中，一波漣漪行過虛空，
重疊復重疊，
直到不再空蕩蕩，虛空中充滿新生命。

一開始，那未顯形的至高無上
成為振波，辨識出自己的存在。
那振波是個聲音，由此誕生出其他一切的聲音。
波能來自梵天最初的放射，
波能來自妙音天女永恆的回答。
兩者結合，聲音湧現傳遍整個虛空，填滿虛空。
聲音合而為一，聲音分為萬千，聲音成為轉輪
轉啊轉啊轉動世界，跳起生命之舞，
永遠歌唱，不停運行。

如果傾聽，你現在就聽得到。就在你的呼吸中，在你的心裏，
在風中、水中、樹中和空中。
在你自己的腦海裏，在每一個起伏的思緒中。
從一個聲音浮現出一切，又歸於另一個聲音。
這聲音就是
嗡……嗡……嗡……

在你內心默誦這個音，讓聲音在你的呼吸中增強。
讓這個神聖的聲音脫離你，乘著風的翅膀前行。
節奏增強，深沉的振動，揚升自內心深處。
吟誦創造一切的聲音，推動脈輪旋轉的聲音。
現在聲音愈來愈響亮，加入了其他的聲音，繼續吟誦；
現在節奏愈來愈深沉，將一切編織成神聖舞蹈。
節奏猛烈的敲擊，聲音漸揚，回應著生命之舞。
聲音成字句，字句成音樂，乘著生命之輪馳騁，
引領我們走上旅程，將靈性往內在深層推進。
吟誦你內心的聲音。這是我們必須啟程的地方。
起自靜默、呼吸和身體，現在進入空虛。
在黑暗中聽到答案，恐懼和傷痛已被摧毀。
梵天是最初的振動，妙音天女是那流動。
聲音統合了我們的願景，調和我們所知的一切。
不久靜默再度降臨，初音迴盪不絕，
淨化所有的振波，是深奧真理的回音。

第五脈輪
象徵與對應

梵文名字：	*Visuddha*
意義：	淨化
位置：	喉嚨
元素：	音
功能：	溝通、創造力
內在狀態：	將觀念綜合為象徵
外在呈現：	能量振動
腺體：	甲狀腺、副甲狀腺
其他身體部位：	脖子、肩膀、手臂、手
功能失調：	喉嚨痛、脖子僵硬、感冒、甲狀腺問題、聽覺毛病
顏色：	天藍色
感官：	聽覺
種籽音：	Ham
母音：	[i]
輪瓣：	十六瓣，所有的梵文母音
質點：	力量（Geburah）、慈悲（Chesed）
星球：	水星
金屬：	水銀
食物：	水果
對應動詞：	我說
瑜伽路徑：	梵咒（真言）瑜伽
香氣：	乳香、安息香、肉荳蔻
礦物：	綠松石、海藍寶石（藍晶）、天青石
動物：	大象、公牛、獅子
屬性：	（德）變性或悅性
蓮花符號：	倒三角形裏有一代表滿月的白色圓圈。圓內有隻白

象，白象之上是種籽音的符號「ham」。蓮花中的
神祇是濕婆三眼、五面、十手的化身「Sadasiva」（永
遠吉祥之意），座騎是白公牛，身披老虎皮，頭戴
蛇飾圈。女神是濕婆的妃子「Gauri」（明妃），也
有人認為祂是穀神。明妃也是一組女神的通稱，包
括了 Uma、Parvati、Rambha、Totala 和 Tripura。

印度神祇：　　恆河女神（與淨化相關）、妙音天女（Sarasvati，
辯才天女）

其他眾神：　　赫密斯、繆思女神、阿波羅、愛爾蘭智慧女神布麗
姬特（Brigit）、埃及智慧女神塞絲哈特（Seshat）、
亞述文明書寫之神納布（Nabu）

主要運作力量：　共振

通往意識的門戶

聲音……節奏……振動……字詞，這些我們視為理所當然之事，
強力主宰了我們的生活。運用、回應，每一天重新創造，我們是一段
又一段節奏的主題，無止盡地將一絲一縷的經驗交織在一起。從新生
兒最初的啼哭到交響樂的和聲，我們沉浸在溝通的無限網絡裏。

溝通是讓生命運作的連結法則。從活細胞的 DNA 編碼訊息到口
語或書寫文字，從連結身心的神經脈衝到連結五大洲的廣播電波，溝
通是協調所有生命的法則，是意識從一處伸展到另一處的手段。

在身體內，溝通攸關生死。腦波與肌肉組織之間若無電流的溝通，
我們就無法行動；荷爾蒙與細胞間若無化學溝通，就不會有成長，沒
有循環變化的線索，也沒有防禦疾病的免疫力。如果不是 DNA 有能
力溝通基因訊息，生命將不會存在。

我們的文明同樣仰賴溝通作為連結基礎，透過溝通我們協調複雜
的工作，建立起合作文化，就好像身體細胞共同運作形成了一個生物
體。我們的溝通網絡是文化的神經系統，連結了我們全體。

　　第五脈輪是溝通的中樞，我們透過聲音、振動、自我表達和創造力來進行溝通。第五脈輪的主宰意識是控制、創造、傳遞和接收，包括我們的內在和人際之間的溝通。此處是創造力活躍的中樞，能夠將舊觀念綜合成新思維。第五脈輪的屬性包括傾聽、述說、書寫、吟誦、心電感應以及任何跟聲音和語言有關的能力。

　　溝通是透過象徵符號傳遞和接收資訊的過程。無論是口語或文字、音樂形式、預兆或傳送至大腦的電脈衝，第五脈輪都能把這些象徵符號翻譯為資訊。溝通的象徵符號是進入內在各個層面的關鍵所在。藉由象徵符號這個媒介，我們得以用更有效的方式來呈現這個世界。象徵也賦予了大腦無限的貯藏能力——我們能夠在行動之前先討論，以簡潔的形式吸收和儲存資訊，將思想綜合成具體意象，再將意象貯藏為思想—這一切都是透過象徵來重現我們的意識模式。

　　當我們攀升到第五層時，又更遠離了物質一步。溝通是超越物質的第一層次，因為溝通讓我們得以超越身體的一般限制。藉由打電話到紐約，我們毋須親臨現場。打電話只需要幾分鐘，花費又很少，但我們卻像過街一樣，輕易便超越了時間和空間。我們可以用錄音帶錄下聲音，閱讀已逝者的日記，解開古代化石中的 DNA 密碼，這一切都是透過詮釋象徵符號來達成的。

　　如先前所述，下層脈輪是非常個人性的。舉例而言，我們的身體是以皮膚來界定顯然與他人分隔的邊緣。當我們的向上攀爬脈輪柱時，界線就會變得愈來愈模糊，等到抵達第七脈輪的理想也就是純粹意識時，就更不可能在這意識周圍畫出邊界，然後說：「這是我的，那是你的。」資訊和理念如同我們呼吸的氣息，是環繞在我們周圍的隱形場域，我們可以從中汲取自己所需。在這個大場域中沒有任何分隔，每向上一步就減少了界線和分隔，帶我們更靠近「一體性」。我們透過意識互相連結的能力抵達一體境界。

　　溝通是一種連結的行為，是上層脈輪其中的一項統合原則。如果我跟一群人談論「療癒」這個主題，便是以特定觀念在統合他們的意識，即使只是暫時的。因為發生了溝通，所有聽眾離開大廳時都分享了一套資訊，如果我演講好幾次，這套集體分享的意識就會不斷增長。原本分歧的心智在溝通之後，就擁有了共同的資訊。

　　溝通是超越我們平常的限制並拓展自己的方法。透過溝通，我可以取得在你腦袋裏而我所沒有的資訊。舉個例子，你或許從來沒去過中國，然而透過書籍、電影、圖片和對話的溝通，仍然可以知曉一些中國的風土人情和景色。溝通既能團結，也能拓展，讓我們的世界愈來愈大。這樣的拓展即反映了意識向上流動的模式。

　　往下面的脈輪走的方向，乃是朝向限制和具體顯化。我們讓思想形成模式，透過「命名」過程，使得這些思想模式變得明確。命名劃定出界線，說明這是「此」而不是「彼」，讓意識得以聚焦。命名一樣事物就是去澄清它，設定它的界線，使其明確，為我們的思想帶來結構和意義。

　　溝通形塑了我們的現實，同時創造出未來。如果我跟你說：「給我一杯水。」我就為自己創造了手上拿一杯水的未來；如果我說：「請讓我靜一靜。」我則是在創造沒有你的未來。從總統演說和公司董事會議，到武術對打或孩子的床邊故事，溝通時時刻刻在創造這個世界。

　　溝通顯然可以導引意識，朝脈輪光譜的兩端前進。溝通可以看成是介於抽象觀念與觀念的顯化之間，居中斡旋的象徵系統。溝通把我們的思想明確規範成受控制的物質振頻，這些振波又可以在物質界具體顯化。有了字詞，意識就有了工具，透過這個工具，意識可以整頓或組織周遭的宇宙，包括自身！因此，第五脈輪在身心之間的通道上占了樞紐位置。但喉輪不像心輪居於平衡的中心位置，它反映了「火」的蛻變特質，成為在不同層面轉換的媒介。

　　我們在這一章會從理論到實際來探索溝通。我們會檢視主宰能量振動、聲音、咒語、語言、心電感應、創造力以及媒體的法則，也就是第五脈輪蓮花花瓣的象徵意義。

男神：Sadasiva   女神：Gauri（永恆）

圖 6–1

喉輪

（出處《*Kundalini Yoga for the West*》）

喉輪——淨化者

哦，女神！妙音天女！

請常駐我話語中，

請常駐我舌尖。

哦，聖母，無瑕詩歌的授與者。

——上師希瓦南達 · 茹阿達（Swami Sivananda Radha）[1]

溝通的脈輪一般稱為「喉輪」，位於脖子和肩膀這一帶。喉輪的顏色是明亮的天藍色，相對於第六脈輪的靛藍色。喉輪的蓮花有十六瓣，包含了梵文所有母音在內。在梵文裏，母音向來被認為代表著靈性，而子音則代表比較堅硬的物質。

這朵蓮花被稱為「Visuddha」，意思是「淨化」，這說明了這個能量中樞的兩個意涵：第一，要成功的進入同時打開第五脈輪，身體必須達到某種程度的淨化。比較精微的上層脈輪需要更強的敏感度，而身體的淨化讓我們得以通向這些精微次元；第二，聲音是萬物皆蘊含的振波和力量，擁有淨化的本質。聲音能夠也的確影響了物質的細胞結構，聲音亦有能力調和我們內在與周遭的不和諧頻率。這些法則我們之後會更詳細的檢視。

在這個脈輪裏面，我們再度見到長有許多象牙的白象「愛羅婆多」。祂位於倒三角形之內的圓圈裏，象徵言說的具體顯化。神祇是濕婆的化身「Sadasiva」，也稱為「Pancanana」（五面濕婆）。女神是「Gauri」（明妃或天母），這個稱號的意思是「公正者」、「黃色」或「聰慧者」。明妃也是一組女神的統稱，包括了 Uma 和 Parvati（皆為雪山女神）、Rambha、Totala 與 Tripura[2]。這個脈輪的神祇都以五個面孔現身（圖 6–1）。

1.　Swami Sivananda Radha《*Kundalini Yoga for the West*》，二三一頁。

2.　Margaret and James Stutley《*Harper's Dictionary of Hinduism*》，九六頁。

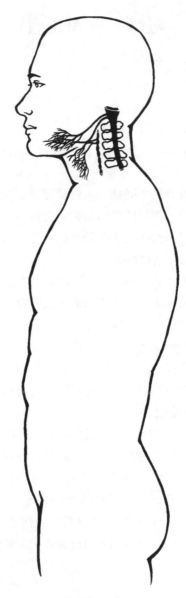

圖 6–2

第五脈輪

與第五脈輪連結的元素是「以太」，梵文為「Akasha」（阿卡夏，意為「空」），也有人說是「精神」。在第五脈輪裏，我們精進了自己的意識，足以覺知到振動的精微場域（氣場），這個精微場域就是以太界。以太界是精微物質（氣）的振動場域，它既是我們思想、情緒和身體狀態的因，也是果。

很少人能否認，尤其參照了現代超心理學的研究之後，正常的現實法則無法解釋的現象的確存在於某種次元，而且可能透過這個次元相當規律的在發生。千里眼、心電感應的溝通及千里耳這些例子，不過是超自然能力引發的現象中的某些形式罷了。「柯利安攝影」技術可以透過視覺，記錄下環繞著活體生物的隱形氣場，顯現出這個氣場如何透露健康或生病的狀態。李察 · 葛柏醫師（Richard Gerber, M.D.）在他開創性的著作《振波醫學》（*Vibrational Medicine*）一書中，描述了為什麼「在現實中，以太體的組織法則維護和支撐了肉體的成長」[3]。疾病會首先在以太體顯現出來，之後才呈現在身體組織上。同樣的，針對精微體（靈妙體）治療的技術，例如針灸、順勢療法和靈療，也會帶來療癒效果。

元素「以太」呈現的是振波世界，那是活體生物散發出來的能量振動，被我們體驗為「靈氣」、聲音，或是腦海中隱約捕捉到的精微次元，我們比較穩固的現實界就包藏在這個次元裏。

大多數形上學系統都假設宇宙有四個元素（土、水、火、風），但如果某個系統包含了五個元素，通常加進去的都是以太或精神，有些系統則稱其為「空」，是土、風、火和水之外的非物質元素。在這些系統中，四元素描繪了物質世界，而靈性則是留給無法解釋的非物質領域。

根據傳統的說法，第五脈輪是七個脈輪中最後一個有元素相連的脈輪，因此精神領域是由上層三個脈輪共享。根據我對脈輪系統的詮

---

3. Richard Gerber《*Vibrational Medicine*》（振動醫學），三〇二頁。

釋，我把「音」當成和這個脈輪連結的元素，因為聲音粗略的再現了看不見的波能場域，而且跟氣振動的方式大同小異。如同亞瑟 · 阿法隆在《靈蛇力量》中的陳述：「聲音……正是透過以太的存在為人知曉。」[4] 接下來我也把「光」和「思」分別指派給第六和第七脈輪，因為它們是更精微的振動現象。

精微的波能世界

萬物……皆是原子的集合，原子起舞，藉由它們的活動製造出聲音。當舞蹈的節奏改變時，它製造出來的聲音也隨之改變……每個原子永遠唱著自己的歌，而那聲音時時刻刻創造出密集而精微的形式。

——弗里喬夫 · 卡普拉（Fritjof Capra）[5]

以太等同於包含且統合一切的精微能量場，遍佈全宇宙。任何波能，無論是聲波或舞動的粒子，都會接觸到其他的波能，而所有能量的振動也的確會互相影響。進入第五脈輪就是把我們的意識調準周遭的能量場。

讓我們以大家都熟悉的事物為例——汽車。我們知道車子是由擁有許多零件的引擎來發動的，有固體形式的活塞和氣閥、液化氣和汽油、點火的火星塞，以及壓縮的空氣（前四種元素）。在時間上巧妙配合的複雜運作，讓所有零件形成精準關係一起工作，不過當我們打開引擎蓋時卻只看得到振動，因為我們看不見內部馬達的小零件，只

4. 阿法隆針對「bhutas」（元素）的討論，《The Serpent Power》（靈蛇力量）七一頁。他進一步引用《哈達瑜伽經》（Hatha-yoga-pradipika）：「在聲音的形式中無論聽到什麼都是夏克蒂……只要有以太的概念，就會聽見聲音。」（第四篇一〇一、一〇二節），引用自《靈蛇力量》，九九頁。
5. 《The Tao of Physics》（NY: Bantam Books，一九七五），二二九頁。

能從宏觀的視野來觀察。發動了的引擎發出轟轟的聲音，看起來像是振動的金屬物。從引擎的聲音可以判斷車子是否運轉良好，如果聲音異於熟知的正常聲音，就是在告訴我們有什麼地方出問題了。

我們可以用同樣的方式體驗到一個人或環境的整體能量振動，即使不清楚精確的細節，仍可辨別是否有什麼地方不對勁。總和的能量振動包括了內在所有層次的振動。我們在第五脈輪精進了自己的意識，開始覺知到精微的振動訊息。而以太場就是某種藍圖，可以呈現出我們組織、器官、情緒、行為、經驗、記憶和思想的振動模式。

即使是最堅實的物質面向，也是不停歇的高速振動。事實上，唯有透過這種不間斷的運動，我們才能觀察到物質固態場的虛空狀態。原子的運動拘束在非常小的空間裏，變得比較像能量振動或振盪，以大約一千兆赫茲（赫茲是每秒週期振動的次數）的速率振動著[6]，即使在我們最基礎的單位裏，一切物質、能量和意識也都在振動。

能量振動是一種節奏的顯現。狄昂 · 福瓊在《宇宙教義》（*The Cosmic Doctrine*）中描述能量振動是「一次元的節奏對另一次元內涵的衝擊」[7]。隨著我們向上攀爬脈輪柱，據說每一層次的振動會比下一層來得更快且更有效率。光是比聲音更快速的能量振動，就大約快了四十倍頻程（octave，八度音），而思想又是比光更精微的能量振動。我們的意識在實質的身體裏振動，能量影響了運行，運行又影響了物質。

在十九世紀初期，一位名叫恩斯特 · 克拉德尼（Ernst Chladni）的科學家做了一些實驗，示範振波如何影響物質。克拉德尼把沙粒放在固定的鋼板上，然後以塗了松香的小提琴弓摩擦鋼板邊緣。他發現在鋼板上「演奏」的振波，竟然讓沙粒「舞動」成宛如曼陀羅的美麗圖案。隨著能量震動頻率的改變，圖案也會不同（圖 6–3）。如果音

6.　Itzhak Bentov（艾札克 · 班多夫）《*Stalking the Wild Pendulum*》，六八頁。

7.　Dion Fortune（狄昂 · 福瓊）《*The Cosmic Doctrine*》（宇宙教義），五七頁。

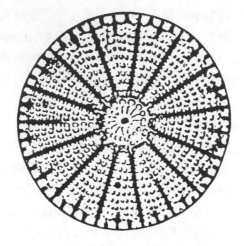

蛛網藻屬細菌（放大六百倍）

以特定頻率振動沙盤形成的克拉德尼圖案

圖 6–3

調來自簡單的頻率，放在音箱上的沙板就會產生類似的圖案。

這個清楚明確的例子顯示了聲音影響物質的方式，它衝擊了另一個層面的內涵，而且這些音調創造出來的並非隨機偶然的圖案，而是如曼陀羅般的設計，環繞著一個中心點的幾何排列模式，就好像脈輪圖案一樣。我們不禁要問，聲音在微小的細胞和原子結構或是看不見的以太場上，又會造成什麼效果。

後續實驗顯示，聲波投射到不同的媒介上，例如水、粉末、糊狀物或油裏面，產生的圖案與自然界存在的形式驚人的相似，例如螺旋式轉動的銀河、胚胎的細胞分裂，或人類眼睛的虹膜和瞳孔。關於這種現象的研究稱為「音波振動學」（Cymatics），主要是由瑞士科學家漢斯 · 傑寧（Hans Jenny）發展出來的[8]。

印度教徒相信，創造者梵天發出振波，穿越過各種層次的密度，成為「聽得見的聲音」（Vaikhari），那是最根本的放射作用，物質便是由此創造出來的。事實上，印度教的經典記載著：「OM（嗡或唵），整個世界就是這個聲音！……因此，梵天即是全體。」[9]儘管印度教與基督教在眾多面向上大不相同，我們卻無法否認這段話多麼類似聖經〈約翰一書〉的陳述：「太初有初音，初音與上帝同在，初音就是上帝。」[10]兩者都描述了神散發出來的聲音如何創造了具象世界。

所有的能量振動都有獨特的節奏，那是一種通過時間重複而規律的運行模式，而空間也是這麼形成的。這些節奏分明的模式，乃是我們根深柢固的意識功能，季節的轉換、白天與黑夜的交替、月亮的盈虧、女人的月經週期、呼吸的律動，以及不停止的心跳都是其中的例

---

8. 這種現象的視覺饗宴，請參看影片《Cymatics: The Healing Nature of Sound》，MACROmedia 發行，P.O. Box 279, Epping, NH, 03042.

9. Patrick Olivelle《*The Early Upanishads: Annotated Text and Translation*》譯自《蒙查羯奧義書》（*Mandukya Upanishad*，亦稱唵聲奧義書）NY: Oxford University Press，一九九八，四七五頁。

10. 聖經〈約翰一書〉，詹姆士國王欽定版。

子。沒有生物能逃脫這些節奏,而節奏就像改變一樣,是一切生命和意識的根本面向。

當第五脈輪發揮作用時,我們就會覺知到事情的能量振動次元。我們感應到的是語調而不是說出的話語。與粗糙的行為對照之下,比較「抽象」的層面對意識的影響要精微得多,然而兩者的影響力同樣深遠,可惜多數人並沒有覺知到自己在這個層面的活動和反應。

即使是我們的意識,無論是透過哪個感官,其作用都是去覺知節奏,聽見聲波和看見光波只是其中兩種。神經纖維將資訊餵給大腦的機制,就是透過能量的振動。從誕生時母親子宮的最初收縮,到臨死前最後的喘氣,我們一直是和著節奏舞動的生物,跳著拉姆 · 達斯所稱的「唯一的舞蹈」。

喬治 · 李歐納德(George Leonard)在他精采的著作《沉默的脈動》(The Silent Pulse)中,定義節奏是「在時間的矩陣中閃動著固定模式的頻率」[10],這說明了節奏的主要角色乃是整合系統的各個部分。我們宛如交響樂團,而整個系統的不同面向就是弦樂器、銅管樂器、木管樂器和敲擊樂器,唯有透過節奏的連結力量,我們才能創造出音樂。節奏便是整個系統的心跳!

許多人的生命缺少的就是這種共振節奏,亦即將我們的存在核心和宇宙心跳連結在一起的整合性,其結果則是無法跟這個世界以及自己和諧共處,並且缺乏協調性、凝聚力和優雅。

進一步來說,節奏如同脈輪的作用,傾向於自我鞏固。以平和、集中的心態展開每一天的人,會發現自己與外界的互動比較平和、集中。每天早上在尖峰時間開車上班,從事的工作壓力大且步調快的人,經常會捲入不同形式的能量振動裏。這麼混亂的節奏會深深的影響一個人的細胞,而且必然會影響他的思想、行動和情緒。工作一整天後,在尖峰時間的交通狀況下開車回家,此人無可避免會在他或她的家庭

11. George Leonard《*The Silent Pulse*》(沉默的脈動),一〇頁。

生活、飲食模式以及與別人的互動中，呈現出那個節奏。通常配偶和孩子是這些節奏砲擊的對象，無論是否有意識，他們都會受到刺激或是被激怒，而在相同的振波層次上起反應，讓事態更加惡化。如果心跳是我們內在節奏的指揮，那麼難怪許多執行長都苦於心臟衰竭！

　　透過心智和身體內部進行的持續節奏，我們每個人都在互相影響，也和周遭一切互相影響。我們不太注意這些效應，是因為這個層次很精微，很難去點明或描述，但我們還是會受到深刻的影響。很少人能夠有意識的調和這些能量振動，但是有許多簡便的技巧和原則，可以幫助任何人做到這點。運用這些技巧和原則會大大幫助我們發展自己的意識，同時提昇周遭每個人的幸福感。

共振

　　無論我們有什麼不完美之處，每個人的內心都存在著完美節奏的沉默脈動，那是複雜的波動形式和共振，絕對是個人性的和獨特的，同時也把我們和宇宙萬物連結在一起。接觸到這個振波能夠轉化我們的經驗，並且多少能改變周遭世界。

　　　　　　　　　　　　　　　　——喬治・李歐納德 [12]

　　所有的聲音都可以描述為波的形式，以特定頻率振動著。「節奏同步化」也稱為「同感振動」或簡稱「共振」，指的是兩個頻率相似的波動形式彼此「鎖定相位」，意思是兩道波以完全相同的速率一起擺盪，所形成的波動乃是原始的兩道波的結合，雖然有相同的頻率，但是振幅加大了（圖 6–4）。「振幅」是波從波峰到波谷的距離。聲波的振幅加大意謂著能量和音量增強了，如同擴聲的音樂一樣。換句話說，波的形式處於共振狀態下，力量和深度都會增強。

---

12. 同上，xii 頁。

　　走一趟販賣古董鐘的店家就能明白這個道理。假設我們走進店裏，發現沒有一座鐘上了發條，但店主人保證這些鐘都還能走，於是他繞了一圈幫每個鐘上發條，讓鐘擺開始擺動。起初這些鐘擺一秒一秒滴滴答答的擺動著，彼此並不協調，有可能錯開了半秒或四分之一秒，隨著時間的流逝，我們會注意到滴答聲愈來愈少，不久所有的鐘擺開始節奏一致的來回擺動，因為它們的節奏已經同步化。

　　擺盪中的兩個振波如果頻率足夠接近，最終一定會同步。舉個例子，合唱團會撐住最後一個音符，直到他們的聲音達到共振為止。如果你的耳朵受過訓練，就可以聽出這些振波在空氣中細微的鼓動著，音符雖然切斷了，乾淨而清晰的共鳴依舊在整個大廳回響。這是因為聲波已經互相鎖定相位，創造出令人感到愉悅的共振。

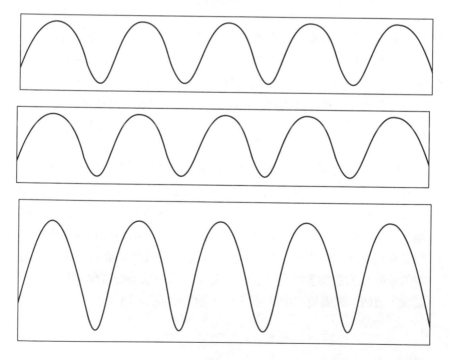

圖 6-4

　　節奏同步化的原則，也適用於一道波催動另一道波，使其從靜止的源頭開始振動。舉個例子，如果我們想把兩隻小提琴調到一致的音階，那麼只要在附近拉 D 弦，就可以讓你的小提琴的振波設定在 D 弦，這就是音叉遙控電視機的原理——當我們按鈕時，就會在幾呎外的電視機裏發出遠距離催動的音調。

　　相似的波會彼此鎖定相位，創造出和諧共鳴，而頻率不同的波則是各吹各的調。舉例，笛子的純音是同調性的正弦波，因此能融入其他笛聲，而公車的噪音則混雜了許多不協調的聲波。

　　住在同一屋子的人，彼此的精微能量振動會逐漸同步。人們老早就知道，女人們共同生活得夠久，便可能同時來月經；結婚很久的配偶往往面貌相似，而且說話時展現出相似的節奏；在文化上，我們則逐漸與鄰居、朋友及同儕節奏一致。我們的視覺、心理和生理（例如排行榜、社會壓力、空氣污染），甚至內在的深層潛意識，都受到了影響。

　　超覺靜坐協會（the Transcendental Meditation Scoiety，簡稱「TM」較為人所知）有一套根據這項原則的靜坐哲學，他們相信透過咒語（真言）冥想產生的腦波，能夠正面的影響非靜坐者的世界。有愈多的靜坐者，就愈可能發生節奏同步的現象。他們甚至在美國的亞特蘭大測試過這套假設——靜坐者協議在每天晚上的某個時間一起冥想，結果顯示那段期間的犯罪事件顯著減少 [13]。

　　所有的言說都有節奏，這表示透過一些蠱惑的暗示，人們的對話也會受其制約，如同波士頓大學醫學院（Boston University School of Medicine）威廉 ・ 康頓博士（Dr. William S. Condon）的著作的論證。

　　為了更精確的了解對話的精微面向，康頓博士拍攝了大量對話的案例，然後以非常慢的速度（1/48 秒）分析影片。透過將簡單的字詞分解成聲音的基本單位（例如「聲音」這個詞變成是「ㄕ－ㄥ－－－

13. Arthur Aron，他這篇論文可以透過「Center for Scientific Research」（Maharishi International University, Fairfield, Iowa）取得。

ㄅ」），每個音都持續幾分之一秒，結果他發現聽者與說者的身體動作在對話進行時，總是剛剛好與聲音同步。這些動作可能是挑眉、歪頭或是動動手指。隨著每一組新的聲音的出現，會出現一組新的動作。最驚人的是，聽者的動作會跟說者同步，而不是延遲反應。康頓博士如是評論：

> 「我們觀察到聽者的動作與說者的言語分毫不差的呼應，顯然這是某種形式的同步化，因為即使是 1/48 秒都沒有可以辨識的時差……而且顯然是人際溝通舉世皆然的特徵，或許這也說明了一般動物行為的主要特色。因此，溝通就像是舞蹈，每個人都投入複雜而共通的動作中，並且擴及到許多層面，然而奇怪的是，這些人全都忘了他們在共舞。即使是完全不相識的陌生人，也會展現出這種共時性……」[14]

他進一步描述為何訊息內容似乎只有在同步狀態產生後，才會浮現出來，而在這個同步點之前，卻往往是誤解。六〇年代期間，喬治·李歐納德與黑人精神醫師普萊斯·卡柏（Dr. Price Cobbs）共同主持週末跨種族交流團體工作坊，其中的白人和黑人參與者的節奏，呈現了顯著的差異。這些參與者都被鼓勵去傾吐他們的怨恨、恐懼和憤怒，但這場溝通馬拉松一開始總是令人氣餒和難受，不過在某個時間點他們發現節奏開始沸騰，漸漸達到熾烈的高潮；每個人都在說話、喊叫、跺腳。他們的描述如下：

> 「這堂課將近結束時，有些吼叫和詛咒開始變成笑聲，接著奇怪的事發生了：整個團體突然停住，然後又開始、再停住，接著又開始，而且變得比較安靜，全部以完美的節奏進行著。之後，團體再回來上課時，便呈現出溫柔自在的嶄新氛圍，彷彿同理的鐘擺正共同擺盪，

---

14. William S. Condon〈Multiple Response to Sound in Dysfunctional Children〉，刊載於《Journal of Autism and Schizophrenia》5:1（一九七五），四三頁。
15. George Leonard（喬治·李歐納德）《The Silent Pulse》（沉默的脈動），二三頁。

心臟的細胞宛如一體的跳動著。」[15]

　　一直要到團體進入共振時，溝通才開始真正發生。或許溝通確實是合拍的舞蹈，而不是我們通常以為的「刺激 ── 回應」現象，因為我們見識到當溝通真正發生時，聽者並非回應說者，而是與說者共振。

　　康頓博士進一步根據這種聽覺節奏同步化的原則進行研究，檢視情緒困擾和自閉兒童的行為。在聽與說之間，這些兒童顯現出慢半拍的反應，而且像是在回應自己原始的聲音。他們的一些細瑣動作讓他們跟周遭世界不和諧，於是疏離和困惑便成為他們狀態的特徵。李歐納德分析這份資料後的結論是：「我們應付世界的能力，就產生於是否能跟它同步了。」[16]

　　這是了解第五脈輪非常重要的概念。如果我們無法與周遭的振動頻率同步，就體驗不到自己跟世界的連結。如果無法同步，我們就不可能溝通，沒有溝通，我們會孤立、隔離，切斷了攸關健康的滋養能量。如同印度教徒所相信的，聲音創造了一切物質，溝通創造並且維繫了生命，無論是口語、化學、心智或電子層面的溝通。沒有溝通，我們會死亡，精神與身體皆然。

　　我們往往認為口語交流構成能量溝通最重要的面向，或許這種概念只不過是「偉大的馬雅」再度現身，矇蔽了自然界的根本實相，或許溝通其實是節奏的交換。但語言只是溝通的冰山一角，而我們卻借重語言來表明冰山究竟是什麼，還有冰山在哪裏。

　　如果單純的能量振動就可以把物質轉成凝聚而和諧的圖案，那麼共鳴的振動必定會加深這樣的效應。當我們與某樣事物真誠共振時，那樣事物就會深刻的影響我們。覺知到同感振動的原則，就可以在周遭環境的進化上扮演自己的角色。我們個人的振波可能在靜止的源頭激發出新的思想或振波，進而喚醒別人的意識。我們可以貢獻「好的」

---

16. 同上，一八頁。

音箱上的橡膠板

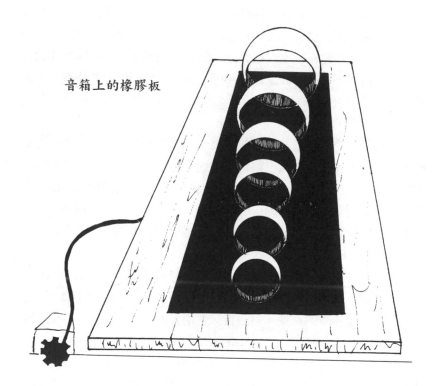

圖 6-5

共振環

振波或「壞的」振波，也就是與周遭世界調和的共振，或是不搭調、不和諧的振動。

各個脈輪也展現出不同的振動模式，從第一脈輪固體物質比較緩慢、稠密的振動，到純粹意識最高等和最快速的振動。一個人如果有活躍的脈輪振動，那麼透過它的振波，就能激發別人開啟不活躍的脈輪。

舊金山有個充滿了各種科學展示的「探索館」（Exploratorium），透過讓觀眾參與來教育他們。那裏有個展示是由湯姆 · 湯普金（Tom Tompkin）設計的「共振環」（Resonant Rings），用來示範波的同感振動，可以說是脈輪如何在體內振動的優美範例[17]。

把數個金屬圓環固定在音箱上的橡膠板上，每個環大小不同，從5~15公分不等（圖6–5）。觀察者可以轉動旋鈕來調整頻率，讓聲音從音箱中放送出來，以特定頻率振動橡膠板。

你可以調整旋鈕發出不同的音高，來控制金屬環的振波。頻率低的時候，只有大圓環會以緩慢的起伏振動著，發出低沉的聲音；頻率高時，只有較小圓環會振動，發出悅耳的高音；介於中間的頻率振動的，則是中等大小的圓環。

我們的身體就是振動脈輪的「板子」。生活中概括的振動模式，亦即我們的行動、思想、情緒、飲食模式和環境，都讓我們的脈輪振動起來。改變生活中的節奏，就可以激活不同的脈輪。緩慢的頻率讓第一脈輪開啟，較高的頻率會刺激第三脈輪。除此之外必須謹記，我們處理的是比較精微的振動，讓肉體動得比較快並不能打開高層脈輪，但是靜心冥想（靜坐）卻可以讓大腦進行「較高」的能量振動。一旦擺脫時間和空間的限制，我們的能量振動就比較不會受到阻礙。在能量振動的層次上，可以把開悟想成是無所不在的波動形式，頻率和振幅則是無限的。

---

17. Tom Tompkin，美國加州舊金山藝術宮（Palace of Fine Arts）的「探索館」（Exploratorium），一九八六。

梵咒（真言）

所有存在的本質是土，土的本質是水，水的本質是植物，植
物的本質是人，人的本質是言語，言語的本質是神聖知識（吠
陀），吠陀的本質則是原音，原因是「嗡姆」。

—— 《歌者奧義書》（*Chandogya Upanishad*）

克拉德尼板與節奏同步化的原則告訴我們，聲波能夠而且確實影
響著物質，因此聲波會影響意識也就不足為奇了。

在冥想與吟頌中運用稱為「咒語」的神聖聲音，其背後的基本觀
念就在於此。「mantra」這個梵文字源自「man」，意思是「心」，「tra」
的意思是「保護」或「工具」。因此，咒語是保護我們的心不會陷入
無謂的思想與行動的工具，它是用來聚焦的策略，令心可以專一而平
靜。咒語的振動好比有人搖你的肩膀，將你從睡夢中喚醒一樣[18]。咒
語是設計來喚醒心智的，使其能脫離慣常的無明沉睡狀態。

正如某個特定的振波會在克拉德尼板上的沙中創造出曼陀羅，吟
誦單純的咒語，例如「嗡」，也可以讓我們漫無章法的思想和情緒，
轉變成凝聚而優雅的模式。你不需要從知性上了解咒語的意義或象徵
系統，照樣會受到聲音的影響，因為聲音的節奏會作用於潛意識層面，
滲入我們的內在節奏。事實上，咒語的神奇力量使得我們不用去思考
它的意義，因為此時我們已經超越了意識心的片斷面向，覺知到根本
的完整性。

不過，如果意義配合上特定的聲音，作為我們每天對自己複誦的
肯定句，例如「我是愛」，重複的節奏將有助於將意義注入我們的意
識中。

每天早上大聲念個幾分鐘，有效力的咒語就能一整天在我們心裏

---

18. Arthur Avalon（亞瑟・阿法隆）《*The Serpent Power*》（靈蛇力量），九七頁。

無聲地回響，帶來能量振動、意象和意義的銘印效應。隨著每一次的回響，那句咒語就會對身心結構施展它的神奇力量，創造出更大的秩序與和諧，行動也可能因而呈現新的節奏，配合著咒語言起舞。如果選擇的是快速誦唸咒語，則可以用來產生力量，克服沒有活力的慣性狀態；如果使用的是緩慢平和的誦唸，則會帶來一整天的放鬆和平靜。

脈輪的種籽音

印度教的形上學宣稱，宇宙萬物是由聲音組成的。萬事萬物裏面都有個象徵，代表組成這個事物的能量模式，這個象徵就是我們所熟知的種籽音或種籽咒，梵文為「bija」。這些咒是設計來讓吟誦的人與內蘊這些種籽音的物體進入共振狀態。懂得種籽真言就可以掌控事物的本質，然後就能創造、破壞或改變事物。哈茲拉特 · 伊那業特 · 可汗曾說：「知曉聲音祕密的人，也知曉了整個宇宙的奧祕。」[19]

每個脈輪各自有連結的種籽音，據說裏裏面包含了那個脈輪的本質，也就是祕密。每個脈輪都有自己連結的元素，一般相信種籽音可以掌握這個元素的特性。每個脈輪的種籽音或種籽咒如下：

第一脈輪	土，Muladhara	LAM
第二脈輪	水，Swadhisthana	VAM
第三脈輪	火，Manipura	RAM
第四脈輪	風 ，Anahata	YAM（或 SAM）
第五脈輪	以太，Visuddha	HAM
第六脈輪	Ajna（光）	OM
第七脈輪	Sahasrara（思）	（沒有）

每一個聲音裏面的「M」，據說代表宇宙母性和物質的面向，「A」

---

19. Hazrat Inayat Khan《*The Sufi Message*,Vol. 2》（London: Barrie and Rockcliff, 2nd ed，一九七二）

則是代表父親和非物質,「L」(lam,土)是沉重的閉口音,而「H」
(ham,以太)是輕聲的氣音或以太音,「R」(ram,火)則充滿能
量,是火的聲音。除了這些種籽音,每個脈輪也有特定數目的輪瓣,
以梵文的字母命名。一般而言,子音用來反映這個世界堅硬物質的面
向,而母音代表靈性或以太的面向,因此第五脈輪承載的是母音,只
有母音出現在它的輪瓣上。據說這些字母是操控在迦梨女神(時母,
Kali)之手,祂的名字的意義是「時間」。時母是印度教女神破壞的
那一面,祂透過移除輪瓣上的字母,剝奪了聲音或初音來摧毀這個世
界 [20]。因為初音乃是萬物的本質,沒有了初音,萬物就不存在了。

但我們並非不和諧的能量振動的無助犧牲者,我們還是可以送出
自己的振波。說出咒語,就是掌控自己節奏的方式之一,也能引導身
心在根本的以太層面去發展。

下面列出一些普遍使用的咒語和它們的效用。相較於可能存在的
眾多有效咒語,我所列舉的實在微不足道。咒語的重要性就在於它的
節奏和整體振動,它是一種內在體驗,嘗試時不妨去覺知哪些咒語對
你產生了效用。無論如何,我們需要一些時間才能充分發揮咒語的效
力,因此請持續一星期或一個月,以完整評估其真實益處。

OM 或 AUM(嗡或唵):偉大的初音。宇宙就是從這個原音創造出來的,
這是所有聲音聚合在一起的總音。對基督徒而言,「AMEN」(阿門)
類似「AUM」。

OM AH HUM(嗡阿吽):擁有偉大力量的三個音節,使用在下述的
目的:儀式或靜坐開始之前用來淨化氛圍,或者把物質的獻祭轉化成
靈性的對應物。

OM MANI PADME HUM(嗡嘛呢叭咪吽):「蓮花寶石駐於內心。」

---

20. Arthur Avalon(亞瑟 · 阿法隆)《*The Serpent Power*》(靈蛇力量),一〇〇頁。

「MANI PADME」代表蓮花中的寶石，亦即佛教教義核心的本質智慧，也就是神聖本質，而「HUM」代表在個人有限存在之內的無限實相。「HUM」統合了個體和宇宙。

GATE GATE PARAGATE PARASAM GATE BODHI SWAHA（揭諦，揭諦，波羅揭諦，波羅僧揭諦，菩提，薩婆訶）：般若波羅密多心經咒。

I AM THAT I AM（我就是我）：英文版本，也是設計來統合個體及宇宙的。

OM NAMA SHIVAYA：「奉濕婆之名。」許多呼喚神祇之名，這是其一。任何男神或女神的名號都可以用來創造咒語。

ISIS, ASTARTE, DIANA, HECATE, DEMETER, KALI － INANNA（伊西絲、阿絲塔特、黛安娜、赫卡特、狄米特、迦梨－伊南娜）：是受歡迎的吟誦方式，也是一連串異教女神的名字（橫槓表示稍微停頓一下），出自查理·墨非（Charlie Murphy）的唱片〈燃燒的時代〉（The Burning Times）。後續可以加上男神的名字：NEPTUNE, OSIRIS, MERLIN, MANANON, HELIOS, SHIVA–HORNED ONE（奈普頓、歐西里斯、梅林、馬納能、希利歐斯、濕婆－角神）。

THE EARTH, THE WATER, THE FIRE, AND THE AIR － RETURN, RETURN, RETURN, RETURN（土、水、火、風－回歸、回歸、回歸、回歸）：如上述女神真言，這也是一種儀式吟誦方式，用來答謝四元素。

　　全世界不同的文化和宗教創造了成千上萬種吟誦和咒語，有些音調和節奏相似，有些則大異其趣。咒語最深刻的價值就在於我們投入的深度了，也在於冥想、工作和思考時，有多常使用這些聲音。如果許多人共同使用一句咒語，那麼這個聲音就會在精微界共振，變得更為有力。每一次使用咒語，我們都能跟它的振波更同步。

　　儘管大部分的咒語已經使用了數百年，創造出了特定的效用，你還是可以編造自己的。以持咒的形式自我肯定，會產生更有力的效果，因為在任何語言中，字詞都是物體內在結構的一種形式。因此，自我肯定「我將會強壯」蘊含了我們想追尋的特定力量。如果將其改變或動幾個字，往往能創造出更大的力量。我們必須審慎選擇咒語，以創造出想要的效果。在大多數神祕教派裏，咒語長久以來一直是祕密傳承。咒語的力量相當精微，不敏感或未受啟蒙的人甚至對他不知不覺，它的力量只能透過經驗來感受。運用咒語只需要傻瓜都會的簡單技巧──複誦，而咒語的益處是任何真誠的追尋者都能感受到的。咒語乃是基礎，奧祕的本本的關鍵，能夠讓每個人展現自己內在的和諧性。

母音和脈輪

　　上面所的列每個脈輪種籽音只有子音不同，因此每個種籽音接下去的母音都是相同的，除了第六脈輪之外。我發現讓脈輪共振更有效的方法，就是運用不同母音。儘管研究結果顯示不同系統之間仍有差異，下面所列的乃是不同系統最通用的唸法。自己吟誦這些聲音是最佳的驗證辦法，你可以去體驗哪個脈輪會跟哪個聲音一起振動。放手去實驗吧！你的脈輪起共振的音調或許有些微差異。

　　無聲的默唸咒語或是把這些聲音運用在冥想裏，效力即便不會增加，至少是同等的。選擇你最想著力的脈輪，運用相應的母音來幫助你喚起這些脈輪的能量。

海底輪：	O[o]
性輪：	U[u]
臍輪：	A[a]
心輪：	E[e]
喉輪：	I[i]
眉心輪：	mm
頂輪：	nng[ng]，只是靜默。

心電感應

> 掌握它的關鍵永遠是靜默，所有層面的靜默，因為在靜默中
> 我們可以辨識出能量的振動，而能夠辨識就有能力領會。
> ——曉蓮大師（奧羅賓多大師，Sri Aurobindo）[21]

　　心電感應是穿越時空的溝通技巧，毋須使用到「正常」的五種感官。雖然只有極少數人熟習這種形式的溝通，但我們都會在潛意識層面加以回應。如果擁有發展良好的第五脈輪，這種型態的溝通是可及的。

　　學會鍛練自己的脈輪，安定心智同時默觀冥思，意識結構就會變得愈來愈平穩。我們的振動愈穩定，覺知就愈直接，在這種狀態下，要覺知能量場裏更精微的振動漣漪就容易多了。當生活中比較粗糙的振動不再形成干擾時，心電感應層面比較安靜的溝通就會變得明顯。

　　讓我們放大現象來類比心電感應的溝通。如果身處喧嘩的派對中，每個人都在同時說話，音樂放得很大聲，而且大家都在跳舞，那麼你就必須大幅提高音量才能進行任何對話。如果基於某種原因同伴開始悄聲說話，你甚至根本就聽不到。為了聽到她的悄悄話，你必須身處安靜的房間，在那裏沒有什麼干擾模式妨礙你們溝通。

　　心電感應可以界定為「聽到別人心裏悄悄話的技巧」。要做到這點，內在必須安靜。我們大多數人腦海裏經常開著派對，總是在跟自己對話，或是腦袋裏放著錄音帶，再加上周遭一貫的喧囂，於是就鈍化了第五脈輪的接收能力。我們習慣了使用科技裝置來傳送訊息，超越了聲音的限制，反而令我們不習慣接聽以太界的精微騷動，但這些騷動卻可以讓我們的溝通穿越時間和空間。

---

21. 出自 Satprem《*Sri Aurobindo, or the Adventure of Consciousness*》的引文，七一頁。

　　再說我們為什麼要這樣做呢？具體、實質的溝通不是更精準明確，比較不會迷失或出錯嗎？如果你傳送心電感應的訊息，如何能肯定對方接收到或是接收得正確？

　　意識並不是語言作用的產物。為了溝通，我們必須將意識轉譯成象徵結構，而為了要接收到訊息，又必須把象徵符號再轉譯回意識。儘管這看起來似乎是同時發生的，我們還是將意識從比較純粹的形式降級了。正如每位語言學家所知道的，溝通的精髓往往在轉譯中遭到扭曲。

　　從這個角度來看，心電感應的溝通可能比口語溝通來得更精準和即時，因為口語往往有可能包含了謊言和省略。

　　很少人有真的精通心電感應式的溝通，從來沒有這方面經驗的人可能更少。譬如兩個人同時想說同一件事，結果發現忙線是因為你的朋友正在打電話給你；或者心有所感家人的情況危急，這些都是可能出現心電感應的例子。

　　如果我們接受以太界是粗鈍界和精微界連結的場域，那麼透過可以覺知到的變動，溝通就在那裏發生了。心電感應的溝通不過是比較精微的變動，唯有當較粗略的振動沉寂時方能覺知。當兩方或更多的心智節奏同步時，就可能產生心電感應，於是一方節奏模式的振動導致了另一方相似的振動。同步的節奏加大了振波的幅度，振幅大的波更有力量，也比較有機會被接收到。

　　不管如何解釋，心電感應溝通的例子都顯示出飄浮在以太界的念相連結，讓我們可以在非物質界交換資訊。它們隨著思想愈來愈密實，開始顯像呈現，於一個人的心智活動被辨識出來，然後是第二人的，接著思想更加密實，直到成真為止。古老諺語「心想事成」變成了可以採信的事實。

　　無論我們是發動者還是接收者，毫無疑問的確存在著某種媒介，透過這個媒介，我們可以進入心智的能量振動匯聚的領域。藉由鍛鍊我們的脈輪，關注環繞並創造出我們的能量世界，便可以找到入口，進入這個統合的意識層面。當我們逐漸接近上層脈輪時，也愈來愈接

近合為一體的宇宙意識，而超越了讓我們分隔的時空物質局限。我們不需要去創造整體意識，只需要讓自己的心安靜下來聆聽，因為它早就存在於那裏。我們已經是其中一分子，甚至可以選擇讓自己意識到它。

創造力

溝通就是創造的過程，我們愈精通這項藝術，過程就會變得更有創意。小孩子最初學說話時，只會模仿父母的話語。然而很快便了解特定的話語帶來的特定結果，於是便開始實驗。隨著詞彙的增加，孩子擁有了愈來愈多的元素可以揮灑創造力，他開始運用字詞、聲音、動作及姿勢來創造他的實相，這也是他終生要努力的事情。

雖然很多人把創造力跟第二脈輪連結（因為那是我們創造寶寶的地方），但我相信創造力根本上是一種表達形式，應該與第五脈輪相關。在子宮裏創造生命並非意識的作用力，我們無法決定要長出手指或腳趾，眼睛是藍色或棕色。儘管第二脈輪的情緒狀態可能會激發創作衝動，但仍然需要意志（第三脈輪）[22] 和抽象意識（上層脈輪）才能創造。

藝術永遠存在於文化正要轉變的邊緣。不管是視覺、聽覺、身體動作、戲劇甚至是文學，藝術恰恰是因為它們不被收編、不順服的特性，才得以深入未來浩瀚的未知領域，其展現理念和概念的方式會直接影響意識，而且是在全腦的層次上。

媒體分析大師馬歇爾 ・ 麥克魯漢（Marshall McLuhan）之言：

---

22. 有些人，例如艾德加 ・ 凱西（Edgar Cayce）和凱洛琳 ・ 梅斯（Caroline Myss），把意志放在第五脈輪。我相信意志更早出現，否則我們根本抵達不了第五脈輪。再者，這會讓溝通完全排除於脈輪系統之外。我們可以在這個脈輪表達自己的意志，然而內在力量和意志最初是靜默的。

「我很好奇,如果藝術突然以它真實的樣貌被看見,會發生
什麼事。也就是,藝術提供了確切資訊,讓我們懂得如何重
組個人心靈,繼而說從自身展開的才華來預告下一個風……
藝術家永遠投身於撰寫未來的詳細歷史,因為他是唯一覺知
當下本質的人。」[23]

藝術形式普遍比其他形式的溝通來得抽象。藝術留下想像空間,
邀請意識中最具創新能力的部分來參與。或許說得少,我們就可以聽
得多。當我們接近意識比較抽象的那一面時,轉向自己比較抽象的溝
通手段來擁抱這些介面,孰曰不宜。

創造的過程就是內在的發現過程。創作藝術品時,我們敞開自己
朝向宇宙的奧祕,變成靈性資訊的管道,學習比人類話語更通用的語
言。

創造力發揮的過程非常精緻。制式的生活無法助長藝術,反而會
受到藝術的威脅。創造力釋放出我們的內在力量,正如語言「從不確
定的煉獄中釋放出未知,讓整個大腦得以知曉」一樣[24]。

目前已經誕生了運用創作力的新療法。利用視覺藝術、心理劇、
身體動作、舞蹈,以及音樂的鎮定效果,我們可以進入身心更深層且
更健康的領域,同時釋放出讓我們的完整性四分五裂的內在挫折。

二十一世紀的生存與健康將會需要創新與彈性,創造力乃是解放
這些特質的關鍵。我們必須尊重自己與彼此的創造力,尊重讓創造力
得以發揮的媒介,保護自己避開那些威脅要封閉這股基本生命力量的
現象。我們的未來就取決於創造力。

---

23. Marshall McLuhan(馬歇爾・麥克魯漢)《*Understanding Media*》(中譯本《認識
媒體》,貓頭鷹,二〇〇六),七〇–七一頁。
24. Marilyn Ferguson(瑪麗琳・弗格森)《*The Aquarian Conspiracy*》(中譯本《寶瓶
同謀》,方智,一九九三),八〇頁。

媒體

電視、廣播、報紙及其他公共溝通形式可以視為第五脈輪的文化表達，作用是連結我們所有人的神經系統。如果溝通是傳遞知識和理解，那麼無論好壞，我們集體意識的龐大內容都深受媒體及掌控媒體之人的影響。不論是被迫閱聽政客的私生活、觀看電視上數不清的謀殺案，或是耳聞關於環境的誠實數據，媒體都在引導公眾的注意力到原型主題上面，這是因為他們斷定這類主題是公共意識所關注的。媒體引導我們的注意力，而注意力往哪裏去，其他的能量通常也會隨之而去。如果媒體覺得暴力比起性愛更適合我們的孩子觀賞，他們就為我們全體設定了文化價值。

媒體也是我們用來促進文化蛻變最強硬的手段。媒體是強力的反饋系統，讓我們見識到自己的真實模樣，目睹自己的美麗和無知。是越戰新聞中的照片讓人們接觸到越戰暴行的，在戰爭依舊持續時，他們催生了反戰示威。媒體讓我們知道地球生態的現況、其他地區人民的處境，同時幫助全球的大腦連線。

媒體也讓我們看到特立獨行的種種方式。電影可以拍出虛擬現實，逼真到讓我們的想像力充滿各種嶄新的可能性。媒體能夠表現創造力，在集體無意識的深處進行溝通；媒體也是文化蛻變的前哨，將隱藏的創新者帶到聚光燈下，讓大眾聽到他們的聲音。

要求掌控媒體的人要正直是很重要的事。如果媒體是文化的神經系統，對於我們如何活出集體現實最具影響力，那麼我們勢必得避免媒體受到沒大腦的垃圾、齷齪的八卦、宣傳和謊言的汙染，否則我們就有集體受操控的危險，而且令媒體人比選出來的多數代表正享有實更大的權力。如果第五脈輪的梵文「Vissudha」指的是淨化，那麼我們集體的第五脈輪就必須跟啟蒙全人類的真理共振，以獲得淨化。

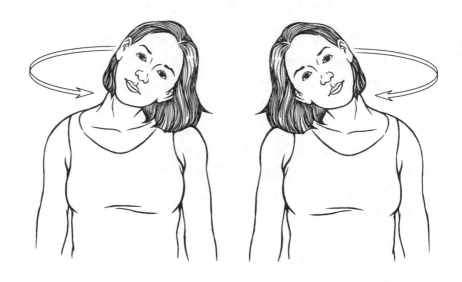

圖 6–6
轉動頸部

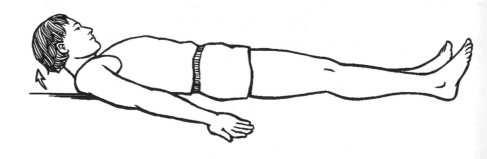

圖 6–7
抬頭

第五脈輪的練習

比手畫腳

花一個小時跟某人在一起卻完全不講話，而是用行動來溝通。選擇有挑戰性的內容，並注意你使用了哪些方法來溝通，例如身體的姿勢、手勢、拉拉扯扯、眼睛示意等；注意快要結束時，溝通突然變得容易起來；通時也要注意哪些時刻溝通特別困難。這項練習可以確實幫助兩人或更多的人溝通。

禁語

傾聽是溝通常常被忽略的核心要素。瑜伽行者往往會長時間禁語，淨化自己發出聲音的能量振動，讓自己比較能接聽到精微的聲音。藉著迴避話語的溝通，我們可以開啟其他的溝通管道，也就是高層意識的溝通。一開始可以禁語幾小時，然後嘗試一整天或更久。

錄音

在平常的對話中錄下自己的聲音。看看自己花多少時間在講話、多少時間在聆聽，是否會插嘴，或是說話時有沒有吞吞吐吐。注意你的語調。如果你不認識對方，那麼光聽聲音，你對他的直覺是什麼？

轉動頸部

頸部是上半身最細的部位。多數時間頸部的作用都是在過濾身心之間豐沛的能流，而這會造成頸部非常容易緊繃和僵硬。想要著力於第五脈輪，放鬆頸部是關鍵的第一步。

抬起頭，不要縮在肩膀上，然後轉動你的頭，伸展頸部。有任何一點緊繃或不舒服就停下來，用手指按摩這個地方。停在緊繃的位置，直到比較放鬆為止，然後繼續轉圈。順時鐘和反時鐘方向都要轉一轉。（圖 6–6）

抬頭

這會刺激甲狀腺，有助於強健頸部。

平躺下來，放鬆。肩膀貼地慢慢抬起頭，看著自己的腳趾（圖6–7）。維持這個姿勢，直到感覺能量流進你的頸部為止。

肩立式

做這一式時要減輕頸部的負擔，先拿條毯子或毛巾摺疊成約五～八公分厚，當你平躺時，頭要貼地，讓上胸椎枕在毯子上。

平躺下來，手臂置於身體兩旁，放輕鬆。膝蓋彎曲，把腿朝向胸部抬高，背部成圓弧形。

臀部抬起時，手肘打彎，因此手掌根可以扶住腰部。

慢慢把雙腿朝上打直，用手臂作為支撐。在舒服的狀態下，盡可能維持這個姿式。（圖6–8）

犁式

如果肩立式成功了，你或許想試試犁式。

回到肩立式。放下雙腿越過頭，雙腳觸地，請盡可能將膝蓋打直（圖6–9）。

如果身體比較沒有彈性，可以拿張椅子放在頭後方，大腿放在椅子上。

魚式

這一式往往接在肩立式或犁式後面進行，因為能帶給頸部和背部互補的伸展，也能幫忙打開胸腔，同時刺激甲狀腺。

背貼地平躺。雙手放在髖部，用雙肘挺起上半身，胸部向著天花板抬高，頸部向後彎，頭觸地（圖6–10）。

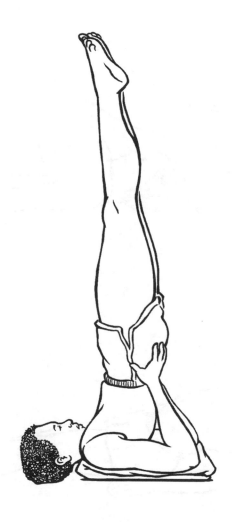

圖 6-8
肩立式

圖 6-9
犁式

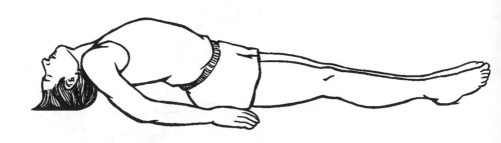

圖 6-10
魚式

關於第五脈輪的推薦書目

1、Kay Gardner《*Sounding the Inner Landscape: Music as Medicine*》Stonington, ME: Caduceus Publications, 1990.

2、Joy Gardner-Gordon《*The Healing Voice*》Freedom, CA: The Crossing Press, 1993.

3、Richard Gerber M.D.《*Vibrational Medicine*》Santa Fe, NM: Bear & Co., 1988.

4、Peter Michael Hamel《*Through Music to the Self* 》Boulder, CO: Shambhala, 1979.

5、George Leonard《*The Silent Pulse*》NY: E.P. Dutton, 1978.

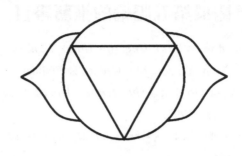

第六脈輪

光

顏色

看見

直覺

觀想

想像

靈視

視野

第七章

第六脈輪：光

啟程的靜心冥想

　　一片黑暗。眼睛閉上，我們躺著，彷彿睡著了，沒有夢，無視於周遭一切。漂浮在空無之海，我們在黑暗的搖籃裏：不觀看，不知覺，完全平靜。我們緩緩呼吸，吸進然後呼出，吸進然後呼出，伸展然後放鬆我們的身體，沉入內在溫暖而平靜的黑暗。我們到家了。我們是安全的。我們深深沉入自己的內在，感受、聆聽、存在，但尚未觀看。

　　成為這片黑暗，全知，卻又無知無覺，空無而自由。讓黑暗洗滌你、撫慰你，你清空自己的心進入無限虛空，黑暗的子宮，我們的夢誕生之處。

　　在黑暗的某處，我們聽到聲響，遙遠的一個音符、一個聲音，拖曳的騷動。我們感受到臉龐一陣微風拂過，感受到肩膀的溫暖，感受到要升起、流動和追隨的拉力，然而我們不知道要往何處去。我們的身體看不見也不敢動。身體在黑暗中靜止。

　　身體呼喚我們給與方向、智慧和引導。身體呼喚智能、呼喚記憶、呼喚澄清的模式、呼喚光。

　　害怕離開我們的無知所籠罩的黑暗和安全，我們聽著身體的呼喚。

　　我們聽著身體的呼喚，我們自己的心也渴求答案，於是向外追尋。我們渴望去探查、去求知，當下見證周遭的神奇。讓我們的心充滿認知、充滿求知的步驟、充滿光明能帶來的安全和平靜。

　　我們打開自己的心。我們睜開眼睛。我們四處張望。

　　意象不斷湧現，如千變萬化的萬花筒圖案，向內翻覆，圖案蓋過圖案，永無止盡的交織在一起。

　　顏色、形狀和形式反映了周遭空間，反射回來進入我們內在，以我們的心智能夠清楚看見的模式記錄生命。

　　心打開接收一切。

　　然而太多了，光也會令人目盲。

　　我們呼喚黑暗來庇蔭我們，調和一下，將模式凝結成意義。

　　黑暗溫柔前來，陰影和光明手牽手，

　　界定、遮蔽、糾結、安排。

　　現在光來得比較溫和，彩虹的顏色，療癒、撫慰、啟發，隨興而來。積極的黃色、療癒的綠色、撫慰的藍色、強力的紫色。所有的生命都光輝燦爛。成形的形狀和本質流洩出來，讓我們可以看到和知曉。

　　我們希望看到什麼？我們召喚出什麼樣的內在視野？光帶了什麼？

千陽之美，孤月之美，

我們履踐的生命模式，我們覺知的一切真理。

現在輕輕柔柔乘著光的翅膀，我們的花瓣飄蕩在黑夜之中，

飛向遠方世界，事件紛至沓來，白日早已消逝。

全像的母體結構逃離了時間設定的疆界。

心智模式所能包容的一切真理都保留下來，

紅和黃、綠和藍，交錯成各種色調。

形狀和形式，洞見洩漏，沒有什麼能夠保持隱匿。

內在視野向外拓展，看見真理，排除疑慮。

我們敞開內心，觀察並且等待，而智慧的視野編織我們的命運。

光照亮了道路，我們的內在之光將黑夜轉成白日。

儘管黑暗必將復返，我們已經沒有恐懼，因為我們學會了

黑暗與光明結合的方式，讓模式界定清楚

黑暗到光明，黑夜到白日。

就在我們內心，我們照亮了道路。

第六脈輪
象徵與對應

梵文名字：   *Ajna*

   意義：   覺知、指揮

   位置：   額頭中央，略高於眼睛

   元素：   光

   本質：   形式、意象

   功能：   看見、直覺

   腺體：   松果體

其他身體部位：   眼睛

   功能失調：   眼盲、頭痛、做噩夢、眼睛疲勞、視線模糊

顏色：	靛藍色
種籽音：	Om
母音：	mmmm（非真正的母音）
輪瓣：	兩瓣
質點：	理解（Binah）、智慧（Chokmah）
星球：	木星、海王星
金屬：	銀
食物：	引起幻覺的物質
對應動詞：	我看見
瑜伽路徑：	幻輪瑜伽
香氣：	艾草、八角、金合歡（acacia）、番紅花
礦物：	青金石（琉璃）、石英、星光藍寶石
動物：	貓頭鷹
屬性：	悅性（喜德）
蓮花符號：	兩片白色花瓣環繞一個圓，圓圈裏面是金色的倒三角形，包含了林伽和種籽音「om」。神祇是夏克蒂的化身哈基尼（Hakini），有六個紅色的頭和六隻手，坐在白蓮花之上；在祂之上有枚弦月及「明點」（bindu）的顯像。濕婆現形為閃電
印度神祇：	夏克蒂的化身哈基尼、帕拉馬希瓦（Paramasiva，濕婆化身）、黑天
其他眾神：	正義女神忒彌斯（Themis）、夜之女神赫卡特（Hecate）、多羅菩薩（Tara，度母）、古埃及生命與醫療女神伊西絲（Isis）、彩虹女神艾莉絲（Iris）、夢神墨菲斯（Morpheus）、居爾特太陽神貝拉諾斯（Belenos）、太陽神阿波羅

有翅膀的覺知者

想像力比知識更重要。

——愛因斯坦

　　從歲月之始，黑暗與光明就交織在一起，帶給我們意識最偉大的禮物之一——觀看的能力。無論是多少光年之外一閃一閃的星星，還是自家後院綻放的花朵，這份視覺大禮讓我們能目睹造化之美，見證宇宙的神奇。觀看讓我們能同時吸收四周環境的大量資訊。形狀與形式萃取成光波，繪製出周遭世界的內在地圖。在我們的夢裏，從無意識中湧出意象，使我們與靈魂連結在一起，而靠著直覺，我們經歷了各種情境，普遍的蒐集智慧，以便在困難的時刻引領我們。

　　這份既可向內也可向外觀看的禮物，正是第六脈輪的特質和功能。透過觀看，我們既有方法內化外在世界，也擁有象徵語言來對外呈現內在的世界。藉由對空間關係的認知，我們建立了礎石來建構過往的記憶和未來的想像。因此，這個脈輪超越了時間。

　　這個脈輪經常被稱為「眉心輪」，位於額頭後方頭部中心處，可能跟眼睛等高或者稍微高一點，每個人不同，它連結的是「第三眼」。第三眼懸浮在我們的肉眼之間，是負責心靈覺知的以太體器官，如同肉眼是大腦的認知工具一樣，第三眼可以看成是心靈的洞視器官。此脈輪本身包括了內在螢幕，還有龐大的意象儲藏庫。我們的視覺思考過程是由意象構成的，而第三眼超越物質世界，帶給我們額外的內在洞見，就像判讀書面資料字裏行間的言外之意一樣，它能帶給我們更深刻的領會。

　　這個脈輪的梵文名稱是「ajna」，原始意義是「覺知」，也有「指揮」之意。這說明了此脈輪的雙重特質——透過覺知汲取意象，同時形成內在意象來指揮我們的現實運作，也就是我們一般所知的創造性觀想。如果我們心裏維持一個意象，便可以提高它實現的可能性。這個意象彷彿一面彩色玻璃，透過它，意識之光一路閃耀，直到具象顯

女神：Hakini（哈基尼，夏克蒂化身）

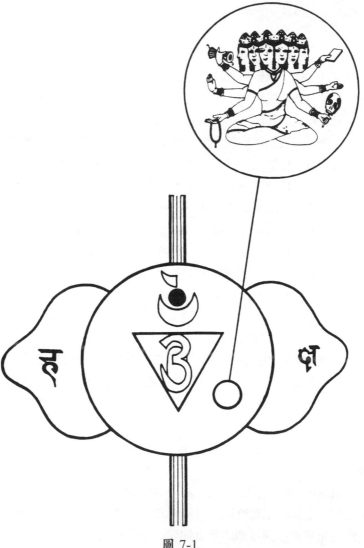

圖 7-1
眉心輪
（出處《*Kundalini Yoga for the West*》）

化。如果沒有干擾，呈現出來的樣貌就是我們所觀想的，如同沒有家具擋在中間時，彩色玻璃投射出來的影像。觀想的事物不一定總是能具體顯化，其中一項原因是意識下降到顯化的過程中會遇到干擾，這個干擾可能來自其他人的處境、無意識的恐懼，或者只是我們的觀想不夠澄澈。

　　儘管在向上攀爬中脈時輪瓣數目一直穩定增加，但是到了眉心輪，卻突然變成只有兩片輪瓣（圖 7–1）[1]。關於兩片輪瓣的意義，有許多可能的詮釋：一是實相的兩個世界，也就是顯化與未顯化的；二是交纏的氣脈，左脈與右脈在此交會；三是環繞第三眼的一雙肉眼。輪瓣也類似翅膀，象徵這個脈輪超越時空的能力，可以讓內在靈性「飛」到遙遠的時空。有趣的是，如果你把眾神使者赫密斯的蛇杖比擬成脈輪和氣脈，翅膀就是出現於第六脈輪所在的位置。另外一種詮釋則是，環繞著一個圓圈的兩片輪瓣類似眼白，因為眼白環繞著虹膜。

　　對應於這個脈輪的元素是光。藉由感官對光的詮釋，我們取得了周遭世界的資訊。我們能看到多少，全取決於這個脈輪開放或發展到什麼程度，也包括我們的視力有多精準。視力和靈視能力可以達到的範圍，亦即從對物質世界觀察極為敏銳的人，發展到擁有透視眼天賦的人。後者能夠看見靈氣、脈輪、星光體細節，也能預視（「看見」未來事件），以及遙視（看見別處發生的事）。

　　不像下方的五個脈輪是位於身軀上，眉心輪位於頭部，因此比起之前的脈輪，眉心輪的特質較偏向精神方面。我們的視覺認知必須先轉譯成其他形式，例如語言、行動或情緒，才能具體分享。當我們變得比較精神取向時，便可拋下時空的限制，進入超個人層面。

　　每個脈輪都有對應的腺體，而第六脈輪連結的是松果體。松果體是毬果形狀的小腺體（10 × 6 公釐），位於頭部的幾何中心位置，接近眼睛的高度（圖 7–2）。這個腺體很可能曾經位於較靠近頭頂的地

---

1. 李德彼特（Leadbeater）主張眉心輪有九十六瓣，是所有下層輪瓣總數的兩倍：2×（4 +6+10+12+16）= 96。C. W. Leadbeater《The Chakras》，一四頁。

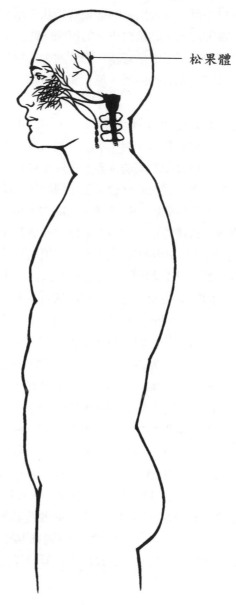

松果體

圖 7-2

第六脈輪

方。有些爬蟲類的松果體仍然在靠近頭頂的位置，形成了某種感光的知覺器官，類似另一隻眼睛[2]。

松果體有時稱為「靈魂的寶座」，作用是身體的測光表，將光的振動轉譯成荷爾蒙訊息，透過自律神經系統傳遞給身體。人體超過一百種功能呈現出日週期的循環，就是受到光照的影響[3]。松果體的發展在七歲時達到高峰，而且向來被認為會影響性腺的成熟[4]。從胚胎學來看，松果體源自第三眼，而第三眼在胚胎初期就開始發育，之後再逐漸退化[5]。松果體也有鎮定神經系統的效果，摘除它會使得動物容易癲癇發作。

褪黑激素乃是跟色素細胞相關的荷爾蒙，由松果體所分泌。有一種說法是，即便眼睛只是暴露在些微的光線下，也會激發褪黑激素的產生[6]。褪黑激素如今受到廣泛的研究，證實它可以幫助睡眠，據信也能強化免疫系統、降低壓力同時延緩老化[7]。隨著年紀增長，褪黑激素的分泌會減少，研究人員也發現，在憂鬱狀態下褪黑激素的濃度偏低，反之，在狂躁狀態下，褪黑激素的濃度就會高於正常值[8]。

因為松果體的位置剛好在腦下垂體之上，有些人主張松果體與第七脈輪相關，而腦下垂體連結的是第六脈輪。我個人強烈的認為，既然腦下垂體是控制其他腺體的主宰腺體，那麼它連結的應該是主宰的頂輪，而且由於松果體是感光器官，所以顯然它連結的是第六脈輪。

我們的文化在第六脈輪層次上的不成熟，是否與松果體的萎縮相關？是否這個腺體擁有的神祕功能尚處於休眠狀態，等待某種靈性或

---

2. 《*Encyclopedia Americana*》（大美百科全書）「松果體」條目。

3. Jacob Lieberman（賈可伯 · 李柏曼）《*Light, Medicine of the Future*》（Santa Fe, NM: Bear & Co.，一九九一 .）三二頁。

4. 同上。松果體可避免性徵太早成熟。

5. Arthur C. Guyton《*Textbook of Medical Physiology*》，八八四頁。

6. Jacob Lieberman《*Light, Medicine of the Future*》（Santa Fe, NM: Bear & Co.，一九九一）三二頁。

7. Alan E. Lewis and Dallas Clouatre, Ph.D.《*Melatonin and Biological Clock*》，七－八頁。

8. 同上，一六頁。

文化的甦醒?研究顯示,光確實影響了動植物的健康和行為[9]。有沒有可能松果體在光與身體化學作用之間的環節,扮演了某種祕密角色?

到目前為止,還沒有足夠證據可以說明這點。褪黑激素有助於睡眠,讓夢增多,顯示與內在視野(心像)有些關聯。褪黑激素的化學成分類似於會誘發異象的原住民植物,它能夠循環合成 10- 甲氧基哈梅藍(10-methoxyharmalan)的化合物,這種化學物質有可能導致幻覺。有些精神藥物例如 LSD(迷幻藥),也會增加褪黑激素的合成[10]。或許在進化的人類身上,松果體的確擁有某些能激發內在視野的化學物。目前褪黑激素已經廣泛用來幫助睡眠,觀察它長久下來對松果體或心靈敏銳度產生什麼影響,必定是很有趣的事。

光

你的眼睛若瞭亮,全身就光明。

——〈馬太福音〉6:22

在第五脈輪的意識層次上,我們體驗到能量的振動是物質最根本的形式;在第六脈輪裏,我們則遇見了比聲音更高更快的振動,這兩者的性質是不同的。在這個階段裏,我們擁抱了覺知電磁光譜中不可見光的能力。電磁光譜中有許多波能是肉眼看不見的——紫外線的輻射、無線電波、X 光和微波等。光是意識直接覺知所呈現的形式。聲音的傳達必須透過空氣分子的波動,而光則是更精微的能量振動,是原子和分子系統進行能量轉換時輻射出來的產物。在實際的意義上,光就是原子和分子的「表現」,聲音則是較大的結構的「表現」[11]。

可見光是由稱為「光子」(photon)的波包(wave packet)所組成。

9. John N. Ott《*Health and Light*》
10. Alan E. Lewis and Dallas Clouatre, Ph.D.《*Melatonin and Biological Clock*》,二三頁。
11. Stephanie Sonnleitner, Ph.D.,私人談話。

根據觀察的方式，光子會呈現出像波或粒子一樣的狀態。因為光像波一樣，所以我們討論過的關於聲波的一些原則，也同樣適用於光，例如波形可以趨於一致。不同頻率的振動帶給我們不同的顏色，正如不同頻率的聲音帶來不同的音階。光也像粒子，我們可以把它想成是獨立的小包或光子，裏面包含了看得見的資訊。

截至目前為止，我們討論過的所有元素之中，以光的行進速度最快。每小時可能達到兩百哩以上的強風，甚至每小時七二〇哩的聲音，都被每秒十八萬六千哩的光遠遠拋在後頭。光速是我們已知物質現象中速度最快的[12]。再一次，隨著嶄新層次的進展，我們跨出了時空的物質限制，而光的極速扭曲讓我們甚至超越了時間感。的確，如果一個人以光速旅行，時間就會停止。在第六脈輪的層次上，這點也變得很重要，因為喉輪超越了距離，而眉心輪超越時間。因此，我們可能看見天上有一顆星星，在距離我們幾千光年之遙，這顆星可能已經爆發成新星消失了，但爆發所產生的光尚未抵達我們的眼睛。

光是電磁能量。儘管光子沒有質量，但是光撞擊金屬卻會產生電流，這種現象就是我們所知的「光電效應」，因為光子在撞擊金屬時，取代了金屬中的電子，於是產生了電流。光電效應有趣的是，頻率較低的光如紅光，不管亮度如何，都沒有足夠的能量產生電流；反觀頻率較高的光如藍光或紫光，它們產生的電流則會因光的強度而異。

這意謂著，在幾乎非物質的光世界裏，量遠遠不及質重要，而質則取決於頻率，也就是我們體驗到的顏色。因此，任何針對光的研究，必定得來一趟顏色之旅。

---

12. 有一種假設的次原子粒子，稱為「快子」，據信行進速度快過光速，而且無法減速為光速。

色彩

> 顏色如同相貌一樣，會隨著情緒變化。
>
> ——畢卡索 [13]

顏色是我們覺知光的形式。顏色讓我們觀看的經驗變得鮮活，它豐富了景深，是我們觀看的重點內容。不同頻率的光波長不同，因此產生了顏色，較「暖」的顏色如紅色、橘色和黃色，跟較「冷」的顏色如綠色、藍色和紫色相比，頻率較低，因此光子的能量較少。（暖色和冷色是我們人類主觀的評估，並不能說明光的實際能量。）

光是由原子中的電子進入「激發態」及降激發（返回基本態）的過程中產生的。電子從一個能量狀態「躍進」另一個能量狀態時，過程中會喪失或獲得能量。它每一次的跳躍稱為「量子躍進」，就好像跳上樓梯的一階，而每一階的能量狀態都不同。當電子往上跳一層時，就必須吸收一定的能量，等它再度朝著原子核落下時，能量才會釋放出來成為光子。電子降落兩層比只降一層會釋放更多能量，結果是光子放出較高頻率的光，而顯現出上層脈輪的藍色和紫色。

顏色會造成非常明確的心理效應。紅色在生理上會刺激心臟和神經系統，連結的是侵略性和創始的能量——憤怒、血液、事情的開端。相較之下，藍色連結的則是和平與寧靜，而且在多數人身上的確發揮了這樣的作用。即使波長超過可見光譜，依舊會影響我們的健康與心境。舉個例子，不含不可見紫外光的螢光，已經被證實對植物和動物的健康有負面影響 [14]。對比之下，全日光包含了完整的光譜，在某些案例中，甚至有助於療癒關節炎、癌症和其他疾病 [15]。

---

13. 畢卡索，〈Conversations avec Picasso〉，刊於《Cahiers d'Art》，vol. 10, no.10, Paris，一九三五。英譯見於 Alfred H. Barr, Jr.《Picasso, Fifty Years of his Art》（一九四六）。

14. John N. Ott〈Color and Light: Their Effects on Plants, Animals, and People〉，刊載於《Journal of Biosocial Research》Vol.7, part 1，一九八五。

15. John N. Ott《Health and Light》，七〇頁以下。

　　如果考慮到大部分的資訊是以視覺形式出現的，而且這些視覺的資訊都是以顏色的模式被覺知到，那麼光在頻率上的細微變化，必然也會大大影響我們的心智和身體。

　　如果音波可以影響精微能量的物質排列，那按理說顏色是高八度的物質呈現，應該也可能以相同的方式影響物質。基於此理，已經有人運用顏色來療癒，而且成效驚人。最近的研究顯示，某些光的顏色對於特定的身體酵素，可以產生五百倍的激勵效果[16]。早在被醫學界嗤之以鼻之前，這種療法就廣為二十世紀初的治療者所熟知。下面這段引言便是見證，一名親身實踐的醫師頌揚顏色治療的藝術：

「近六年來，我一直密切關注顏色用於恢復身體功能的療法，老實說，累積近三十七年在醫院及私人診所行醫和手術的經驗之後，比起任何手段或合併使用其他一切方法，運用顏色創造出了快和精準的結果，同時病人也比較不會緊張。在很多案例中，當傳統治療失敗後，運用顏色來治療卻讓功能恢復了……扭傷、瘀青及各種外傷在沒有其他處置下，都對顏色產生了反應。敗血的狀況好轉了，無論是發生在哪個組織都一樣。心臟病變、氣喘、花粉熱、肺炎、眼睛發炎、角膜潰瘍、青光眼和白內障，也都因為顏色療法而舒緩了。」[17]

　　關於顏色的療效，上個世紀左右已經有人寫下和記錄了各種理論。運用的方法很多，例如沐浴在通過某種色玻璃的日光下，把水裝在有色玻璃杯裏收集陽光，然後飲用，許多案例都顯示了驚人的療癒效果。

---

16. K. Martinek and I. V. Berezin〈Artificial Light —— Sensitive Enzymatic Systems as Chemical Amplifiers of Weak Light Signals〉刊載於《Photochemistry and Biology》（Vol.29, March 1979），六三七－六五〇頁（Jacob Lieberman《Light, Medicine of the Future》引用，九頁）。

17. Kate W. Baldwin, M.D., F.A.C.S.《The Atlantic Medical Journal》, April, 一九二七，引用自 Linda《The Ancient Art of Color Therapy》，一八－一九頁。

舉個例子，藍光已知可以永久舒緩坐骨神經痛和發炎的狀況。患者的症狀十一年來從未好轉過，但運用色彩治療不到一星期就得到了緩解，而且再也沒有復發[18]。在其他病例中，黃光被用來讓心智清明，紅光則用來抗衡身體的疲倦，金色－橘色的光有助於糖尿病[19]。如果疾病始於精微層面，不正應該從精微層面著手嗎？比如運用顏色，尤其是結合了正面觀想的色彩治療法。

脈輪顏色依循著合乎邏輯的光譜順序，最低頻率的光——紅色——連結最下層的脈輪，其餘脈輪依序配上光譜的顏色。這似乎是最合理也最普遍的脈輪對應系統了，不過這絕非唯一的系統，而且不應該與靈視者看到的脈輪顏色，或是譚崔典籍描述的顏色混淆在一起。然而有些針對靈視的研究，例如由維樂莉 · 杭特（Valerie Hunt）所主持的，則完全證實了「彩虹」色系的所在，以下引言就是見證：

> 「脈輪經常帶著形上學文獻陳述的顏色，亦即：昆達里尼－
> 紅色，下腹部－橙色，脾－黃色，心－綠色，喉－藍色，第
> 三眼－紫色，頭頂－白色。某些脈輪的活躍能量似乎會促使
> 另一脈輪更加活躍，而心輪向來是最活躍的。」[20]

除此之外，賈可伯 · 李柏曼博士（Jacob Lieberman Ph.D.）在他的研究中也發現，當人們不接受某個特定顏色時，幾乎可以百分之百確定，與這個顏色連結的脈輪部位當時正承受著壓力，或是生病、受傷了[21]。

---

18. Edward W. Babbitt《*The Principles of Light and Color*》，四〇頁。
19. Linda Clark《*The Ancient Art of Color Therapy*》，一一二頁。
20. Valerie Hunt, Ph.D.〈A Study of Structural Integration from Neuromuscular, Energy Field, and Emotional Approaches〉，現在發表於 Rosalyn Bruyere（羅莎琳 · 布魯耶）《*Wheels of Light : A Study of the Chakras*》（Sierra Madre, CA: Bon Productions，一九八九，中譯本「光之輪」，世茂），一九七頁以下。

根據彩虹光譜，脈輪的顏色如下（以現代系統為依據）：

第一脈輪：紅
第二脈輪：橙
第三脈輪：黃
第四脈輪：綠
第五脈輪：藍
第六脈輪：靛
第七脈輪：紫

不同的譚崔文本對脈輪有不同的描述，有的說第一脈輪是黃色、第二脈輪白色、第三紅色、第四暗灰色、第五藍色、第六金色、第七光輝燦爛超乎顏色。或許隨著進化，我們的脈輪振動也改變了頻率，因此現在的顏色變得較符合光譜的純色。

透過靈視來看脈輪，同樣不可能看到準確反映了上述彩虹色系的一組脈輪，因為脈輪必須發展得完全而清晰，才會出現這種最佳顏色。在杭特的研究裏，研究對象在數星期密集的「羅夫治療」（Rolfing therapy）過程中接受觀察，一直到治療即將結束時，才出現比較清晰的顏色[22]。根據我的經驗，一般的狀況會是在每個脈輪中看到許多顏色，裏裏外外纏繞著脈輪，形成與當事人的生命相關的圖案和意象。

你也可以運用連結的顏色來靜心冥想或輔助記憶，以進入自己的脈輪，或是發掘更多關於脈輪的訊息。首先，檢視自己傾向用什麼顏色來包圍自己，藉此小小解讀一下自己的脈輪：我們的衣服與居家布置的顏色。你是否總是選擇紫色和藍色，或者一貫傾向亮麗的紅色和橘色？你喜歡暗沉還是明亮的顏色？有些禁慾獨身的僧侶穿著與第二

21. Jacob Lieberman, O.D., Ph.D《*Light, Medicine of the Future*》（Santa Fe, NM: Bear & Co.，一九九一），一八九頁。
22. Valerie Hunt，前述引用的著作，一九七頁以下。

脈輪相關的橘黃色僧袍,這純粹是巧合嗎?

其次,我們可以選擇顏色來補助我們感覺最弱的脈輪。有好長一段時間我覺知到自己的氣場欠缺黃色,許多觀察我的朋友和通靈者也證實了這點。在這期間我有新陳代謝問題,還有與第三脈輪相關的許多議題,例如能量低和無能為力的感覺。我發現戴黃寶石(拓帕石)和穿黃衣服對我的態度大有幫助,甚至其他人也表示我有進步。在精微的層面,這麼做可以讓個人的能量系統恢復平衡。

顏色也可用在觀想自我療癒上面。在上述例子裏,尤其是在比較灰暗的日子裏,我會靜坐觀想我的氣場是明亮的黃色,或交替著觀想太陽充滿能量的金黃光芒射向我。我向外投射出去的顏色,也會漸漸呈現在我四周。和莎莉娜 · 維嘉共同指導脈輪工作坊時,我們鼓勵學員配合當天要研究的脈輪,來穿戴顏色相應的服飾,這樣我們就可以沉浸在那個特定脈輪的振動光譜裏。如同每個脈輪連結不同的聲音一樣,顏色也可以表達出與這套系統連結的七個層面。

全像理論

在因陀羅天庭裏,據說有珠寶排列成網,凝視其中的一顆,其他的珠寶皆映照其中。同樣的,世界上每樣物體不光是自己本身,也涵蓋了其他所有物體,事實上,一即所有。

——印度教經典 [23]

光與視覺作用是如何連結成我們的知覺經驗的?為什麼有那麼多神祕主義者聲稱,閉上眼睛冥想時可以看到光的圖案?為什麼夢中的影像看起來那麼真實?還有,記憶是由什麼構成的?

要回答上述問題,最可信的理論來自神經科學家卡爾 · 普利布萊

---

23. 引用自 Ken Wilber 編纂的《*The Holographic Paradigm and Other Paradoxes*》,二五頁。

姆（Karl Pribram），他根據的是「全像」（hologram）心智模型。全像是由兩束交叉的雷射光形成的三維（3D）影像，類似把兩顆石子丟進池塘的不同地方，然後迅速凍結池水，結果冰把交會的漣漪永久記錄下來，正如雷射光的互相干涉（干擾）會記錄在全像板上一樣。

創造全像時，雷射產生的光束會經由物體反射，記錄在感光板（底片）上。感光板同時接收了另一束相同頻率的光，稱為「參照光」（reference light），這束光是直接從光源打到底片上的。檢視底片本身，我們只會看到明暗交錯旋繞的無意義模式，而這正是兩束光交會成的編碼資訊，就好比唱片上的溝紋是編碼好的音軌。

稍後，與原始雷射光頻率相同的參照光將底片「重演」時，全像拍攝的物體影像就會詭異地跳到你面前，以 3D 畫面呈現。你可以移到全像的旁邊，看見物體的側邊，彷彿實體就在眼前一般，然而那只是光，你的手可以直接穿透過去。

全像有許多值得注意的地方。首先，資訊是「無所不在」的儲存在底片上。換句話說，如果底片碎裂成一片片，每一小片都能夠複製出整個圖像，但因為這些底片縮小了，因此會少掉許多細節。全像第二點不尋常之處是不占空間。運用頻率不同的雷射光，可以把許多全像互相重疊在一個「空間」裏，或是一張底片上。普利布萊姆的理論主張，大腦本身的運作就像是全像技術，不斷去詮釋腦波間的互相干涉（干擾）模式。這與之前認為的，每片資訊是儲存在特定區域的大腦模型裏，顯然有所不同。這個理論動搖了物理學和生理學的基礎，為意識研究帶來了範型轉移，由此衍生出的研究，也擴及到我們對心智及周遭世界的了解，而且這個模式似乎特別適合用來理解眉心輪。就讓我們來檢視一下這套理論是如何發展出來的。

普利布萊姆一開始是在一九四六年與卡爾・雷胥利（Karl Lashley）合作，以老鼠和猴子進行大腦研究。他解剖了許多動物的大腦，尋找神祕的記憶基本單位，稱為「記憶印痕」（engram）。如同當時許多人一樣，他以為記憶是儲存在大腦各個神經細胞裏，因此預期摘除某些大腦組織，就會抹消掉特定記憶。

　　事實正好相反。他們反而發現，記憶似乎是無所不在的儲存於整個大腦裏，非常類似底片儲存了全像的資訊。當組織摘除後，記憶會變得模糊，但是不會消失。這解釋了為什麼在嚴重腦傷後，記憶仍然保留下來，為什麼特定的連結或「參照光」往往會觸發記憶。

　　當我們注視物體時，光就被轉換成大腦中的神經頻率模式。大約有一百三十億個神經元充滿著大腦，這些神經元之間的結數以兆計。過去科學家檢視神經元本身的重要性，現在他們看重的則是神經元之間的聯繫。儘管實際上細胞呈現出某種斷斷續續的反射動作，整體來看，神經末梢的聯繫仍然展現了波動的性質。以普利布萊姆自己的話來說：「如果你檢視一整串相連的神經末梢，你會發現它們構成了波面。一道波從這邊來，另一道波從那邊來，然後互相作用，於是突然間你獲得了想要的干涉模式！」[24]

　　脈衝在大腦中行進時，波動能會創造出我們經驗到的感官知覺和記憶，這些感官知覺以編碼的波面頻率儲存在大腦裏，經由適當的刺激就能活化，觸發原始的波動形式。這可以解釋為什麼我們認得出熟悉的面孔，儘管這張臉跟上次見到時看起來不大一樣了，這或許也解釋了為什麼提到玫瑰就會讓你想到特定香味，以及為什麼蛇會讓人產生恐懼，即使當下沒有面臨特別的威脅。

　　我們對周遭世界的覺知，似乎是大腦內神經全像的重新建構，不只是視覺資訊而已，也包括語言、思想和所有感官知覺在內。引用普利布萊姆的話：「心不是坐落在哪個特定的地方。我們擁有的是全像一般的機制，形成了種種意象，而我們覺知到的這些意象是在這機制之外。」[25]

　　這個模式暗示了在我們每個人的大腦裏，包含著通向所有資訊的管道，甚至可以接觸到不同時間及次元的資訊，因此能夠解釋超乎記憶和知覺正常功能之外的許多事，例如遙視（千里眼）、靈視、神祕

---

24. Karl Pribram 的訪談，刊於《*Omni Magazine*》, October，一九八二，一七〇頁。
25. 同上，一七二頁。

異象和預視（預知未來）能力。

與普利布萊姆的全像大腦理論互補的，是理論物理學家大衛・波姆（David Bohm）的模式，這個模式主張，宇宙本身或許就是個全像[26]。但他使用的名詞是「不斷變動的全體」（holoflux），因為全像是靜態的，不適合用來描述充滿了變動的宇宙。

根據波姆的理論，宇宙經由某種媒介被整個「包裹起來」或鋪平，就好像把蛋白包裹進蛋糕麵糊裏似的。這樣的包裹允許了無限量的干涉力量，賦予了我們形式和能量，而我們是以全像模式的心智來體驗它們。在這樣的脈絡下，大腦本身於是成為更大全像的一小部分，因此容納了關於整體的資訊。正因為我們是以全像的方式在覺知這個世界，所以很可能世界本身是個更大的全像，而我們只是其中的一小部分。雖然身為一小片，我們每個人卻都反映了全體。

如果這是真實狀況，如果內在和外在世界兩者的任何一部分，都映照出完整的造物，那麼身為部分的我們就包含了全體的資訊，如周遭萬物一樣。不只一粒沙可以說明它身處的宇宙，我們每個人的心智也都包含了由更偉大的智能編碼好的資訊，正等待正確的「參照光」來觸發意象。或許這就是為什麼上師能夠觸發「夏克蒂帕特」（shaktipat，靈能傳遞），而同感振動能觸發超常的意識狀態。

如果內在與外在世界顯然都以全像模式運作，那麼我們就必須質疑：兩者之間有差別嗎？我們自己是否也是全像？當我們個人創造的小我界線慢慢消融，並且擁抱更大的我的存在狀態時，我們是否把個人意識融入到更偉大的全像中？如果全像的每一小部分都包含了整體的資訊，儘管並不清楚，但是否就是為什麼每次新的片面資訊鑲嵌入整個拼圖時，我們就會更加清楚？隨著成長並拓展了理解，我們是否愈來愈傾向將事物看或一張互相貫穿的能量網絡或全息圖？

---

26. 〈The Enfolding-Unfolding Universe:A Conversation with David Bohm〉，訪談人 Renee Weber，出自 Ken Wilber 編纂的《The Holographic Paradigm and Other Paradoxes》，四四 – 一〇四頁。

　　此刻上述問題還沒有明確答案。很少有人能夠反駁我們所認為的
「外在」事物，的確影響了我們的覺知、思想和記憶，最後變成了「內
在」事物，也很少有人能夠爭辯我們的內在有個結構，而這個結構能
夠將外在世界的能量包容進來。但這個內在結構是否會反過來影響外
在世界？我們心智的全像結構是否能投射出去，在物質界成形？普利
‧布萊姆似乎是如此認定的，而且以最踏實的方式表達了出來：

> 「我們不只建構了對世界的覺知，同時也將這些覺知投射出
> 去建構了世界。我們製造桌子、腳踏車和樂器，因為我們能
> 夠想出這些東西。」[27]

　　這項原則最精確的闡釋了眉心輪的能力──覺知與指揮，同時也
說明了心靈如何接收外在世界意象，並且投射意象於外在世界。

看見

> 我們所見一切都是自己想出來的。我們不是用眼睛而是用靈
> 魂在看。[28]

　　據估計，對看得見的人來說，百分之九十的資訊都是透過眼睛覺
知到的，遠遠超過其他器官或感官。我們大部分的記憶和思考過程，
自然而然也是以視覺資訊來編碼。這當然會因人而異，因為有些人可
能更加視覺導向。儘管我們觀看世界的視覺經驗受到了限制或誤導，
但毫無疑問它是最根本而重要的意識層次。

　　視覺資訊可以界定為溝通空間關係的模式，不需要實質的接觸（如

---

27. 同上。這也類似魯伯特‧謝德瑞克（Rupert Sheldrake）的「形態建成場」
　　（morphogenetic field）理論。
28. Mike Samuels《*Seeing with the Mind's Eye*》，xviii。

觸摸）就可以接收得到。這種關係以大小、形狀、顏色、亮度、位置、動作和行為來描繪形式。

肉眼看東西是把反射的光聚焦在視網膜上，聚焦的工作由角膜來執行，角膜則接收到光線比較大片的模式，然後加以縮小，倒轉在視網膜上。視網膜是由視桿細胞和視錐細胞所構成，這些細胞接收不同強度光線的刺激，當光線觸到這些細胞時會發生化學反應，引發神經脈衝，而這些脈衝又以電脈衝形式沿著視神經交叉傳導到大腦皮層，但實際上並沒有真正的光線進入大腦。

真正看見的並不是我們的眼睛而是心。眼睛只是聚焦透鏡，將外在世界的資訊複寫至內在世界。大腦並沒有真正接收到光線的光子，而是經過編碼的電脈衝，藉由心／腦將沿著視神經行進的電脈衝詮釋成有意義的模式，因此這是學習來的能力。研究人員發現，生下來就看不見的人如果後來靠著手術恢復視力，他們最先覺知到的只有光，因此必須努力學習才能將這些覺知組成有意義的影像[29]。

我們也必須記住，我們覺知到的不是物質而是光。當我們注視周遭世界時，會認為自己看到了物體，其實真正看到的是這些物體反射的光。我們看見的並不是它們的實相，而是它們彼此之間的空間和它們周遭的空間，因此無法看到真實的狀態。如果我們看見紅色，那是因為這個物體吸收了紅光以外的所有頻率。我們靠著觸摸確認物體的存在，但我們的手是游移在空無的空間裏，同樣並不能觸摸到那個物體的內部，只能觸摸到物體的邊緣；那只是空無的空間有質感的邊界。從這個觀點來看，我們可以把物質視為某種形式的無人地帶，除非我們變成非常薄的薄片才能進入。這片無人地帶唯有在顯微鏡下，或是透過玻璃和水晶，才可能藉由光線來穿透。因此我們是透過空無的空間來體驗我們的世界。

---

29. 同上，五七－五九頁。

靈視（天眼通）

為了要看見，我們就不能站在圖畫中間。

——曉蓮大師[30]

通靈能力的發展最重要的層次，就是在第六脈輪上面。靈通覺知不一定總是局限於視覺層面，還有屬於第五脈輪的耳通，和第二脈輪的靈敏的感受力。靈視（天眼通）得來的資訊不受時間限制，因此比起之前探討過的靈通能力，涵蓋了更大的範圍。

「靈視」這個字眼意謂著清晰的看見，不會受到不透明物質世界干擾而變得混鈍。物質世界通常界定了我們的空間和時間感。「清晰」和「看見」這兩個字眼相當精準的說明了牽涉的作用力。要能夠靈視，我們必須觀照清晰的空間，凝視能量場而不是事物本身，凝視關係而不是事物而已，要把世界看成一個整體，用心直接而清明的覺知我們想要的資訊。我們的內在愈澄澈，就愈有能力看見周遭世界的精微特質。

「看見」隱含了更深刻的覺知，如同卡羅斯 · 卡斯坦尼達（Carlos Castaneda）在「巫士唐望」系列所舉證的，當卡斯坦尼達注視一個人的時候，他看到的只是具身體、臉部表情和衣飾。當他學會「全觀」時，他看出了環繞著身體的光圈，那是一種互相貫穿的能量網絡，我們稱之為「靈光圈」。唐望注視著自己的兄弟死亡時，感到萬分悲傷，然而當他改變觀看模式時，卻了解了所涉及的更偉大過程，並且從中領悟了一些事情。

觀照是看見的動作，全觀則是把意象內化成體悟。舉個例子，常用的口語「我看見了（I see）」意謂著「我明白了」。「看見」通常表示一個人只能吸納一小部分資訊，將其嵌進整體的方略中。正如同

---

30. Satprem《Sri Aurobindo, or the Adventure of Consciousness》。

一片全像闡明了整個圖像，我們注視的每一樁新事物也會立刻併入我們的整體意識裏，讓我們的內在圖像更為明晰。

我們如何做到這點的？根據普利布萊姆的全像範型，我們的心／腦作用就像個舞台，我們的視覺意象就在此上演，一旦給予適當提示（全像攝影的參照光），意象就會出現在舞台上，但演員是誰呢？身處何處呢？

演員是幻燈片，以全像的方式儲存為顏色、形狀、聲音和觸覺模式。我們腦袋裏並沒有不斷旋轉的跑馬燈來保存一幅幅完整的意象，取代的是大腦各部位可能會產生紅色、溫暖、迅速或安靜等屬性。這些屬性以獨特方式結合起來，創造出我們看見的意象。

不妨把第三眼想成是腦海裏的螢幕，然後把幻燈片打在這塊螢幕上觀看。如果你閉上眼睛回想自己的第一部車，或許可以「看見」顏色、椅套的質地及某一邊可能還有小凹痕。你的「心眼」可以看見自己走在車子的四周，而且只要你想，也看得到車子的前面和後面，就好像全像的 3D 效果一樣。那部車子不一定真的存在，但意象超越了那部車子而存在著。只要我們的注意力聚焦，意象就會恢復。

你想要凝視什麼，「心眼」都可以看見。如果我詢問你愛人的髮色，你可以運用心智找回那張「幻燈片」，凝視它，然後告訴我顏色，因為我們的記憶本是全像的。

關於你想要擁有的車子，你能創造出同樣逼真的圖像嗎？你能描繪出它的顏色、款式或車牌嗎？你能觀想出自己正在開車奔馳於鄉間道路上嗎？還有方向盤握在手裏的感覺？

你或許永遠不會擁有這輛車，因此你的觀想只能稱為「想像」，即使它在你的記憶裏是如此栩栩如生。無論如何，如果你贏了頭彩，而你剛剛觀想的車子正出現在你眼前，你就可以把你的觀想當成是「預視」，這也是靈視的一種形式。兩者間的差異在於結果，然而過程一模一樣。經由發展觀想和想像能力，我們同時發展了靈視能力。

靈視的作用就是明確的觀想。所謂靈視，就是在要求下能夠有系統的召喚出相關資訊，無論事前是否知曉。我們的心智運用了以問題

形式出現的自製參照光，藉由它取回儲藏在全像記憶庫裏的未知資料。舉例來說，你可能因為需要回答一個明確的問題，例如關於對方的健康或關係，而要求自己去檢視他們心輪四周的區域。那個問題，便是「照亮」全像圖案中那一小部分特定資訊的參照光。

我們曾說過超越時間的能量是在第六脈輪發生的。我們不需要把可取得的資訊限制在過去所知的基礎上，我們也可以取得未來的資訊，唯一的區別是主動創造出會產生意象的參照光，而不是等待將來某個時間點由環境將其召喚出來。引用小說家瑪麗安・紀默・布蕾利（Marion Zimmer Bradley）之言：「我不是決定了故事的走向。我只是偷窺未來，寫下發生的事。」[31]

有少數人相信，他們可以看見正常認知範圍以外的事——那些他們並未親眼目睹或耳聞之事。要擁有那些資訊不需要獲得許可，目前也無從解釋其原理，因此大多數人甚至不會費心去尋找。為了要看見，我們必須知道往何處尋和如何找。我們在事物可能出現之處尋找，只需要了解事物出現之處的基本秩序就夠了，圖書館的十進分類系統就是最佳例子；要在不熟悉的雜貨店找到合適的物品也一樣。你要觀察店家，留心它大致的配置，知道要找的東西屬於哪個類別，然後在腦海裏將這兩幅意象重疊在一起，前往貨品區更仔細的搜尋。瞧見了！你腦海中的交叉參照吻合了，你看見物品的意象嵌合進你預先創造的心相位置。

實際上，捕捉心相資訊也是一樣的。如果你試圖回憶是誰在宴會上告訴你某個笑話，你會回顧一遍宴會上有哪些人，跟誰私下有過交談，回顧時心裏不斷想著這個笑話，等待正確的資料就位。當你命中正確的記憶時，那意象就會在心裏「亮起來」，彷彿被其他意象所沒有的明晰度照亮了。在這個過程中，我們搜尋了數以千計的資料，分門別類和解碼，直到我們「看見」吻合的片段為止。

---

31. Marion Zimmer Bradley，私人談話。

一旦知道去哪裏搜尋資料，我們還必須知道如何尋找。有多少次你在找東西時，明知它在某個地方卻還是找不到？有多少次東西就在我們眼前卻看不見？有多少次在記憶中找不出你明知就在那裏的資訊？

補抓記憶的過程，就是要找到正確的編碼（正確的參照光），恢復全像的意象。正如電腦容納的資料唯有指令正確才能抓取，我們的心智意象也需要恰當的心智意象把它們揭露出來。

靈視能力的發展仰賴「視覺螢幕」的發展，並且要創造出井然有序的系統，透過這個系統為螢幕抓取資訊。如果我們不幫幻燈片貼好標籤，就搞不清楚看到的是什麼。觀想訓練就是鍛鍊在心智螢幕上恢復、創造和投射意象的能力，一旦完成這個訓練，能否「看見」就端視你是否詢問正確的問題了。

我們並不受限於自身「全像」所儲藏的幻燈片。如果全像模型行得通，那麼我們就能接觸到由無限腦波模式創造出來的無限意象，我們需要做的就是找到正確的「參照光」來召喚它。

許多人由塔羅牌、手相或星座入手，運用它們作為提供參照光的結構。藉由塔羅牌你可以翻出各種意象，你判讀的對象也會提供另一組意象。哪幾個交會點最重要？哪幾個交會點似乎「亮起來了」？資訊波在哪裏交會且變得最強？

要透過靈視來看事情，我們不僅需要參照點來取出資料，也需要空白螢幕來觀看資料，這樣的能力來自練習、耐心，以及安靜而開放的心。透過靜心，清空心裏的意象，能夠讓我們更清楚的看見存在的意象。學習專注心神，做到一心不亂，可以讓我們觀看得更深入，因此而看見更多。在靈視方面，清明而安靜的心是無可取代的。

由於其中的奧妙是如此精微，以致普遍受到人們忽視和否定，正如在充滿噪音的世界裏，我們聽不見心電感應的低語，如果我們期待會有霓虹閃爍框顯出來，是看不見以太領域的精微騷動的。下述是我跟學習靈視的新手之間典型的對話：

作者： 你見過靈光圈嗎？

學生： 我想沒有，我沒見過靈光圈。

作者： 你曾經觀察過它嗎？

學生： 我試過。我沒見到身體周邊有顏色。

作者： 當你尋找靈光圈時，你看到了什麼？

學生： 我只看到身體。在身體周邊，我看到的是身體後方房間內的東西。

作者： 你要看進空間而不是看著它。閉上你的眼睛感受靈光圈，然後告訴我它感覺起來是什麼顏色。

學生： 感覺暗暗的，沒有顏色。心上面有一點點金黃色，我猜。但我不知道是否真正看見了。我想我可能看到了腿上有一點紅，尤其是右腿上，可是我不知道。

作者： 我以為你無法看見靈光圈的。

學生： 我是看不見啊！真的。只有眼睛閉上的時候，我是說這只是我的想像吧，不是嗎？

作者： 我不知道。為什麼你不先檢驗看看？問問對方的感受，看看是否與顏色吻合。主動去測試一下。

第三者： 嗯，今天我在陽光下跑步，是我很愛做的事，不過絆到樹根跌倒了。有點撞到了膝蓋，現在還在痛。我想這是相關的。

（得到驗證！）

學生： 哇，我真的看見什麼了！對耶，你膝蓋周圍是紅色。（然後膽怯的問）你是不是也撞到了頭？

第三者： 沒錯，是撞到了，不過不嚴重。

作者： 你怎麼知道？

學生： 嗯，我不是真的看見，只是那個頭看起來有點痛。不過沒有顏色，只是感覺。

作者：　　看起來是疼痛的，不過你沒有真正看見。好，現在檢視那邊那個人。

學生：　　（眼睛半閉）嗯，我看見頭四周是綠色的，喉嚨是藍色，胃部沒有什麼，不過手上有一堆光。

作者：　　你還說你看不見靈光圈嗎？

　　無論超心理學家認為這樣的看見是「命中」還是詐騙，都不是重點，因為上述的交流不是來自能力成熟的靈視者，而是正在學習的新手。培養靈視的過程，始於學會去注意你已經看見的事物。獲得驗證可以提昇精微的觀察力，而要獲得明白無誤的確認，最好的方式就是發問！我們愈常去測試自己的覺知，對自己的能力就了解得愈多，也愈能信任自己的強處，發展自己的弱點。在飽受視覺刺激轟炸又如此無知於內在意象的世界裏，驗證是極為重要的。

　　追求驗證之時，了解「錯了無妨」也同樣重要——至少在學習的過程中。錯誤不表示靈視不可得，或者你沒有靈通能力，相反的，要善加運用回饋的訊息來修練看見的能力——回頭檢視你以為看見的；尋找是否有一丁點正確的地方；看你能否找到「心眼」所見和獲得的客觀資訊有沒有相關性。當人們「猜測」錯誤時，通常的反應是：「噢，那個答案是我最先的印象，但是我捨棄了！」除非你根本是胡猜一氣，否則所有誠實的覺知多少都會蘊含一丁點事實。

　　所以靈視其實是看見事物的內在關係，看出部分如何吻合整體，而實踐的方式就是尋找交會點，或者找出我們的問題（參照光）與最吻合已預留空間的那份資訊之間，互相干涉的模式。嵌合進正確位置的意象有強大力量，會在無限龐大的其他可能答案中脫穎而出。透過靜心、觀想和訓練，我們可以發展出這份能力，來覺知所追求的資訊與其他無數可能答案之間精微的差異。

第六脈輪的練習

瑜伽眼睛練習

這項練習是要強化和集中心神於肉眼，也有益於改善眼睛疲勞、視力，以及因為大量文書作業或過度閱讀導致的一般疲勞。

以靜坐的姿勢開始，脊柱挺直，閉上你的眼睛，沉浸在黑暗之中。將覺知帶到雙眼的中間點，就在頭部中心。感受那裏的黑暗，讓自己沐浴在那份安寧沉靜之中。

當你感覺心神集中了，就張開眼睛直視正前方，眼睛朝天伸展，慢慢向上看，但不要移動頭。然後沿直線向下看，視線所及盡量朝下凝視，依舊頭不要動。重複向上看再向下看，然後眼睛回到正中間，閉上眼睛，回到黑暗中。

圖 7–3

手掌蓋住眼睛

再度張開眼睛平視。然後重複上述動作，不過這次是從眼角到眼角。首先從右上到左下兩次，然後從左上到右下，也是兩次。再度回到黑暗中。

再度重複，從最遠的右方移動到最遠的左方，兩次之後回到黑暗中。最後一次，眼睛居中後轉半圈，先轉到上面，再轉到下面，然後像繞時鐘般轉動眼睛一整圈作為結束。盡可能伸展你的眼睛到最遠處，順時鐘和逆時鐘都要轉。

再度閉上眼睛。輕快摩擦你的手掌，直到感覺雙手變得溫熱為止。當你覺得熱度夠了，把溫熱的手掌放在眼皮上，讓眼睛沐浴在溫暖與黑暗中（圖 7–3）。熱度消散時，慢慢輕撫眼皮，按摩額頭和臉。之後你可以進入深層靜心，或者回到外面的世界。

冥想顏色

這是簡單的觀想，用於療癒和淨化脈輪，同時發展內在之眼創造和覺知顏色的能力。

一開始是靜心冥想的姿勢，最好是坐姿，讓能量接地且集中。

當你充分接地後，想像一團明亮的白光飄浮在頭部正上方，從這團白光中，你可以抓出每一種顏色。

讓第一個顏色是紅色，把它往下拉，通過頂輪沿著整條脊柱下降，以鮮活的紅色充滿第一脈輪。保持這個顏色在你的第一脈輪幾分鐘。注意這個顏色在你身上時，身體有什麼感受。你的身體喜歡它嗎？是否覺得充滿能量或是不舒服呢？

接下來回到頂輪上空，把橙光從那團白光中拉出來。讓橙光流過身體，注意這個顏色對你有什麼影響。把橙光帶下來到第二脈輪，讓肚子充滿鮮活的橘色。

回到頭頂，找出金黃色，通過身體向下拉到第三脈輪。想像溫暖的金黃光芒從身體的太陽神經叢放射出來，流洩到身上每個部位，充滿且溫暖你的身體。因為第三脈輪與身體的能量分布相關，所以這些光芒的重要任務乃是傳布內在火焰的覺知。

現在我們到了心輪，顏色是綠色。感受這個顏色遍布全身，帶著愛的覺知以及對周遭世界的親和力。看見一團溫暖的翡翠光輝環繞你的心。

接著回到白光，將藍色拉下來到喉輪。讓藍光撫慰你的喉嚨，也放鬆手臂和肩膀。感受藍色的光芒擴展至喉嚨四周，與周遭一切進行溝通。

接下來，我們來到第三眼本身，通常看到的是深沉的靛藍色。第三眼沉浸其中時，開始感受這個顏色的冷靜，讓它清洗掉任何外來的意象，以淨化和撫平你的內在螢幕。

最後，頂輪看起來是明亮鮮活的紫色。感受紫光流進頂輪，賦予能量，同時平衡每個脈輪。

檢查所有脈輪，看看它們是否都保有自己的本色。看一眼自己整個身體，你能否「看見」它是連續的彩虹？當你檢查自己的身體時，注意哪個顏色最強烈或最明亮，注意不同的顏色各有什麼感受，哪些顏色比較滋養或賦予較多能量。感覺最受歡迎的顏色可能代表了當時你最需要的能量，而感覺最不受歡迎的顏色則代表你通常會迴避的區域，或者那裏可能有困難。蒼白或褪盡的顏色代表軟弱的區域，強壯的顏色則是有力和穩固的地方。在內在把玩顏色一會兒，直到你感覺顏色平衡了，這麼做也有助於平衡靈光圈。

快照

如果你看不見靈光圈的話，這項練習會是個簡單的方法，讓你多少可以覺知到別人的靈光圈，也有助於改善視覺上的觀察能力。

跟你想要檢視的對象面對面，相距大約 15 至 25 公分。閉上眼睛，清空腦海裏的螢幕。等待，直到你感覺接地且心神集中，心裏沒有特定的想法或意象在流竄。

非常快速地張開又閉上你的眼睛，跟眨眼相反，你只要迅速一瞥眼前的人，形成某種「快照般」的凍結意象刻印在心裏。維持這個意象，並檢視它。你注意到什麼特徵？是否見到殘影或是身體圍繞著光

量？是否有特定顏色或身體的姿勢凸顯出來？隨著意象漸漸消失，再次迅速張開眼睛又閉上以加強意象，看看在這幅「殘影」中，你能解碼出多少細節。哪一部分最先消失？哪些特徵久久不散？這一切細節會告訴你對方氣場的強處與弱點。

靜心

加強第三眼最有效的練習就是靜心。將注意力集中在頭部中心，或者兩道眉毛的中點。你可以加上觀想顏色或形狀，或者單純聚焦於清空心裏的螢幕，直到明晰且空無一物為止。

一旦螢幕空白了，就可以用意志觀想，以回答你可能有的問題。舉個例子，如果你想要知道某人的健康，就觀想他身體的外形，讓黑色或白色顯示健康和生病的部位。發揮創造力，為自己的問題找出視覺隱喻。脈輪系統的限制，就在於你想像力的制約，我們愈開放這個能量中樞，就愈能拓展自己的想像力！

想要覺知我們對於某個決定有什麼感受，一個方法是提出只能用簡單的「是」或「否」來回答的問題，然後觀想出意象來代表這兩個答案。把「是」的意象放在螢幕的一邊，「否」放在另一邊，然後想像有具儀表，指針直直向上。數到三之後，讓指針指向最適當的答案。不要控制指針，讓它隨自己的意志擺動，你或許會大吃一驚！

注意：成功觀想的能力仰賴不斷的運用，就像肌肉一樣。養成習慣，在接電話之前想像一張臉；回想早晨上班過程中的每一步，彷彿你是從身體外在觀察著；重建你的記憶──小時候的房間、玩伴或初戀。著手一項工作之前，觀想你已經完成了，看看這樣會不會做起來比較輕鬆；觀想你的帳戶有比較大的數目；觀想遇見不認識的人。

觀想是主動做夢。愈常觀想，心靈就愈有能力創造，而且愈逼真。練習的機會無止無盡，一旦成為習慣，能力就會自然而然發展出來。

第六脈輪的推薦書目

1、Linda Clark《*The Ancient Art of Color Therapy*》NY: Pocket Books, 1975.

2、John Friedlander and Gloria Hemsher《*Basic Psychic Development*》York Beach, ME: Samuel Weiser, Inc., 1998.

3、Shakti Gawain《*Creative Visualization*》CA: Whatever Publishing, 1978.

4、Jacob Lieberman O.D., Ph.D.《*Light, Medicine of the Future*》Santa Fe,NM: Bear & Co., 1991.

5、Samuels and Samuels《*Seeing With the Mind's Eye*》NY: Random House,1976.

6、Amy Wallace and Bill Henkin《*The Psychic Healing Book*》Wingbow Press, 1981.

7、Ken Wilber, ed.《*The Holographic Paradigm and Other Paradoxes*》Boston, MA: Shambhala, 1982.

第七脈輪

意識

思想

資訊

知曉

體悟

超越

內蘊

靜心

第八章

第七脈輪：思

啟程的靜心冥想

你上路去旅行。

你觸摸了，你品嘗了，你看見了，你聽到了。

你愛過又失去，然後再度愛。

你學習了，你成長了。你已經抵達目的地，毫髮無傷。

而現在是旅程的終點，你幾乎到家了。

只剩下一步，最大也是最小的一步。

最大的一步，是因為它帶我們到最遠的

地方。

最小的一步，是因為我們已經在那裏了。

只剩下一扇門要打開——包含了通向門後一切的鑰匙。

你拿著那把鑰匙，但是你看不見，那不是一樣東西，那不是一條路。

那是一團神祕。

讓自己重溫你去過的地方……

記住肉體觸摸大地的感覺、流動與力量、

你內心的愛之歌，刻印在你腦海的記憶裏……

記憶的是誰？

走過這趟旅程的是誰？

是你的身體嗎？是什麼引導了你？成長的是什麼？你的旅行經歷了什麼？

現在是誰拿著那把看不見的鑰匙，無法上鎖的鑰匙？

這一切的答案就是鑰匙本身。

所有智慧皆在你之內。沒有什麼在你之外。王國就在你眼前、在你之內，環繞著

你。就在你的心裏，眾生之心本為一體，連結、包容、聰慧又神聖。

那也是眾神之所在，創造的模式，浩瀚的無限，蓮花無止盡綻放的花瓣完全

盛開，一路連結到地球。

我們在自己的思想中找到了。

超越形式，超越聲音，超越光，超越空間，超越時間，

我們的思想流動。

下方、後方、上方、環繞、穿越，我們的思想流動。

內內外外、前前後後，我們的思想流動。

無垠大海的小水滴，心智之歌無窮無盡。

我們已經走完一整圈，模式完整了。

我們既是形成模式的思想，

我們也是形成思想的模式。

我們的思想從何處升起？

思想止息時往何處去？

是誰覺知到這些思想？

內在深處我們找到一個地方打開我們的心

穿越星空不斷攀爬，物質堅實的紋理不斷解開。

遙遙遠遠的天幕之外，天父統治著星光小徑。

明亮的模式，眼睛看見了，我們的思想經過黑夜翻轉成白晝。

透過我們的思想，不斷連結、纏繞、編織著智慧之網，

古老模式，盛衰興亡。

吉祥濕婆，睡眠之主，你的冥想帶我們深入

內在發現古老智慧，我們開始與結束的神聖之地，

我們將要返回這裏，重新連結我們所學

知曉內在神性，無比光榮展現出來。

內心之鑰我們掌握，即將揭開一切神祕；

通往遠方世界的門戶，

神聖的空間與和平，我們須臾不離。

第七脈輪
象徵與對應

梵文名字：	Sahasrara
意義：	千瓣
位置：	頭頂
元素：	思
呈現：	資訊
個人功能：	體悟
心理狀態：	至樂
腺體：	腦下垂體
其他身體部位：	大腦皮層、中樞神經系統

功能失調：	憂鬱、疏離、迷惘、無聊、無動於衷、沒有能力學習
顏色：	紫色到白色
種籽音：	無
母音：	Ngngng[ng]（不是真的母音）
輪瓣：	有人說是 960 瓣，有人說是千瓣。對印度教徒而言，數字中有「1」和「0」都表示無限，例如一百、一千或一萬，因此千瓣隱喻無限，而 960 是前五個脈輪的總輪瓣數（4+6+10+12+16），乘以第六脈輪的兩輪瓣，再乘以十得到的數字。
質點：	王冠（kether）
星球：	天王星
金屬：	黃金
食物：	無，斷食
對應動詞：	知曉
瑜伽：	路徑 知識（智慧）瑜伽或是靜坐
香氣：	蓮花、雷公根
屬性：	悅性
礦物：	紫水晶、鑽石
蓮花符號：	在頂輪裏面有個滿月，沒有月兔的痕跡，皎潔地掛在無雲的夜空中，散發大量光芒，如同甘露般潤澤清涼。圓月裏面不斷如閃電般輝躍的是三角形，三角形裏面則閃躍著所有修羅祕密尊崇的「偉大空無」[1]。有人認為花瓣是向上朝向天界，古代典籍則記載花瓣向下擁抱頭顱。花瓣據信是光輝的白色。

---

1. 《*Sat-Cakra-Nirupana*》第四十一篇，Arthur Avalon（亞瑟・阿法隆）翻譯，出自《*The Serpent Power*》（靈蛇力量），四二八頁。

印度神祇：　濕婆、Ama-Kala（向上移動的夏克蒂）、天神伐樓
　　　　　　拿（Varuna）。

其他眾神：　宙斯、阿拉、埃及天神努特（Nut）、蘇美水神與
　　　　　　創造神恩基（Enki）、蘇美母神伊南娜（Inanna）、
　　　　　　北歐天神奧丁（Odin）、北歐智慧與知識之神密米
　　　　　　爾（Mimir）、希臘思想女神恩諾亞（Ennoia）

千瓣蓮花

宇宙正如我們所想的樣子，原因就在此。

　　——強 ・ 伍茲（John Woods）[2]

　　終於，我們抵達了七重旅程的顛峰，爬上了盛開於頭頂的千瓣蓮花。在這裏，我們發現了宇宙意識無限深奧的寶座，也就是人們所知的第七脈輪或頂輪。這個脈輪讓我們與神聖智能及一切成相的源頭連結在一起。以這個脈輪為媒介，我們獲得了體悟，並且找到意義。身為我們解放的能流最後的目標，這裏是終極解脫之處。

　　好比王冠意謂著王國的秩序，頂輪也代表了人生的主宰原則——覺知到萬物根本的秩序和意義。它是思考、推理且賦予我們的行動形式及和焦點的不斷蔓延意識，它是蘊含著覺知的存在真正的核心本質。在無意識層面，它是身體的智慧；在意識層面，它是知性，是我們的信念系統；在超意識層面，它則是神性的覺知。

　　在梵文中，頂輪稱為「Sahasrara」，意思是千倍，意指這朵蓮花無限綻放的花瓣。我曾有幸短暫一瞥這個脈輪顯現它無比莊嚴、複雜和優美的圖案，讓人目眩神馳。它的花瓣盛開如層層疊疊的碎形，彼此無止盡地相互包覆，宛如向日葵低垂下來，將體悟的甘露灑落入存

2. 　強 ・ 伍茲（John Woods），私人談話，一九八二。

在的覺知之中。每一瓣完美的花瓣都是智能的「單子」（單一體，monad），合在一起成為完形，是涵蓋一切的神聖智能——敏銳、覺知、回應，而且無限。它的場域是那麼精緻，最細微的思想也會讓花瓣泛起漣漪，彷彿風吹過草地。唯有在完全靜止的狀態中，蓮花深處的燦爛寶石才會光輝四射。目睹這樣的奇蹟意義深長。

當我們抵達這個層次時，靈魂的種籽已經從埋在大地裏的根發出芽來，透過水、火、風（空氣）、音、光等元素向上成長，如今到達一切的源頭，也就是意識本身，透過「思」這個元素來體驗。每一層次都帶給我們新的自由和覺知。現在當頂輪隨著無限的覺知盛開時，它的千瓣就像觸角般伸展到更高次元。

瑜伽哲學認定這個脈輪就是開悟之所在，它的終極意識狀態超越理性，超越感官知覺，也超越了周遭世界的限制。瑜伽修行建議「攝心」（pratyahara，收回感官知覺），以達到必要的心靜無波，來覺知這種終極狀態。另一方面，譚崔哲學則認為，感官知覺是喚醒意識的門戶。脈輪理論告訴我們兩者皆是：智能的刺激帶給我們資訊，與此同時我們也要退縮回內在，將資訊篩選成終極知識。我們的千瓣蓮花必須根植地球，才能持續開花。

這個脈輪的元素是「思」，基本上各自獨立，且無法測量，是我們周遭更大的意識場最初也最赤裸的呈現。因此，頂輪的作用就是「真知」，正如其他脈輪的作用是看見、言說、熱愛、行動、感受或擁有。我們透過頂輪取得無限龐大的資訊，然後經由其他脈輪認知到這些資訊，並且呈現出來。

第七脈輪連結的是我們體驗到的「心」，尤其是用於覺知的心。心是意識活動的舞台，可以為我們帶來喜劇或悲劇、興奮或無聊。我們是享有特權的觀眾，有幸觀賞這齣戲，儘管有時我們完全認同舞台上的角色（我們的思想），以至於忘記那只是一齣戲。

透過觀賞思想演出的戲，我們的心將經驗消化為意義，並且建構出信念系統，這些信念是主導程式，而我們根據這些程式建構出自己的現實。因此，頂輪是主導的脈輪，連結主導內分泌系統的腺體，也

就是腦下垂體。

生理上頂輪與大腦相關，尤其是高級腦（higher brain）或大腦皮層。我們神奇的人腦包含了大約一百三十億個互相連結的神經細胞，彼此間能夠形成的連結多過全宇宙的星星[3]，這真是個了不起的事實。大腦作為意識的工具，事實上是沒有限制的，而我們身體內有一億個感覺接收器，神經系統內則有十兆個突觸，使得心對於內在環境的敏感度十萬倍於外在環境[4]。因此，我們的確是從內在接受和吸收了大部分的知識。

我們從內在進入到一個沒有確切位置的次元。假設每個脈輪都代表一個振動較小較快的次元，理論上當我們抵達頂輪的層面時，這裏的波動速度應該無限，也沒有波長，因此使得它能夠同時存在於每個地方。這麼一來，意識的終極狀態就是無所不在了，藉由將世界縮小成不占任何物質次元的模式系統，我們便擁有了無限貯藏象徵系統的能力。換句話說，我們的腦袋裏攜帶了整個世界。

這個內在之處就是意識所在，也是我們顯化能流的源頭。一切創造行動都始於概念，在實踐之前我們會先孕育出想法。開端在於心，然後下降通過脈輪呈現出來。概念賦予我們模式，而顯化之流填充內容，賦予了形式。模式隱含著秩序，對印度教徒而言，秩序乃是宇宙實相的基礎。確實如此，如果我們檢視自然和天體，其絕妙秩序顯現出來的智能令人驚歎。

模式的英文「pattern」跟拉丁文的父親「pater」相關。父親給予了種籽（DNA），也就是資訊或模式，刺激了形式的創造。一旦充分接收到模式，概念就開始孕育。接下來是母親的一方賦予模式內容（也就是另一半的 DNA）。母親的英文「mother」來自「mater」，也就是物質「matter」的相同字源。要讓某件事物產生實質影響，就必須物質

---

3. Bloomfield, et al.《*Transcendental Meditation: Discovering Inner Awareness and Overcoming Stress*》，三九頁。

4. Michael Talbot《*Mysticism and the New Physics*》，五四頁。

化的呈現出來，這來自「母親的孕育」。因此，濕婆提供了形式或模式，而身為宇宙之母的夏克蒂則提供了原始能量讓顯化成形。

我們或許以為意識是看不見的，其實只需看看四周，例如城市的結構、屋子內的家具或書架上的書籍，就會看見意識不可思議的多樣性呈現在形式中。如果想要知道意識長什麼樣子，看看我們的世界就知道了，這包括自然與人為的創造。意識本是模式的場域，由此浮現出具體形式的顯化。

那麼，什麼是「更高」的意識？更高意識就是覺知到更高或更深刻的秩序，也就是涵蓋更廣的秩序。更高意識有時稱為「宇宙意識」，指涉的是對於宇宙或天體秩序的覺知。下層脈輪充塞了關於物質世界千百萬的資訊以及因果循環，宇宙意識則延伸到遙遠的銀河以及銀河之外，向著統合一切的實相開放。宇宙意識是對於後設模式（meta-pattern）的覺知——它包羅一切的組織原則，造就了宇宙井然有序的系統。從此處我們可以再度下降到較低層次的秩序，心知肚明下層的結構和作用正是這些後設模式的子集合。

在頂輪，我們將更加遠離物質世界，也脫離了時空的限制。就這個意義上，第七脈輪擁有最大的變通性，可以包含任何一個脈輪的最大範疇，由此就能解釋它的解脫狀態。在思想中，我們可以從古代的石器時代跳到展望的未來，可以在一瞬間想像身處自家後院或是神遊遙遠銀河。我們可以創造、破壞、學習和成長，全都源於內在之處，不需要外在動作或改變。

有人說頂輪是靈魂之所在，是無次元的永恆見證，生生世世與我們同在。也有人說那是濕婆的神聖火光進入我們的身體，帶來智能的入口。頂輪是主導一切覺知的處理器，是通往超越世界與內在世界的門戶，也是包容萬有的無次元圓周。無論我們選擇如何描述頂輪，都必須記住，它的範疇遠遠大過語言所能傳達，我們唯有去體驗才知道。

意識

> 宇宙力量就是宇宙意識。這是追尋者的發現。當他接觸到自
> 身的意識之流時，他可以切換到宇宙實相的任何一個層面，
> 到達任何一點，覺知同時了悟那裏的意識，甚至加以影響，
> 因為不論在何處都是同樣的意識之流，只是振動型態不同罷
> 了。
>
> ——沙特普雷（Satprem）論「曉蓮大師」[5]

每個脈輪都是意識在不同現實層面的顯化，「土」的層面意識最
稠密，而第七脈輪正好相反，是尚未顯化的純粹意識，瑜伽哲學中稱
為「purusha」。到了第七脈輪，我們必須問：「稱為『意識』的這個
東西是什麼？意識的目的是什麼？如何開發意識？」

這些肯定是大問題，從時間初始以來男男女女都在詢問，然而要
進入最後的次元，也就是心智、覺知、思想、智能和資訊的次元，我
們必須探究——因為有能力提問的正是意識本身——的是我們追尋的
目標為何。

當我們問「誰當家」時，我們就會向內看，同時注意到內在的覺
知。只是抱怨商家的貨品而不問誰負責，是沒什麼用處的。如果我們
想要改變，就必須和經理周旋。有人說他就是「見證」本身，也就是
神祕的自性中永遠存在的覺知。見證我們自己的覺知，就是開始探測
神祕的意識領地。

這個現象實在神奇。它是每個人都擁有的能力——雖然看不見、
摸不到，也無法測量或掌握——也是讓我們每個人活著的無法磨滅的
現實。意識的龐大能力調節我們的身體、演奏音樂、說多種語言、畫
畫、朗誦詩歌、記住電話號碼、欣賞落日、解開謎題、體驗歡愉、愛、
渴望、行動、看見；意識的能力驚人，能為之事無止無盡。把我們的

---

5. Satprem《*Sri Aurobindo, or the Adventure of Consciousness*》，六四頁。

關注確確實實轉向這奇蹟，就是進入無盡綻放的蓮花瓣之中，亦即自性的真正源頭。

這自性維護著記憶庫和信念系統，也有能力接收新資訊，同時想方設法整合一切資訊，形成前後一貫的意義。追尋意義也是意識的驅動力之一，亦即是在追尋經驗潛在的統一性。當我們自己的人生有意義時，就會成為更大結構的一部分。缺乏意義的事物無法跟任何事物搭配在一起。意義就是連結的模式，帶領我們更接近完整的「一體」。意義將個人與宇宙結合在一起，這就是「yoga」（瑜伽）的真義。我相信達到頂輪「三摩地」境界時（samadhi，意義變得清楚明白的禪定狀態），就會明白生命經驗的基礎驅力就是追尋意義。

從日常經驗到神祕經驗，大多數心智活動的背後都是在追尋意義。如果上司對你不悅，你可能會疑惑這是怎麼回事，她今天不順利嗎？你做錯什麼事了？她是否對你期待過高？你是否入錯行了？當人們出了意外、生病或交上好運時，他們會尋求意義來幫忙整合經驗。身為治療師，我每天都聽到案主生活中發生的大小事。他們一再提出的問題是：「這有什麼意義？」

一旦我們辨識出情境的意義，就比較懂得應該做什麼、怎麼做，而且可以再度隨著情境流動。當我們獲得基本的運作意義感時，就能連結到涵蓋一切的秩序感。這樣的秩序感又整合了我們的其他經驗，成為完整的一體。

意識是股力量，連結的是悅性（喜德），這股力量是一體性、秩序和組織的力量。意識是設計、模式和智能，從大腦裏面交叉進行的波動形式，到分子結構、建築與城市，它是萬事萬物固有的秩序準則。存在本身就是有意識的組織形成的漩渦。

開發意識的偉大場域會導致它下降，直到它環繞在既存的結構上形成資訊為止。資訊是覺知的秩序準則，而秩序構成了個人的運作系統。「思考」這個活動就是遵循準則和秩序的作用力。身為意識的執行工具，我們天生的傾向就是表達這些資訊，也就是運用和呈現這些資訊。物質形式是終極的顯化，但也是最受局限的。因為物質形式是

一種局限，所以意識顯化之後又想擺脫物質的束縛，再度回到非物質的源頭，在那裏意識可以嬉遊於無限的千變萬化之中。因此，意識的本質既是顯化也是解脫，是濕婆與夏克蒂的永恆舞蹈。

意識的形態

我們尋求真理與精進的目標並不是心智能力，而是在背後運用心智的某種事物。

——曉蓮大師[6]

覺知意謂著將注意力聚焦。你可能在我睡著時跟我說話，而我沒有察覺，因為我的注意力聚焦在別處。開車時景色可能不斷變換，而我渾然未覺，下次看到同樣的景色或許會覺得陌生。要開啟覺知，我們必須留心自己的注意力跑到哪去了，如此才能隨著意志拓展或集中注意力。

生活中的每一刻都有大量資訊包圍著我們，為了運用它們，同時間我們只集中注意力在少量資訊上。比如要閱讀本書，你就得集中注意力在閱讀上面，避開其他事，例如交通狀況、吵鬧的小孩或鄰近的交談。

頂輪的意識可以粗略分成兩種，取決於我們將注意力置於何處：一種是下降成為實實在在的資訊，有助於在這個世界的顯化；另一種則是向外拓展並前進到比較抽象的層面。第一種型態的意識是導向萬物、關係和具體自我的世界，它是限制注意力的結果，是積極思考、推理、學習和儲存資訊的意識，也就是我們的「認知意識」（Cognitive Consciousness）。我們可以把它想成是頂輪的下層焦點，組織有限的細節，以形成愈來愈大的結構。

---

6. 曉蓮大師，見於《*Sri Aurobindo, or the Adventure of Consciousness*》，三〇頁。

　　第二種型態的意識，我稱之為「超越意識」（Transcendent Consciousness），它屬於超越關係及萬象的次元。它是沒有具體目標的意識，既沒有個別小我的覺知或指涉，也沒有認知意識的波動；波動只會出現在邏輯與對比的思考模式中。超越意識優游於後設覺知（meta-awareness），同時能包容萬事萬物，不聚焦於任何特定目標。意識能夠優游是因為放掉了平常的「意識目標」，於是變得沒有重量，無比自由。

　　認知意識需要聚焦在有限與特定的目標上，以合乎邏輯的秩序來分類及組合，而超越意識要求的則是開啟認知以外的覺知。要覺知到更高的秩序，意謂著遠離細瑣和特定的目標。弔詭的是，開啟認知以外的覺知，反而擴大了我們注意力的範圍。藉由放空我們的心，凡是被注意力保留下來的會更加顯著，就好像看著一個人孤立在雪地裏，或者在擁擠的街道上更能彰顯出一些東西。

資訊

> 空間／時間的座標並非物質實相最初的座標，而是意識為了
> 將資訊安排得井然有序，召喚出來的組織原則。
> 　　　　　　　　　　　　——羅勃 · 雅恩（Robert Jahn）[7]

　　每個人都透過各自的經驗，在內心建立起個人的資訊母型（matrix）。從第一眼瞥見母親的面容到寫博士論文或其他，我們一生都試圖從周遭所見的一切，拼湊起某種秩序感。我們接收的每一段資訊都併入母型中，使得母型愈來愈複雜。隨著母型成長得愈複雜，它會傾向於定期「重組」，找出更高層次的秩序來簡化系統。如果底線崩塌，就開始重建，於是便可以更有效的運用能量。這就是我們所熟

7.　Robert Jahn，出自「Foundation for Mind-Being Research」的宣傳刊物《*Reporter*》，August, 1982,Cupertino, CA, 第五頁。

悉的「啊哈！」反射回應──當一小段資訊歸位時出現的小小開悟，我們會覺知到新的完整性。開悟就是逐漸體悟愈來愈大的完整性。在我們的全像模式裏，每一段新資訊都讓基本圖像愈來愈清晰。

母型結構是透過我們從經驗中獲得的意義創造出來的。母型會變成個人的信念系統，以及生活中的秩序準則。我們都是秩序的一部分，而且會根據母型結構所遭遇的一切，來保持內在和外在經驗的一致性。如果我的信念系統認為女性比較低劣，便會在所有行為中呈現出來，包括找人來鞏固我的信念；如果我相信今天是我的幸運日，就很可能在今天呈現出我人生中正向的事情。

信念系統是根據我們從經驗中得來的各種意義組成的。如果一再失敗，我們就會告訴自己，這表示自己很笨，最後我們會深信自己是愚蠢的。這些信念系統組成了母型，其他所有資訊都會集中注入母型裏。如果我給你一點反饋，你會根據自己的知識背景過濾這資訊，然後把它加入你的信念系統裏，那麼你或許會說：「喔，我永遠沒辦法做對事情。」或是，「我永遠沒法子取悅你。」這樣的信念來自你從中引導出的意義。有另外一套信念系統的其他人，則可能得出完全不同的意義。

意義與信念之間的關係如此強大，如果有某段資訊不符合我們的內在母型，我們或許會說：「喔，我不相信你。」然後就完全拋棄掉這則資訊。如果我告訴別人我見過外星生物（我還沒見到），大多數人不會相信我，因為他們缺乏接納這種經驗的母體；如果我在「幽浮」研討會上告訴別人同樣的資訊，他們很可能確信不疑，或者賦予這個經驗完全不同的意義。

這是心智的陷阱之一。如果拒絕了不符合目前內在模式的任何資訊，我們要如何吸收新資訊，同時拓展意識呢？但如果我們拋棄了內在母型，又如何區辨事實與虛構，或是組織時刻接收到的龐大資訊？

最好的答案就是靜心，因為這樣的修行讓心智得以揀選資料，拋棄過時的信念系統及不必要的資訊，以根本的統一性重設個人的母型。靜心好比重組你的硬碟，不需要摧毀你的系統，就可以有更多空間來

操作和記錄新資訊。靜心讓我們的頂輪更開放的去覺知,卻不會淹沒或迷失在無限之中。靜心幫助我們保持在自己的核心,也就是自性,我們根本的母型上面。

下載資訊

超心理學的研究、前世回溯和其他的研究顯示,某些心智的活動獨立於大腦之外。在回溯前世的一些案例中,有些人能夠記得經過客觀驗證的事實。他們精確的描述了沒有見過的房子,或者會說外國語言,描述了後來見諸於日記、信件和書籍的紀錄。既然人的身體/硬體已經完全翻新了,顯然有些資訊是存在於大腦之外的。

這些資訊暗示有某種「資料場」獨立存在於覺知者之外,就好像無線電波獨立存在於收音機之外,或是無論有沒有電腦,網際網路都存在。身體擁有神奇的神經系統和反應能力,是這些資訊的接收器,就好像電腦可以接收和下載網路上的資訊一樣。

儘管這個資訊場在實體世界中或許是非物質的存在,它仍然是非常真實而且會造成結果的因素,就好像看不見的磁場令金屬屑形成了特定形狀,而這就是為什麼較高的層面往往被稱為「因果層」的理由。當我們「對準了頻道」時,就可以接聽到這個資訊場,進入因果的領域。

生物學家魯伯特 · 謝德瑞克(Rupert Sheldrake)創造了一個名詞「morphogenetic fields」(形態建成場),源自「morphe」(形態)和「genesis」(建成),至少部分說明了這種現象。形態建成場的理論,假設宇宙的運作更多是基於「習慣」,而非不可變更的法則。「習慣」是指事件在歲月中重複發生創造出來的模式,而這些習慣的重複又在較高層面創造出一個場域,於是增加了事件落入模式的可能性。形態建成場是物體和行為的特徵,這或許解釋了我們所稱的直覺是如何運作的。

舉個例子,兔子的形態建成場是由現在及過去存在的大量兔子創造出來的,任何酷似兔子的事物都會落入極可能「是兔子」的定上,

而兔子的性質是由形態建成場界定的。如果你走進一家五金行，說你想找有把手且可以釘釘子的工具，老闆可能會說你要找的是「鎚子」，因為已經存在過那麼多的鎚子了。現在釘槍比較普遍，因此也許比較可能獲得推薦，但在二十年前就不太可能，因為那時釘槍還不普及。

形態建成場屬於意識和顯化之間的關係，因為它們在這兩個世界搭起了雙向連結。形態建成場是透過實體世界發生的一切以及重複和習慣建立起來的。這個場域一旦建立起來，就會規範物質世界的未來形式，順服的程度根據場域力量的大小而異。謝德瑞克表示：

> 「若先前存在的習慣具有壓倒性影響力，新的場域就不可能建立起來。比較可能的狀況是，較高層級的場域將較低層的習慣整合進來，成為新的綜合體……。向前進化不是靠改變基本習慣，而是容納基本習慣，由此建立越來越複雜的模式。」[8]

其中一個例子就是，過重的人減了五十磅，卻有無法滿足的欲望想要吃，直到又恢復了正好五十磅。你是否注意過胖子幾乎總是保持差不多的體重，不管他們是節制或放縱飲食？因為身體的形態建成場想要維持它熟悉的形式。藉由進入不同層面，「想瘦」是比較有效的減重方法，因為思想改變了導致身體外形的形態建成場。

信念由許多人共同執守時，它的建成場力量會比較大，並且減少了對立信念存活的機會。男性至上的信念所創造出來的建成場就是主要例子，因為千年來這個信念已經完全滲透了我們的文化，提供男人更大的優勢，於是他們能夠成就得更多。隨著愈多女人透過女性主義發現了她們的力量，另外一個建成場便產生了，這讓文化的信念系統得以改變形式。然而這需要長時間，還要許多的女性和男性參與進來，以建立的場域。隨著時間的消逝，建成場會愈來愈強大，讓下一代的

---

8. Rupert Sheldrake「Morphogenetic Fields: Nature's Habits」，刊載於《ReVision》，Fall, 1982, Vol.5, No. 2，三四頁。

女性和男性比較容易擁有新的信念系統。

思想就是結構，就好像身體是建築一樣。思想的細節或許時刻在改變，但母型結構在一定時間內多少會維持原樣，尤其這是多數人心之所向。如果希望改變我們的意識，就必須深入意識產生的場域，同時探索其中蘊含的更高層秩序。從超越的層次，可以進入更高秩序的新場域，屆時便能夠改變自己的母型，以及在物質世界的顯化。這是自我意識進化的過程，唯有踏上意識之旅才有可能完成。

超越和內蘊

> 意識一旦從潛藏於心智、生命和物質的千千萬萬振動之中釋
> 放出來，便充滿了至樂。

——曉蓮大師 [9]

頂輪是有限和無限、凡俗和神聖、短暫與永恆的交會點。通過這個門戶，我們的拓展超越了個人的小我，也超越了時空限制，而體驗到初始的一體性和超越的至樂。頂輪也是神聖意識進入身體之處，然後會向下降，為所有脈輪帶來覺知，賦予我們手段，影響周遭世界。

我們已經說明過兩股能流創造了認知和超越意識的境界，除此之外，這兩股能流也產生了兩種相異卻互補的靈性狀態——超越與內蘊。再說一次，是上升的能流帶給我們解脫，而下降的能流帶來了顯化。要想擁有真正完整的理論，兩者都需要耕耘。

一旦努力達到與脈輪相連的七個層次的覺知，我們也會逐漸超越限制、短視、立即性、痛苦和磨難，這是東方思想最強調的方向，借助的是瑜伽的修行與哲學，來構成通向宇宙意識的必要門戶。痛苦和磨難據信是來自錯誤認同了有限世界的虛幻本質，矇蔽了無限的終極

---

9. 同上，六六頁。

實相。依戀有限形成了我們靈性成長的障礙，因此依戀乃是頂輪的首要心魔。

超越意識最大的特徵就是它的空無，因此我們要放掉依戀才能進入。超越意識帶領我們超乎平凡，進入廣大浩瀚的一體性。觀察者即參與者，自我和世界沒有分隔，也沒有時間感。正如杯子空無一物讓它能夠被注滿，空空如也的心才能成為順暢的通道，讓我們體驗超越。

超越意識幫助我們從幻象的陷阱中解脫出來，讓我們達到至樂和自由的狀態。自我通常產生種種依戀，來維護它的自我意識和安全感，然而這樣的我是受限的小我，它脫離了潛藏的一體意識，而我們就是從一體意識中誕生出來的。

意識的下降能流擁有神聖的悟性，能夠帶來內蘊的意識。內蘊就是內在的神性覺知，可以帶給我們智能、啟蒙、靈感、光輝、力量、連結和最終的顯化，而超越意識則是外在的神性覺知。真知乃是體悟到超越與內蘊是互補的，內在與外在世界是不滅的一體。

解脫的能流帶給我們解脫或「mukti」，而下降的能流帶給我們享樂或「bhukti」。正如亞瑟 ・ 阿法隆在《靈蛇力量》（關於脈輪的譚崔典籍最為字斟句琢的翻譯版本）中的陳述：

> 「夏克蒂－譚崔最主要的法則之一，就是藉由修持（Sadhana）來鞏固解脫與享樂。之所以可能是因為自我在享樂中認同了世界的靈魂。」[10]

正如海底輪既既是昆達里尼升起的源點，也是我們深深扎根到大地之處，頂輪本是所有顯化的源頭和超越的門戶。超越意識和內蘊不互相排斥，它們代表了意識的基本振動，頂輪的吸入和呼出，而頂輪正是人類生命的入口和出口。

---

10. Arthur Avalon（亞瑟 ・ 阿法隆）《*The Serpent Power*》（靈蛇力量），三八頁。

靜心：蓮花之鑰

尊貴的人，但願你的頭是空空的殼，這樣你的心才能有無限
歡樂。

——梵文古諺語

要發展第七脈輪，沒有比靜心更偉大的修行了。只有透過靜心，
才能了悟自性。靜心能促進靈性正如飲食和休息能滋養身體一樣。

靜心有數不清的技巧：你可以調節自己的呼吸，可以吟誦真言咒，
可以觀想顏色、形狀或神祇，可以轉移能量通過各個脈輪，可以帶著
覺知走路或行動，可以連接腦波儀器，或只是凝視前方。但所有技巧
必須有一個共通點，那就是可以提昇、安撫及調和身心的能量振動，
清除心慣有的混亂狀態。

我們理所當然認為自己需要洗澡、打掃屋子和洗衣服，如果不
這麼做就會不舒服，更別提會成為別人批評的對象，而心和思想也需
要清理，或許更甚於身體。心的工作時間更長，遭遇的層面也更廣，
同時還掌控了我們生命的操作系統！少有人會想用前一天的髒碗盤吃
飯，但人們卻不在乎用昨日混亂的心來處理新問題，也難怪我們會感
覺疲憊、困惑和無知了！

靜心既是目的，也是手段。透過靜心，或許可以變得較明提振外，
或者身體協調得較好。不過，我們的心是其他一切無法切割的總指揮，
到理當用最佳方式對待。

因為第七脈輪是「最內在」的層面，所以靜心才會是通往內在世
界之鑰。透過靜心，我們可以有系統的脫離外在世界，培養內在覺知
的敏銳度。透過敏銳的覺知，我們才得以進入連結萬事萬物的「奇點」
（singularity）。我們是個人所有經驗形成的漩渦，而漩渦的中心就是
體悟。

透過調和我們的身體、呼吸和思想，我們得以將脈輪的能量調和
一致，覺知到創統合的本質。但這並非物質現實面的調和一致，而是

內在原型能量的整合，也就是與我們在每個脈輪發現的潛在一體性融合。

　　但靜心究竟可以達到什麼效果呢？靜心對生理、心理有什麼影響，獲得的益處是什麼？這種什麼都不做的奇怪修行，為什麼會如此寶貴呢？

　　由瑪赫西大師（Maharishi Mahesh Yogi）倡導的「超覺靜坐」（Transcendental Meditation，簡稱 TM）風行一時，使得系統性的研究成為可能，而得以探討形形色色的靜坐者受到的身心影響。由「超覺靜坐協會」指導的超覺靜坐，包括了一天兩次每次二十分鐘的簡單練習，修練只要安靜的坐著，內心誦持由教師給予靜坐者的咒語，沒有奇怪的姿式、呼吸法或飲食建議，使得這套修行很容易學習，也很容易研究。

　　這些研究中最值得注意的發現，顯示在腦波儀（EEG）測量出來的腦波模式。在平常清醒的意識狀態下，腦波是隨機和散亂的，而且最普遍是處於 β 頻率。大腦的兩個半球可能產生不一樣的波長，同時前腦和後腦的腦波可能差異更大。

　　靜坐顯著的改變了這種狀態。開始靜坐時，受測者立刻顯示 α 波增加，而且是從後腦開始，然後向前腦移動。α 波就是放鬆的心智狀態的特徵。幾分鐘後 α 波會加大振幅。前後腦的相位趨於同步，左右半球也同步。這種共振狀態會持續下去，而且在許多案例中還出現了比 α 波的狀態更深沉的 θ 波，尤其是在經驗豐富的靜坐者身上。在最精進的靜坐者身上，研究人員發現 α 波會比較頻繁出現在清醒狀態中，而且振幅也比較大。就這些資深靜坐者而言，θ 波在靜坐時比較占優勢，甚至會出現在平常的清醒狀態中[11]。

　　靜坐也有生理效應。氧氣的吸入減少了百分之十六～十八，心跳速率降低百分之二十五，血壓也降低了，而這些都是自律神經系統所

---

11. Bloomfield, et al.《*Transcendental Meditation: Discovering Inner Awareness and Overcoming Stress*》，七五頁。

控制的 [12] 非自主性的生理作用。這麼一來，身體就會進入比睡眠更深層的放鬆狀態，經過這樣的休息，清醒時的意識便會更加警覺。

有意思的是，當靜坐者進入深層休息狀態時，他們的注意力／覺知力反而會提昇。如果針對非靜坐者定時發出聲響，腦波測試則顯示出他們會逐漸吸收這個聲音——對聲音愈來愈沒有反應，最終會忽略它。另一方面，當靜坐者在打坐時，每一次對他們發出這個聲音，他們都會重新反應 [13]。因此當身體減少活動時，心實質上會從身體的限制中釋放出來，獲得較大的自由去拓展新視野。

有人主張靜坐減緩了大腦皮層和邊緣系統的刺激，而且透過腦波的共振，療癒了舊腦和新腦之間的分裂 [14]。我們懷疑新舊腦的分裂，造成了疏離的情緒狀態和精神分裂行為，而這是人類獨有的困境，動物根本不會出現這種現象。兩個腦半球之間比較好的協調，也會增強認知和覺知的能力。

那麼對心理的影響呢？除了普遍感到放鬆、內在平靜和增強的幸福之外，研究發現靜坐者的學業表現也進步了，工作的滿意程度和生產力提昇了，藥物使用（包括處方用藥和娛樂性用藥）量減少，反應也變得比較迅速 [15]。這一切全部來自坐著不動，什麼事都不做！

面對這些證據，很難否認靜坐使人獲益良多。誰不想要更健康，提振心情同時增強表現？這一切只需要一套不必花錢毋須設備，而且到處可以進行的練習！可是為什麼那麼少人願意真正花時間來靜坐？為什麼那些肯花時間靜坐的人往往發現，很難如其所願想靜坐就靜坐？

我們談到過節奏、共振和形態建成場，以及這三者如何傾向於維持現狀。在一個注重下三輪的物質世界，物質很難找到時間和正當性

---

12. 同 11，附錄。
13. 同上，六六頁。
14. 同上，七八頁。
15. 同上，附錄。

甚至欲望，去離開現狀進入不同的腦波，尤其當物質收穫如此主觀時。我們「應該」靜坐的想法，加上其他成千上萬個「應該」，每天都在砲轟我們，這幾乎使得靜坐練習令人厭煩。

現形靜坐是一種心靈境界，不是在努力做什麼。一旦能幾次達成這種靜心狀態，就會開始創造出鞏固的節奏和形態建成場，以及對周遭能量振動的影響。靜心於是成為生活中不可或缺的部分，無論是處於清醒的意識狀態、睡眠或其他活動下，我們都能保持靜心。這時靜心便成為一種喜悅之事而非紀律。不過在那之前，我們只能說明其效果，希望這足以點燃好奇心，至少代價是合理的！

靜心技巧

現在我們來談談要怎麼做。我們發現有多少靜心者，就有多少種靜心技巧。我建議，在某種程度上，值得去試試每一種靜心技巧，再根據經驗為自己量身打造最適合的方法，然後堅持一段時間，因為靜心練習要經過時間，才能顯現出最大的收穫。

重要的是，找到你不會受到干擾的安靜舒適環境。確定你的衣著不會造成束縛，不會太熱或太冷，讓人分心的噪音也要降到最低。通常空腹靜心是比較好的，不過餓到胃痛也會讓人分心。

大部分的靜心是舒服的坐著進行，脊柱挺直但是不要緊繃。你可以坐在椅子上，或是雙腿交叉坐在地上；可以是雙盤或單盤（圖8–1），或是簡單的散盤。採取坐姿的原因是，不費力的維持姿勢，身體才能放鬆，但是不能舒服得睡著了。再者，挺直的背脊能讓所有脈輪對齊，能量這樣沿著中脈上下傳送會比較順暢。

以單盤坐直上半身（半蓮花坐）時，你可以做許多事：你可以隨息，讓自己融入呼吸的節奏；你也可以凝視曼陀羅、燭火或其他合適的視覺；你也可以只是觀察自己的思想來來去去，不要追隨、阻止或裁判。將自我和思緒區隔開來，將有助於達到超意識狀態。

如同「超覺靜坐」的技巧一樣，你也可以在內心持咒，把心專注在由咒語引發的流貫全身的振動。我們已經知道持咒可以調和能量振

動狀態。你可以觀察自己的情緒起伏,漸漸達到超然狀態;觀想各種顏色通過你的脈輪,或是把時間用來詢問是誰在靜坐。乃是一項普遍的禪修練,全神貫注於「公案」(Koan)的弔詭陳述。藉由公案缺乏邏輯的特質,可以讓心脫離智性傾向。「單手擊掌是什麼聲音?」就是一則典型的公案,另外一則是「你出生之前是何面目?」,公案的概念不是去找到答案,而是讓問題打掉思考邏輯模式造成的屏障,開拓你的覺知。

　　各式各樣的靜心形式有一個共通點,那就是都要求將心專注在一件事情上。在平日清醒的意識狀態下,我們的心片刻不停的飛快游移在許多事情上,靜心則是要讓心專注於一個目標上面。每一種靜心技

圖 8–1
單盤(半蓮花坐)

巧，無論是透過聲音、物體或公案，都是設計來讓心聚精會神的，以便脫離平日已成積習的混亂狀態。

我們很難去比較這些技巧的高下，給予任何價值判斷，因為不同的靜心方式帶給人不同的影響。重點不在使用的技巧，而是你能夠運用得多麼嫻熟。無論技巧如何，只要日積月累的重複和專注，自然就會精進。靜心是種修練，如同其他任何修練，只要不斷練習就會愈來愈容易。

開悟──終於到家了

> 在我的解脫意識中，涅槃成為我了悟的開端，邁向圓滿的第一步，既非可及的唯一真正成就，也不是達到顛峰的終曲。
>
> ──曉蓮大師 [16]

開悟並不是成就而是過程。成就是要獲取的，而過程就是身處其中。把開悟視為成就，說我們「找到」了，一定會有矛盾，因為開悟和追尋開悟的自我是分不開的。了悟之後，我們就會發現從未失去！

正如「愛」是很難描述的概念，卻是自然的健康狀態內蘊的一部分，我們也可以把開悟想成是同樣難以描述的自然狀態，這麼一來，我們，就得透過無為而非作來體認開悟。我們以自己的心智障蔽住開悟，就好像屋頂阻擋太陽照耀到我們身上一樣。

雖然說我們已經擁有悟境，但不代表培養悟境不會有收穫。悟境雖然存在於我們內心，不表示要按兵不動，因為在超越的世界裏，永遠存在著更深刻的狀態和更高明的境界，以及更多可以探索的次元。如果我們能從現在立身之處去探索彼岸，我們的確會有所得！

大多數人認為開悟是通曉一切答案的狀態，但我們也可以把它想成是終於得到正確的問題。經驗了超越的世界，我們只會留下滿心的

---

16. 曉蓮大師，引用自 Satprem《*Sri Aurobindo, or the Adventure of Consciousness*》，一五三頁。

敬畏和讚歎。答案是成就，問題才是過程。

　　以脈輪的角度來看，脈輪必須一一開啟，才有可能開悟。開悟不只是打開了頂輪或中脈上的其他脈輪，開悟是體驗到萬事萬物的一體性，同時將這樣的體驗與自性整合起來。唯有連結了自性，才會產生開悟。開悟是「形成」（becoming）的過程。

　　於是我們終於到達了目的地，卻發現那只是另一個起點。但終點的存在還有別的理由嗎？

第七脈輪的練習

跟隨你的念頭

　　躺著或保持舒服的靜坐姿勢。運用對你最有效的技巧，讓心變得安靜平和。

　　逐漸讓自己的注意力放在飄過心上的念頭。拾起一個念頭，問自己這個念頭從何而來，之前的念頭是什麼，然後一直追溯到念頭的源起。或許是發生在多年前的事，或是目前壓在你心頭的事。然後再度跟隨這個念頭到它的源頭，並且繼續追溯每個念頭的源起。終於，我們來到了無限的源頭，沒有實質性的源起。

　　回過頭來，再拾起另一個飄過的念頭。重複相同程序，追溯到更深更深的過去。看看你有多少念頭衍生自類似的源頭：你目前正在努力的人生議題、昔日的一位老師，或者你與無限連結的自我定位。

　　追溯一些念頭的源起之後，開始觀察你的念頭一個一個過去，不要去追蹤，只是讓念頭通過，不要否認，也不要保留。讓它們返回自己的源頭，直到幾乎沒有念頭來去，而你也回到了源頭為止。只要合適，就盡可能停留在那樣的狀態，然後慢慢回到平常的意識。

阿卡夏檔案庫之旅

這是需要透過引導的靜心冥想。

舒服的躺著，面朝上，放鬆頭和頸部，同時慢慢放鬆身體的每個部位。讓身下的地板支撐你，放鬆你的腿……你的背……你的腹部……你的手臂和肩膀。雙手握拳，然後鬆開，彎一彎每根手指。腳趾朝前伸直，然後放鬆，扭動一下每一隻腳。慢慢的專注於呼吸的節奏……進……出……進……出。讓你的身體輕盈浮動在地板上，每一條肌肉都釋放掉緊張。

當你觀察自己的呼吸時，也要覺知自己的念頭。觀察這些念頭曲曲折折緩慢通過你的心，毫不費力的在你的腦海中上演它們的意象。當你觀察自己的念頭時，也會覺知到一些你想知道的訊息，一些埋藏在內心深處的問題。這些問題可能是關於愛侶、目前的困境，或者過往人生的資訊。花點時間專注於你的問題，弄清楚你想要知道什麼。

當你的問題清晰了，就讓它離開你的心裏，等適當的時候它會再回來。

輕鬆的躺在地板上，想像身體愈來愈輕。你肉身的固體質量漸漸變輕，感覺自己捲進漩渦裏，彷彿上升到雲霧中。你向上飛，在雲霧裏穿梭、打轉，這片雲霧沒有形狀和形式。終於雲霧開始逐漸成形，你看出來一道向上攀爬的螺旋梯。你爬上樓梯，愈來愈高，樓梯也變得愈來愈固實。每一階都讓你意識到踏向自己的宿命，每一階都帶領你愈來愈接近你想要知道的。

不久階梯變寬了，你抵達一棟巨大建築，建築延伸到你極目所見最高最遠之處。有一道大大的門，毫不費力進去了，看到更多的樓梯、長長的走廊，還有許多開著門的房間。你站在大廳裏，提出問題，你聽到自己的問題迴盪在整座建築物裏，又回到你的身上。

你開始走路，聆聽你問題的回聲，跟隨最響亮最清晰的聲音走。跟隨你的腳步，不管會被帶到哪裏去。走路時請重複你的問題。終於，你發現自己身處在一個房間裏。注意門口和家具的擺設，看看門上有

寫任何文字嗎？家具是什麼顏色？哪個時期的樣式？

　　當你四處張望時，注意到一個大書櫃，上面有好多書。檢查這些藏書，看看有哪本書突顯出來向你招手。找出上面有你名字的書，或許不是你這一世用的名字，但是書應該毫不費力就落到你手裏。再一次敘述你的問題，然後打開書，讓書隨自己的意翻到某一頁。閱讀那一頁的文字，停下來咀嚼其意義，然後翻開下面幾頁，再瀏覽一下。打開你的知覺去意識周遭的資訊——充滿書籍的眾多房間、隱藏於整棟建築的古老智慧——然後把資訊收進心裏，不要試圖去分析，就讓它存在著。

　　接著，等你準備好了，把書放回架上，知道自己隨時想要都可以再找到它，然後慢慢轉身離開房間，走回到處都是門的走廊。

　　你進入大廳，走出高大的柱門，向外邁步，一邊走一邊思索從這樣的高度可以看見的不可思議景色。這裏不斷出現各種圖案，來來去去旋轉著，有著你能夠想像的每一種顏色、形狀和節奏。當你進入大氣層時，身體漸漸變得沉重，你緩慢的一直下降，滑進地球的次元，在這裏，你的身體正舒服的躺在地板上休息。檢視你帶回來了什麼，等到你準備好了，再回去那個房間。

　　注意：你找到的資訊的真正意義不一定總是明顯地呈現出來。

　　　　　在分享之前，你可能要多花點時間（或甚至是幾天）

　　　　　思索。

第七脈輪推薦書目

1、Satprem《*Sri Aurobindo, or the Adventure of Consciousness*》NY: Harper & Row, 1968.

2、Bloomfield, et al.《*Transcendental Meditation: Discovering Inner Awareness and Overcoming Stress*》NY: Delacorte Press, 1975.

3、Georg Feuerstein《*Wholeness or Transcendence: Ancient Lessons for the Emerging Global Civilization*》NY: Larson Publications, 1992.

4、喬・卡巴金（John Kabat-Zinn）《當下，繁花盛開》（*Wherever You Go, There You Are. NY: Hyperion, 1994.*），心靈工坊，二〇〇八＊教你如何保持心專注於當下的一本書。

5、Lawrence Le Shan《*How to Meditate*》NY: Bantam, 1974. ＊很好的入門書，包含了靜坐的許多技巧和普遍提出的問題。

6、鈴木俊隆《禪者的初心》（*Zen Mind, Beginner's Mind. NY: Weatherhill, 1979.*），橡樹林，二〇〇四

7、Charles Tart《*States of Consciousness*》NY: E. P. Dutton, 1975.

8、John White, ed.《*Frontiers of Consciousness*》NY: Julian Press, 1974. ＊關於意識研究各種面向的傑出論文集。

第三部

總結

第九章

歸程

　　宇宙力量就是宇宙意識。這是尋道
者的發現。當他接觸到自身的意識能流
時，就可以切換到宇宙實相的任何一個
次元，到達任何一點，覺知同時了悟那
裏的意識，甚至影響它，因為不論在何
處都是同樣的意識能流，只是振動型態
不同而已。

——沙特普雷論曉蓮大師[1]

　　我們已經一路爬上脈輪柱，也完成了上升的能流，但是旅程尚未結束。我們爬上靈性的頂峰，獲得了只能從這個視野看到的景致，現在的挑戰乃是要再度下降回去，並且將新的體悟應用於周遭世界。因為我們已經把下層脈輪的能量帶入意識中，因此現在的任務就是要把精進的意識帶回給下層脈輪。

　　純粹意識（purusha）從超心理次元（supramental plane）的浩瀚場域進入了個人性的領域，向下降落到顯化的層面，它一路通過脈輪時，變得愈來愈凝聚。攀爬到頂端擁抱濕婆之後，夏克蒂通過脈輪下降，首先進入心智和感官知覺中，然後是有限物質的五元素。當祂抵達最終的地球層面時已經無事可做，於是祂休息，成為盤繞休眠的昆達里尼－夏克蒂的形式[2]。

　　在向上的旅程中，我們利用脈輪作為踏腳石來通向解脫，每一步都應允我們更多的自由，擺脫受限的形式、重複的習慣，以及對世俗的依戀；每一步都拓展了我們的意識和視野。在向下的能流中，脈輪成為意識力量的「凝聚者」，組織意識的能量，在每個層次相連的不同介面中轉換能量。在意識的下降過程中，脈輪類似收集雨水的池子，因為意識就像雨水，從天而降，流過山脈注入大海，只要有坑洞，就可以集水來使用。如同水池一樣，脈輪是精微身中收集神聖意識的處所，讓神聖意識凝聚得愈來愈密實，最終顯化於物質界。如果某個脈輪阻塞了，它聚集的能量也就變得有限。

　　這樣的類比也能用來說明在光譜兩端體悟到的不同的一體概念。當雨水從天而降時，原本是一團小水滴，就好像是水氣的集中場。等到雨水落到大地上，碎裂為數百萬的微細水流，再慢慢聚集成較大的數千條小溪，然後是數百條更大的支流、數十條大河，最後進入廣闊的海洋。雨滴於是歇止在統一的水域裏，直到化為微細的水蒸氣，又

1.　Satprem《Sri Aurobindo, or the Adventure of Consciousness》，六四頁。
2.　Arthur Avalon（亞瑟・阿法隆）《The Serpent Power》（靈蛇力量），四一頁。

上升回到天空。下降的每一步都創造出較大較粗糙的事物,並且朝向簡化和單一前進。

於是我們從純粹的意識——沒有維度的場域處於最高狀態時,是完整不動的——展開向下的旅程。超越意識克服了起起伏伏的區別意識,直到完全平順,沒有任何漣漪或波瀾。意識一旦開始下降,就會出現向外擴散的漣漪,使得些微的覺知突出於虛空之上。這波漣漪就是意識最初的焦點,是任何存在的第一道曙光。

當我們集中注意力時,覺知的微波會向外擴散,在時空的架構中形成微細的波動。這些波動並非孤立的,而是會催生出其他的波,再衍出更多的波。當這些波交會時,會形成干涉(干擾)模式,而且以太體的意識放射變得愈來愈密實。我們在第六脈輪探討過的全像原則,就是這種干涉模式的範例,每一道波交會之處,就是吸引覺知的「節點」(node)。

這是第六脈輪的層次。原始資訊開始擁有意象,讓意識能夠「辨識」或「重新認識」。現在意識能夠自我餵養了,它覺知到這個意象,進而產生反應或是加以改變。資訊開始具顯化,不過在這個階段還只是清楚成形的思想。

當心智聚焦於這些建構好的意象時,會發散出更多的漣漪,為意識建構出更多能夠辨識和反應的干涉模式,令場域變得愈來愈密實。我們的波現在已經多得數不清,互相反應產生了覺知的場域,充滿各種頻率振動的漣漪。相似的頻率會互相調和、產生共振,加深它們的振幅。

現在我們到了第五脈輪,意識再度自我摺疊。重複的意象有了特定的振動性質,因而獲得名稱。名稱乃是利用波的作用讓想法可以互相傳送。在我們的干涉場域裏,名稱可以用來區別和描繪差異,畫出邊界,讓不同想法變得顯著和明確。

當我們命名時,就是在關係世界中定義這件事物。在第四脈輪裏,我們發現自己在命名的事物間找到了秩序。有波動就有干涉,有事物就有關係,而在關係中必須有平衡性,才能繼續顯化。

現在我們到了第三脈輪，開始進入身體的物質層面。我們的漣漪愈來愈密集和有秩序。我們運用意志指揮著原始能量，呈現出我們意願的形狀和形式，如此創造出充滿生命能量的場域，這個場域能夠引導和支撐著原始物質的形式，與我們的願景或意願保持一致。生命力的充沛能量支撐著我們的身體；愛的充沛能量支撐著關係；理念的充沛能量召喚出熱情，吸引來別人的支持。

現在我們來到複雜與組織的層次，非常接近地心引力了。由於能量和意志把散漫的物質聚合起來，相異的能量才變得愈來愈密集。當能量愈密集時，就會創造出自己的重力場，後續的事就會自動發生，原始能量被各種分隔原則拉扯，而這些分隔原則本是思想模式早已設定好的。重力在我們的組織場域上拉扯，彎曲了時空架構，把質量聚合在一起，造成能量運行，於是得以持續變動。這樣的運行會尋求平衡的差異狀態，尋求歸還我們場域的構成零件，還給原初的一體性。

最後透過這股重力，我們建設性的與干涉的漣漪匯合，創造出質量。我們帶著重量和體積來到物質世界，回到了地球——飄浮在星海裏無數團塊中的一份子。

當我們比較向下和向上的能流時，會發現一件非常有趣的事——它們的模式幾乎一模一樣，光譜的兩端驚人的相似。

從第一脈輪開始，我們從原初的一體狀態啟程，從一體狀態中移動到差異的世界，從差異的世界移動到選擇和意志，再從意志移動到時間與空間的三維世界，這個世界充滿了精確安排的關係。

從第七脈輪開始，我們從原初的一體狀態也就是無分別的意識啟程。一旦那個意識產生最輕微的漣漪，一體性便會碎裂而產生差異。為思想模式命名時，我們行使了意志，發揮了創造力，而那股創造力乃是用來組織元素形成精確的關係模式。

在光譜物質的這一端，我們擁有的是分子和原子構成的實體。當我們仔細檢視時，便知悉了原子是能量場，包含了能量集結的節點，以及節點之間空蕩蕩的大量空間。檢查次原子粒子時，我們注意到它們看起來更像是波，是概念相異的思想模式間的種種可能性。

在光譜的以太這一端，我們擁有了意識。意識的終極狀態是沒有界分性的，而實際上意識是時空場域之外的存在，充滿著細微的漣漪波動——看起來更像是波，是概念相異的思想模式之間的種種可能性。

我們是否錯把昆達里尼當成了吞噬自己的蛇？這條靈蛇咬著自己的尾巴？

印度教徒談論的終極實相是井然有序的。事物並不真實，行動也不真實，唯有神聖的秩序是真實的，那是描繪出所有「馬雅」的原則。馬雅就是我們經驗到的現象界。神聖的秩序本是一種組織力，它影響了所有物質。教義描述滲透所有力量的法則是「濕婆的頭髮」，這些頭髮本是阿卡夏檔案庫（Akasha）的組織原則。阿卡夏檔案庫屬於非物質的靈性世界，也就是以太界。由於濕婆是意識的男性原則，祂頭上的細微頭髮只能代表意識最初發散出來的赤裸思想。一開始的差異是夏克蒂；夏克蒂是他者，是女性。結合了夏克蒂，世界創造出來了。舞蹈已經開始，而且永遠不會終結。

因此我們發現，結束就是開始。我們並非直線前進，而是互相貫穿，沒有終點，只有旅程。

我們思索過意識下降流動的理論層面，現在可以將它應用於日常生活了。

我們從原始資訊開始，也就是大腦裏那些嗡嗡作響的散漫念頭。我們的念頭活躍於頭的後半部——收集其他念頭來鞏固自己。或許靜坐只是為了讓我們的念頭更凝聚，因為靜坐時某些念頭會引起我們的注意力，甚至可能變成想法；我們專注於這個想法，在心中形成意象。我們可能會幻想、做白日夢，或者想像著這個念頭的各種面向，這麼做的時候念頭便擁有了形狀、形式和顏色，在腦海中產生出意象，於是我們散漫的念頭開始鞏固，不過在顯化之前還有漫長的路要走。

姑且假設我們的念頭是要蓋一棟房子，當我們思索時開始在腦海裏看到房子的大小、外觀或顏色，或許也想像自己在前門走著或是在廚房煮飯。當我們以想像裝飾念頭時，我們的各種想法便開始聚積在第六脈輪。隨著意象具體化，我們才能夠告訴別人自己的想法。我們

與人溝通想法（第五脈輪），描述房子的大小和形狀，甚至可能開始畫草圖，進一步具體化我們的意象。接下來，我們必須把想法帶進關係裏（第四脈輪）。我們不能隨意在任何地方蓋房子，我們需要買一塊土地，而這塊土地是在社區裏，有些規則要遵守，我們也必須有能力聯繫建築師、建築包商、代書和貸款行員。為了讓一樣事物顯化出來，必須和已經存在的事物產生關係。

計畫不能只憑著觀想和溝通就變成現實，我們必須用上自己的意志，而那是第三脈輪的作用力。意志可以引導原始能量，例如金錢、物質和人，朝向特定的目標。這麼做需要能量。在意識引領下投入重複的形式和刻意的行動，並且透過身體新陳代謝的過程獲得燃料。我們投資了能量，因此計畫開始在物質界成形。我們讓事物動起來，例如工具和建築材料，把它們聚在一起（第二脈輪），直到終於讓一棟完成的建築物具象成相，根基穩坐落在地球上（第一脈輪）。此時我們完整了，如同夏克蒂休眠於第一脈輪，我們也得以休息，享受自己的顯化。

經由下降的過程，大量關於房屋設計的念頭逐漸演變成一棟房子，透過許多意象、對話、關係、活動、動作和物質建造完成。不過這棟房子只是其中之一，還有許多具體的成相屋會藉由同樣的過程被創造出來。

要想具體顯化什麼，就得讓我們的思想愈來愈集中，不斷去鞏固它。我們愈常思考一件事，就愈可能讓它具體成相，不過正如我們探討第一脈輪時提過的，顯化的作用也要求我們接受限制，包括一定程度的重複。我會彈某一首鋼琴曲，是因為我已經練習過許多次；如果我重複那些字彙夠多次並牢記在心裏，我就會說那種語言；我最頻繁見面的人，跟我的關係也最深。

向下的能流則是由重複的模式構成的，因而愈來愈密實，如果無法接受限制或重複，就不會成相。向上的能流則是將我們從重複的無聊模式中解脫出來，允許我們體驗新事物。

向上的旅程拓展了我們的視野，帶來新的洞見和體悟。夏克蒂在

接近祂的愛侶濕婆的過程中，帶給了我們生命能量。夏克蒂既狂野又猛烈。向下的旅程帶著「恩典」，而恩典就是濕婆國度的智性秩序。向上的能流帶給我們超越，向下則是內蘊，就是這兩條通路創造出我們的彩虹橋——天與地、凡俗與神聖的連結。唯有這兩股能流彼此衝撞，才能創造出脈輪的漩渦。

現在我們跳著解脫與顯化、自由與享樂之舞，這是建構出人類經驗的基本二次對立之舞。

第十章

脈輪的
交互作用

　　如今我們已經詳細檢視過每個脈
輪，我們的系統完整了。現在我們可以
整體的來檢視自己，看看個別部分如何
互相影響，包括內在以及跟別人的關
係。這一章將會綜觀脈輪如何共同運
作，我們會探討脈輪交互作用的普遍模
式，例如脈輪之間相對的優勢與劣勢、
私人關係中脈輪如何互相影響，以及文
化中的脈輪模式。這些資訊可以幫助我
們串連系統的各個部分，因此可以了解
系統是整合且相互貫穿的整體。

脈輪學說是一套包容生物－心靈能量的系統，脈輪身為構成要素，並非獨立運作著，而是一部更大機器的輪子或傳動裝置。這部機器當然就是人的身／心。研究輪子的目的是懂得如何把它們安裝在一起，知道哪個零件在哪裏，出錯時也知道如何修理。

值得一再強調的是，如果要運用脈輪系統，不管是心理治療、個人成長或醫學診斷，必須完整的考慮整個系統才行。只是診斷自己第三脈輪失調，而不檢視整個人格結構中每個脈輪扮演的角色，絕對是錯誤的。影響系統某一部分的任何障礙，都會影響其他部分，只觀察一部分，就好比一齣舞台劇的導演犯了錯，卻反而換掉了女主角。

脈輪系統的根本理論乃是要達成平衡。理想上，應該有均衡的能流通過所有脈輪，不偏愛也不迴避任何特定脈輪。因為系統某一端不平衡，勢必造成另一端也不平衡。

不過，人格特徵或許會多多少少支配這個或那個脈輪。藝術家可能是高度視覺傾向的，而歌唱家則比較偏向第五脈輪。在合理範圍內，這些歧異是個體的自然表現，應該放任不去干涉它，甚至可以去加強它，只要不會損害其他層面的覺知即可。

在檢查任何一套脈輪系統時，首先要考慮的是，每個人都擁有自己的能量系統，有特定的偏好和「流量」。半吋的銅管承受不了六吋主線容納的水流，也不應該如此期待，因此我們大可拋棄有任何標準的想法，不要以為某個脈輪「應該」怎麼樣，或者可以把人拿來精確比較。我認為要屏除的還有自以為知道脈輪應該怎麼旋轉。

我們只能在個人的系統裏去比較脈輪。一開始，透過探索對方的習慣、欲望、夢想和活動範圍，感受他們特定的偏好和能流方向，藉由這個詢問過程，特定的模式必然會浮現出來。有人可能習慣性的壓抑自己的情緒；有人或許不斷讓自己疲於奔命，活動範圍大到能量無法負荷；有人則逃避與物質有關的一切，強迫自己留在靈性的領域裏；另外的人對在物質世界看不到的一切，都抱持犬儒態度。

當某些模式浮現時，特定障礙或許就明顯可見了。障礙可能是因為某個脈輪「封閉」了，例如無法或害怕處理這個特定層面的能量，

或者是因為某個脈輪太開放了，也就是所有的注意力和活動一直被吸引到那個層面，犧牲了其他層面。

舉個例子，珊迪的困擾是第三脈輪的能量太少。她很容易受人威嚇，恐懼許多事情，同時苦於自卑情結，因為這樣的障礙，她十分害羞，以致結交不到多少朋友；守著低薪工作，而且經常生病。她在第三脈輪的障礙也影響了其他幾個脈輪，例如第四脈輪（愛與友誼）和第一脈輪（生存）。無論如何，要處理她的問題，關鍵可能在於跟自己的身體建立比較好的關係。健康改善了，就能帶給她更堅實的基礎，從而建立起自尊和個人力量。

另一個例子是法蘭克。他也同樣是第三脈輪出現障礙，不過是相反的方式。

法蘭克是個作風霸道的人，永遠必須由他來掌控，總是需要新的刺激，而且享受自己的力量壓過別人。因為他對權力有強烈需求，所以很難跟別人在平等的基礎上建立關係。他幾乎沒有朋友，工作上常遇到麻煩，並且因為喝酒而失去了健康。這兩個案例的障礙都影響了相同的脈輪，不過法蘭克的問題可能是在情緒方面（第二脈輪），因此必須在這個層面先獲得療癒，才能有效處理其他層面的問題，而珊迪需要的是接地。由此可見沒有不變的準則，而是必須運用直覺來評估整個人格。

開始脈輪分析的最佳方法是分析自己，檢視自己的能量系統、缺點和優點，以及我們渴望的改變。下述問題有助於判斷自己能量的分布狀態。請誠實回答或者請教朋友，參考他們不同的觀點。

脈輪自我檢測表

＊盡你所能回答下述問題。

　　第一欄得一分，第二欄兩分，第三欄三分，第四欄四分。比較每個脈輪加起來的總分。

第一脈輪：土、生存、接地

	一 從不 或 糟糕	二 很少 或 尚可	三 常常 或 良好	四 總是 或 絕佳
你多常去森林、公園散步，或者以其他方式接觸自然？				
你多常刻意去運動（健身、瑜伽等等）？				
你如何評估自己的身體健康？				
你與金錢及工作的關係如何？				
你認為自己腳踏實地嗎？				
你喜愛自己的身體嗎？				
你覺得自己有權利立足於此嗎？				
	總分：			

第二脈輪：水、情緒、性慾

	一 從不 或 糟糕	二 很少 或 尚可	三 常常 或 良好	四 總是 或 絕佳
你如何評估自己感受與表達情緒的能力？				
你如何評估自己的性生活？				
你創造出多少時間享受生活中單純的樂趣？				
你如何評估自己身體的彈性？				
你如何評估自己情緒的彈性？				
你能夠很平衡地滋養別人也獲得別人的滋養嗎？				
對於自己的感受和性慾你有罪惡感嗎？				
總分：				

第三脈輪：火、力量、意志

	一 從不 或 糟糕	二 很少 或 尚可	三 常常 或 良好	四 總是 或 絕佳
你如何評估自己的整體能量水平？				
你如何評估自己的新陳代謝／消化能力？				
你是否能完成自己著手去做的事？				
你是否覺得有信心？				
跟周遭人不一樣的話，你是否覺得自在？				
你會受到別人脅迫嗎？				
你值得信賴嗎？				
總分：				

第四脈輪：風、愛、關係

	一 從不 或 糟糕	二 很少 或 尚可	三 常常 或 良好	四 總是 或 絕佳
你愛自己嗎？				
你擁有成功的長期關係嗎？				
你能夠接受別人本來的樣子嗎？				
你覺得跟周遭世界連結在一起嗎？				
你心裏是否帶著許多悲傷？				
你同情有過失和陷入麻煩的人嗎？				
你能夠原諒別人過去對你的傷害嗎？				
	總分：			

第五脈輪：音、溝通、創造力

	一 從不 或 糟糕	二 很少 或 尚可	三 常常 或 良好	四 總是 或 絕佳
你是好的聆聽者嗎？				
你能夠表達自己的觀念讓別人明瞭嗎？				
你能夠如實說出真相，且在必要時大聲說出來嗎？				
你的生活充滿創意嗎？（不限於藝術形式，可以是任何方面的創造力，例如餐桌擺設、寫信給朋友等等。）				
你從事某種形式的藝術（繪畫、舞蹈、歌唱等）嗎？				
你擁有嘹亮的聲音嗎？				
你覺得自己與生命「同步」嗎？				
	總分：			

第六脈輪：光、直覺、看見

	一 從不 或 糟糕	二 很少 或 尚可	三 常常 或 良好	四 總是 或 絕佳
你是否注意到環境中精微的視覺細節？				
你是否有（而且記得）逼真的夢？				
你是否有通靈經驗（精確的直覺、看見氣場、意識到未來事件等等）？				
你能想像新的可能性來解決問題嗎？				
你能看見自己人生的全貌嗎？				
你如何評估自己的觀想能力？				
你是否有個人願景引導你的人生？				
總分：				

第七脈輪：思、覺察、智慧、智能

	一 從不 或 糟糕	二 很少 或 尚可	三 常常 或 良好	四 總是 或 絕佳
你靜坐嗎？				
你是否覺得與某種更高或更偉大的力量、神、女神、精靈等等有強烈連結？				
你是否能克服並輕鬆擺脫依戀？				
你是否享受閱讀及吸收新資訊？				
你是否能快速且輕鬆學習？				
你的人生是否有超越個人滿足之外的重要意義？				
你的心胸是否足夠開放，接受其他的思想或存在方式？				
總分：				

總分 22 ～ 28 表示非常強壯的脈輪，6 ～ 12 分表示虛弱的脈輪。
13 ～ 21 分之間是平均範圍，不過仍有改善的空間。無論如何，重要
的是分數分布的狀態。請比較不同部位得到的分數，除了最強和最弱
的脈輪，是否出現某種分配模式，例如是下層、上層還是中間脈輪分
數較高，這個模式是否吻合你對自己的看法等。

能量分布狀態分析

在脈輪系統中，能量的流動有兩個方向：垂直流動——能量上上
下下流通，連結所有脈輪——以及水平流動——能量進進出出每個脈
輪，與外在世界接合。垂直的通道可以想成是基本源頭，而水平流動
則是這個源頭的表現。

垂直通道是天與地之間的兩極流動，物質與意識之間的能流。這
股能流要想完整，光譜的兩端都必須開放，而且得連結原始能量的源
頭。

如果第一脈輪封閉了，那麼向上流動的解脫能量就會堵塞。宇宙
能量或許仍舊可以透過頂輪進入，但卻沒有來自下半身的拉力讓這股
能量朝著顯化流動。因此想法可能一大堆，創造力和覺知力都很高，
卻很難完成計畫或管理自己的人生。意識可能充滿了鬆散的想法或是
天馬行空不切實際的計畫，卻總是無法開花結果。

另一方面，如果頂輪封閉而第一脈輪保持開放，問題就會反過來，
因為大地的能量缺乏拉力去表現，就像壁花枯坐等待舞伴。這樣的人
可能非常實際，人生目標明確且經濟無虞，但是缺乏創造力、願望和
夢想，也覺察不到精微界，只能蹣跚前進，無法輕盈舞蹈。這種情況
要改變是困難的，因為常規和習慣已然固定。這樣的人切斷了自己解
脫的能留，由於沒有能力顯化新事物，因此依戀現存的安全感。

當然上述是極端例子，大多數情況並不是如此截然分明，不同組
合的結果就看是宇宙能量還是大地能量居於主導。有些人能完美的達
成平衡，不過那是例外而非通則。總之，確認占優勢的主題是分析脈
輪障礙的第一步。

　　上升和下降的能流都可能會因為某個脈輪不平衡而改變。舉個例子，如果某人的第二脈輪堵塞，但他偏重的卻是宇宙能量，那麼大多數脈輪仍然會獲得良好的滋養，但最嚴重的匱乏會出現在第一脈輪。只要打開第一脈輪，把來自大地的能量帶上去，會合同時平衡試圖下降的宇宙能量，就能舒緩問題。事實上，如果第一脈輪封閉了，宇宙能量就很難滲透到位置這麼低的第二脈輪。

　　擁有壓倒性物質能量的人若是第二脈輪堵塞，那麼很可能會身材走樣，因為在上面的五個脈輪與它們的主要源頭也就是第一脈輪斷絕了聯繫。要治療這樣的人可以著力在打開頂輪（不過大概會很困難），或是直接著力於第二脈輪，讓大地的能量得以上升。這則例子闡明了為什麼對於物質導向的人，「性」往往是如此重要。除了身體的刺激，只有性行為可以讓能量暢通於身體其他部位，否則就得不到滋養了。

　　同樣的，中間脈輪也可以從垂直流動方向的角度來分析。精神取向的人第五脈輪如果堵塞，會導致沒有能力呈現創造力和溝通想法，而物質取向的人則是溝通沒有內容，或是缺乏知識與創造力的支持。

　　如果是第三脈輪堵塞，物質型的人可能擁有自己掌控不了的力量，那是斷斷續續或粗暴不敏感的力量，精神型的人則可能擁有大量內在力量，但是沒有能力在「現實」世界成就任何事，因為他缺乏信心處理具體事物。

　　如果心輪堵塞了，那麼來自兩端的能量也會堵塞。身／心的溝通封閉了，需要重新建立才能再度打開。同樣的，如果其中一端堵塞，能量就得依靠其他某個脈輪取得平衡，而這取決於是向上或向下的能流占優勢。

　　每個脈輪都是大地和宇宙能量動態的組合，這兩股能量的比例決定了脈輪如何表現自己，這種表現包含水平管道在內，從每個能量中樞以球狀向外分支出去。每個管道會帶走中樞的能量，包括宇宙和物質能量，然後運用這些能量和外在世界互動，在這樣的互動也吸收了世界的能量，帶回中心與源頭組合在一起。

　　大地導向的第五脈輪可能會走向雕塑、舞蹈或表演，比較精神導

向的第五脈輪則傾向於寫作或語言。大地導向的第三脈輪感興趣的是科學和科技，而比較精神導向的第三脈輪則會被吸引到執行面的功能。

以這種方式，每個脈輪都會鞏固自己的模式。科技界的女士遇見的人大多屬於科技領域而非政治界，舞者則因為其他舞者而更加努力保持身材，作家則因為其他作家讀更多書。

至於性別與上下層脈輪的能量分布，我只看到些微對應關係，相信這些對應關係大多數是文化而非生物因素。男性非常典型的會堵塞情緒中心（情緒中心是物質領域的核心脈輪），他們被推向精神領域，離開身體；女性通常被賦予維護身體的職責，也就是家事、煮飯和養小孩（生孩子就不用說了），她們被推向下層脈輪。大部分兩性間的不平衡都環繞著第二脈輪（情緒和性慾），導致過分著重這塊區域，因為能量會試圖自行平衡。男性否認情緒釋放的重要性，於是更強調性接觸，作為取回身體主權及重建身體連結的方式，女性則往往因此而感覺受到壓迫，傾向於封閉她們的性慾，在情緒領域上報復。

兩性之間愈來愈平等之後，這些模式開始有了改變。其實這些模式並沒有完全確立，例外與通則幾乎不相上下。許多女性花大量時間在精神界，而男性外出到物質世界工作。舉個例子，許多女人愈來愈有興趣追求靈性，以優異的直覺力表達自己，而許多男性則是追求比較具體的目標，偏好只談論能確實看見或聽見的事物。如之前所述，這些都沒有不變的準則。

在脈輪的交互作用上還有一個重要的通用模式，那就是螺旋模式。在探討心輪那一章我們提過，整個身／心可以視為從心發散出去和回歸的螺旋。如果這個螺旋初始的向外運行是朝向溝通，它便會結束於第一脈輪，也就是顯化。如果螺旋最初是前往第三脈輪，則會結束於第七脈輪，無論哪種情況，都會連通第三和第五脈輪、第二和第六脈輪，以及第一和第七脈輪。

從上述組合的相互關係不難看出來，意識到個人力量助長了溝通，而有效的溝通增強了力量。傾聽情緒可以提昇心靈和直覺能力，而心靈捕捉到的潛意識資訊也強烈影響了情緒。第一和第七脈輪因為它們

根本的兩極對立而連結，兩者共舞創造出整個光譜。

　　要透徹分析一個人的靈性本質、身體問題或整體人格，應該涵蓋上述所有面向。再次提醒，要想了解和運用一個複雜系統，通則是從整體去檢視這個系統，同時要用上你所有脈輪的才能去分析它。

第十一章

脈輪和關係

　　脈輪與外在世界相互影響的同時，也不斷的跟其他脈輪相互作用。無論是你在街上遇見的人，或是長期的親密伴侶，你和對方的每個脈輪都會根據某種能量模式互動反應。為了更清楚了解我們跟他人的關係與互動模式，了解脈輪層面發生的狀況會很有幫助。

　　有兩條主要原則掌控了人際之間的互動。一是能量傾向於自我平衡，換句話說，異質相吸。在潛意識層面由精神領域支配的人，會不自覺受到身體能量占優勢的人吸引，儘管他們在意識上追求與自己同類型的人。但往往是差異

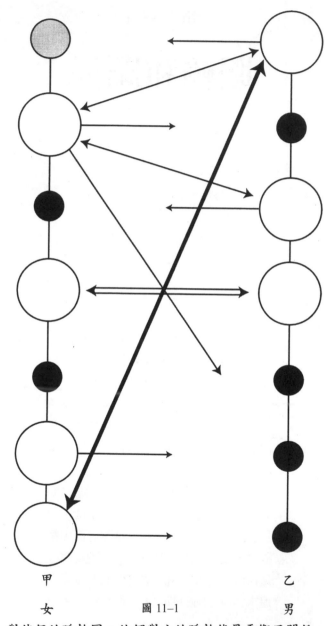

甲　　　　　　　　　　　　　乙

女　　　　　　　圖 11-1　　　　　　男

一對伴侶的脈輪圖，他們對立的脈輪能量平衡了關係。

性而非同質性讓關係長存，因為差異是成長的食糧。有多少次你看著一對天差地別的配偶，很好奇一開始他們是怎麼走到一起的，更遑論是如何維持下來的？

第二條原則是，能量模式傾向於自我鞏固。精神導向的兩個人會一起留在精神領域裏，物質導向的兩人則會互相支持彼此的物質追求。

所以我們有兩種類型的交互作用：對立的傾向於平衡，同質的傾向於鞏固。兩個人的關係圖可能看起來像圖 11-1，圓圈愈大代表脈輪愈開放，而比較小的圓圈則是封閉的脈輪。乙方主要導向上層脈輪，心輪是開放的，然而可能是因為沒有接地，或是缺乏來自第二脈輪的情緒資訊，沒有覺察到自己的直覺能力。甲方穩穩接地，性與情緒開放，富於直覺，但是其他脈輪相對封閉，沒什麼信心，自尊心也低。實際上，這兩人的關係非常平衡。頂端有三個開放的脈輪，顯示高程度的知性溝通和學習：甲方會獲得資訊和激發溝通，幫助伴侶表達心靈能力，或許也喚醒伴侶在這方面的特質，而她自己也會因為伴侶著重在上層脈輪，開始從沉重接地的狀態向上提昇，他則因為她著重大地能量，而透過性接觸被帶到物質領域。結果就是心輪的平衡，雙方在這個層面都打開了。

如果這對配偶出了問題，將會是在第三脈輪的領域，雙方在這裏都不夠開放，不過能量的交會顯示在這個中心有大量活動。由於雙方兩極的差異，如果力量不是用於平衡心輪的能量而是以鬥爭為焦點，那麼權力鬥爭就很容易導致雙方疏離。

另一則例子顯現在圖 11-2。圖中的兩個人幾乎一模一樣。雙方上層脈輪和心輪都是開放的，不過物質的領域封閉。雙方大概有高程度的心靈溝通，分享許多知識，同時心心相繫，不幸的是，他們呈現這樣的關係有困難，因為兩人都不夠接地，無法將關係帶進現實世界裏。當她想要性接觸落實關係時，他的權力意識卻不允許，而雙方的下層脈輪又沒有足夠的牽引力來克服這個固定模式的慣性。結論是，這對配偶很可能擁有的是相當強烈而親愛的柏拉圖關係。

脈輪主要是在自己的振動層面透過共振產生連結。因此，如果某

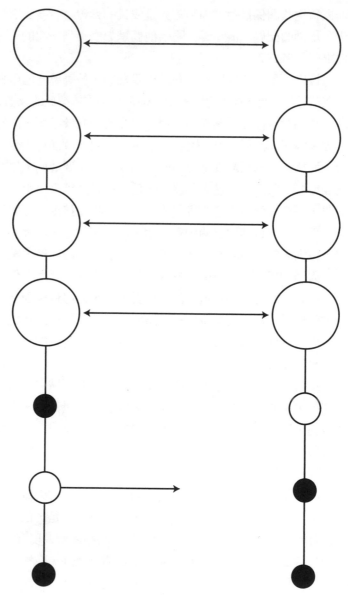

圖 11–2
脈輪能量相似的一對配偶。

人第四脈輪非常開放，而她的伴侶卻是封閉的，那麼她的開放或許可以用來打開他封閉的脈輪。相反的狀況也可能成立，不過例子較稀少。開放的脈輪在最接近之處找不到對應的話，通常會在別處找到出口。不過，一個人的系統若是過於著重在下層，就可能把對方上層脈輪的能量拉過來，因而會感覺這些能量中心關閉了。

如果是在相同層面上，也有可能開放的脈輪會支配對方封閉的脈輪。約翰的第五脈輪很開放，他的伴侶保羅則是封閉的，因此都是約翰在講話，保羅則愈來愈沉默。或者以比爾和瑪麗為例，比爾第三脈輪的開放使得這個部位虛弱的瑪麗一直處於劣勢，因而增強了她的無力感。如果他能敏銳的察覺到這個議題，她就可以向他學習，這樣他們便可以逐漸平衡。如果我們能覺察到關係中的動力，往往就能避免陷阱。

人與人之間關係的組合無窮無盡。如果你想檢視一段關係，請畫一張圖表來顯示雙方哪裏最開放和最封閉。透過敏銳的觀察，大部分的資訊都會變得很明顯，脈輪於是成為用來解釋這些觀察的隱喻。

文化──眾人的關係

如果一段關係中的兩人可以產生這麼多不同的模式，那麼當我們從整體來思考文化時，又會是什麼光景呢？我們內在的脈輪不是都受到文化的影響嗎？

上述問題的答案，無庸置疑是肯定的。如果一個人能夠激發或壓抑他人特定層面的能量，那麼好幾人集合在一起，影響力會更大，因此文化在我們的脈輪狀態上扮演了重要角色，正面與負面皆然。

西方文化目前顯然嚴重傾向於下層三個脈輪，主宰的焦點是金錢、性和權力，將此詮釋為有必要降低這些脈輪的重要性，變得比較「靈性」，似乎是順理成章的說法，不過實際上，前三個脈輪的神聖性已經遭到否認，因此反而造成固著在它們的陰影面上。

當我們過度固著在特定層面時，就表示有些基本事物沒有完成。

當我們與地球連結的神聖性遭到否認時,就會被物質主義取代。金錢帝國變成了獲得安全保障的手段——更大的房子,更好的車子,或者是更高的薪水。由於排拒了地球,這樣的依戀會自我鞏固,甚而將我們帶離源頭。如同垃圾食物一樣,物質主義無法滿足第一脈輪,反而會創造出更強烈的飢渴。同樣的,如果我們不照顧身體,最終就會生病,而且滿腦子都是自己的健康問題。過度著重第一脈輪源自缺乏能量飽滿的地氣,也不懂得敬畏自然。我們可以將西方物質主義視為不再與大地之母連結的文化補償。

在第二脈輪裏,性愛的神聖性遭到了公開否認,卻被用來大做廣告,企圖讓我們更「性感」的產品,每年的銷售量以數十億美元計,但我們獲得的承諾卻只有性吸引力,而不是透過性行為或持續關係所獲得的滿足。否認性慾的陰影面表現就是強暴、猥褻兒童、性騷擾、色情讀物、性上癮,以及大眾對政客性醜聞的著迷。我們在這個層面的依戀,恰恰反映出這個層面的不滿足。

在第三脈輪裏,權力和能量的議題衝擊著每個人的生活。權力掌握在少數人手裏,多數人只得為自己被犧牲和無能為力而哭號。力量被視為獨立於自我之外,而且可以藉由擁有更多金錢或性感迷人來增強,或者你可以按照這個遊戲規則來玩,直到在上位者讓你參與了規則的制定。如同在第四章裏說過的,我們傾向於從「壓制的力量」而非「團結的力量」來建立力量的模型。順服多半能獲得獎賞,自作主張則會被打壓。我們最大的公共投資就是軍隊,這個系統的設計只有一項宗旨:必要時得透過暴力和威嚇行使權力和控制力。

在愛的議題上比較沒有文化衝突,因為幾乎每個人都大致同意,愛是生命中最重要的元素之一。不過,愛的實踐往往不盡理想。我們投入了大量金錢來買新型炸彈,卻有遊民睡在城市的街道上。種族主義、性別歧視、年齡歧視、宗教不寬容和各種偏見,在在侵蝕了愛與慈悲的實踐。愛與慈悲才是心真正的表現。愛被窄化成異性成人間無常的浪漫交歡,但即使是這樣也充滿了痛苦、挫折與心碎,而且隨之而來的是攀升的離婚率和破碎的家庭。

　　第五脈輪在文化層面是完全開放的。各種型態的大眾傳播把我們每個人連結到文化母體上面，時時刻刻提供即時資訊。然而如先前所述，媒體以暴力和煽情污染了我們的思考。我們的生活飽受電話、車輛、飛機以及工業噪音的污染。我們沒有給予這個脈輪所需的關注，也沒有留心在傳播頻道上放了什麼內容，餵給文化神經系統什麼樣的食物。

　　第六和第七脈輪的靈性領域才剛開始要打開。靈性書籍的市場比過去任何時候都來得大，人們正在學習運用直觀力，同時尋求靈媒的建議。愈來愈多人在個人修行中探索宗教的多元性，融合東方與西方的智慧傳承、古代與現代的技巧。資訊變得更容易取得，而且前所未有的豐富。

　　不過，進入上層脈輪若想獲得文化認可，還有漫長的路要走。從商的人遠遠多過靜坐者，通靈被懷疑是詐欺，認為非基督教修行是「投靠魔鬼」的人往往對靈修冷嘲熱諷，或是不客氣的批判。由於如此著重下層脈輪，文化節奏本身變得讓人很難靜心（靜坐），也很難找出時間從事創造性的活動。我們的語言沒有什麼字眼可以描述通靈現象，而「靈性的傢伙們」常常發現自己受到誤解。我們的文化顯然苦於靈性匱乏。

　　不同文化著重不同的脈輪。舉個例子，印度人強調靈性追求，而不注重個人權力的培養和物質主義。印度以它「上層脈輪」導向而聞名，許多人前往那裏吸收靈性教誨，不過它悲慘的物質匱乏則令美國人感到震驚。

　　因為文化扮演著如此重大角色，因此渴望進入嶄新領域的人需要找到氣質相似的夥伴，這樣才能在新領域的學習和成長上面找到力量與支持。

　　我們每個人必然會受周遭文化影響，但認清我們也可以用自己的心智倒過來影響環境。每一次我們提昇或拓展自身的意識，就對文化做出了貢獻；每一次我們找到有相似心智傾向的人，便加強了自己的貢獻；每一次對話都有助於整體性的發展。

　　了解自身的脈輪與周遭文化之間的關係，有助於探索整個人類歷史中意識的演化趨勢。了解之前發生的事，就能規畫未來的可能性，也愈清楚我們在未來扮演的角色。

第十二章

進化的觀點

在脈輪系統的所有意涵中，或許最令人興奮的就是進化的觀點。由於脈輪代表宇宙法則的編組，因此這套深奧的整體公式才能同時適用於文化和個人的進展。脈輪系統完美的反映了我們的心理發展趨勢，西方的文化歷史也依循著脈輪從下到上的順序演進著[1]。以這套公式為透視鏡來觀察當前千禧年的蛻變，你會發現脈輪系統再度為集體的進程提供了精緻的地圖，重新闡明了古老的問題：我們身在哪裏？我們是如何來到這裏？還有，我們將往何處去？

---

1. 更多關於脈輪和兒童發展的資訊，參見我的書《Eastern Body , Western Mind》（東方身體和西方心智）。

　　第一個問題是，我們身在何處？最好的回答是借用隱喻。跟上時事變化的人大致都同意，我們目前正處於全球大規模蛻變的狀態。這樣的蛻變可以比擬為集體的「成年」儀式，好比部落將青少年由童年帶入成年的儀式。從脈輪系統來看，我們今日面對的挑戰可以理解為通過屬火的第三脈輪，這個脈輪跟蛻變最相關。我們燃燒過去的燃料，照亮未來的道路。第三脈輪代表目前主宰集體意識的價值觀是權力和意志、力量和進攻、自我和自主。當我們朝下一階段也就是心輪前進時，必須整合、轉化和超越這些價值觀，進入第四脈輪的屬性：祥和、平衡、同情和愛。我們可以把這樣的過渡當成是「心邁入成年」的集體儀式。

　　這聽起來像是烏托邦的理想，或是炒六〇年代的冷飯，但是讓我們檢視一下整個進化的時間軸，回溯過去三萬年的人類歷史。這就處理了下一個問題：「我們是如何來到這裏的？」同時也給了我們線索來回答第三個也是最重要的問題：「我們將往何處去？」因為從這個問題會浮現出嶄新的全球願景，而這是我們當前亟需的。

　　那麼，我們是如何來到這裏？

第一脈輪：土和生存

　　在第一脈輪裏，元素「土」和「生存」的本能連結在一起，形成了整個脈輪系統的根基。在個人層次上，要進化到下一階段之前，必須懂得保障自己的生存。個人的生存仰賴我們跟地球的連結，集體的生存也一樣，明確的說就是生物圈的健全，因為這是未來所有發展的根基，我們必須好好對待。當我們每個人重拾肉體的神聖性時，地球也會變成行星文明的神聖肉身，我們集體的第一脈輪本質。

　　第一脈輪的梵文名字「Muladhara」意思是「根部」。我們的根來自過去，來自「religio」（「宗教」的拉丁文，有「重新連結」的意思），它能帶我們回到核心法則，回到單純與一體性。舊石器時代的祖先生活比較接近地球，地球的生命網環繞著他們，是存在的根基。他們追捕獵物、採集植物，住在洞穴裏，有時在地球表面四處遊牧，面對自

然的陰晴不定和盛衰消長，很容易受到傷害。

地球如同子宮，是我們的源頭和孕育我們的母親，也是我們的開端和根基。地球仍然處於自然與神祕的狀態，它是舊石器社會核心的宗教勢力，我們的祖先把地球當成有生命的女神來崇拜。地球既賦予生命，也奪走生命，大地之母承擔了生產和更新的角色，等同於生存本身。大自然乃是生命起源最初的模版，生命以此為基礎成形，所以顯然是我們存在的根基。由於文化價值貶低身體和地球，同時否認了自己的過去，也實質上斬斷了自己的根。這麼做，我們阻礙了自己的生存，以及超越這個層次的能力。儘管意識的進化方向看起來是通過脈輪向上移動，然而就像有生命的植物一樣，我們只能藉由把根深深送進土裏才能長高。我們的成長必須同時朝著兩個方向發展，是向上朝未來的複雜性發展，或是向下扎根於過去的單純。

我們不可能否認過去的根，否認與地球的連結，然後還是希望擁有物種的未來。毋怪乎如雨後春筍般興起的眾多運動，都是要重拾古代的靈性連結——連結地球，連結舊石器時代的母神，同時連結原始的修行，讓我們直接了當的接上作為根基的神話意識。重新連結地球這個靈性中心，對於將來確定會發生的大規模改變，可以發揮穩定的作用。這不會拘束我們的發展，反而是保障。如同馬莉安 ・ 伍德曼之言：「如果我們不能重拾物質內在的神聖性，這個星球就完蛋了。」[2]

當孩子處於嬰兒期的時候，他不能離開母親生存。他的活動場域可以想成是以母親為中心畫出的一個圓。他若是離開了這個中心，為了生存也只能移動到附近而已。容格學派的專家加樂思 ・ 希爾描述這個階段的特徵是「靜態陰性」（Static Feminine），這是靜態、動態、陽性、陰性原則辯證出來的四種狀態之一[3]。靜態陰性的意識符號就是

---

2. Marion Woodman（馬莉安・伍德曼）《*Rolling Away the Stone*》（有聲書，Boulder, Co: Sounds True Recordings，一九八九）

3. 文章中使用的這些術語：靜態陰性、動態陽性、靜態陽性和動態陰性，出自容格學派分析師與柏克萊教授 Gareth Hill（加樂思・希爾）的著作《*Masculine and Feminine: The Natural Flow of Elements in the Psyche*》（Boston, MA: Shambhala，一九八二）。

一個圓圈中央有一點，很像是孩子賴以為生的乳房。圓圈是我們離開中心漫遊後仍能生存的範圍，隨著我們成長，這個範圍也會擴大。

正如嬰孩離不開母親，我們的文化在嬰兒期也完全離不開大地之母。大地之母是全能的核心，支配了我們所有經驗。身為地球之子，大地之母以祂的光明與黑暗、溫暖與寒冷、潮溼與乾燥的週期環抱著我們。祂是無所不能的好母親和壞母親，帶給我們賞賜或毀滅。我們的靈性發展就在於重拾這個我們賴以為生的偉大星球內在的神聖性。

第二脈輪：水和性慾

一旦生物體的存活獲得了保障，接下來就會轉向追求歡愉和性的滿足。第二脈輪連結的元素是水，代表了朝向歡愉的驅迫力，透過感官的探索拓展個人世界。第二脈輪是情緒的領域，它也代表透過性行為產生的異性遊戲。

文化的第二脈輪階段的開端，以一個大冰河期（西元前一萬～八千年前）結束時發生的氣候變遷為標記。這個全球性的春天促成了農業的興起、航海的開端，以及最終發展出來的灌溉技術，而且都是與水元素相關的面向。就占星學的角度來看，那是巨蟹時代的來臨，巨蟹是重要的水象星座。豐饒（多產）的潛在主題支配著新石器時代，呼應著與水相關的生殖面向。經過七千年的穩定發展，全球人口據估計從五百萬成長到接近一億[4]。這樣顯著的成長帶來了人類自身的挑戰，更進一步激勵了意識和文化的發展。

農業發展舒緩了生存要求，可以相當穩定地支持更多人口，因而造就了繁花盛開的文化，令藝術、宗教、貿易、建築和早期的書寫形式都欣欣向榮。因為在新石器時期，偉大母親（Great Mother）的原型仍舊是主宰法則，這個階段還是以「靜態陰性意識」為特徵，儘管新的元素要開始騷動了。

---

4. Erich Jantsch《*Self-Organizing Universe*》（NY: Pergamom Press，一九八〇）一三七頁。

當時多產受到崇拜，生孩子也是。有了孩子，男性和女性人口都會成長，於是必然會崇拜兩種性別。在偉大母親的神話中，逐漸浮現了另一半的神話：兒子／愛人。隨著這個原型愈來愈突出，兩性之間神話地位的不平等——如母與子——變得愈來愈明顯。男性的角色在舊石器時期被賦予獵人的榮銜，到了農業社會則大幅縮減。農業社會強調的是多產，關於這個時期的性別政治，以及隨後的沒落有許多臆測。無論是如理安 · 艾斯樂的主張：當時的社會伴侶關係是平衡的[5]，或是某些一廂情願的女性主義者所認為的母權黃金時代，考古研究都顯示出，當時普遍看不到防禦要塞和戰爭工具，透露出和平、繁榮和極為虔誠的共同生活體跡象[6]。

總之，不平等無法長治久安，無論是遭受來自北方草原父權部族的暴力入侵（如馬麗加 · 金芭塔斯的主張[7]），或是從內部文化逐漸蛻變而成，神話中的兒子／愛人，以及身為大自然主宰法則的偉大母親逐漸被戰士父神殘暴的推翻，導致最終宰制和侵略的父權取代了女神文化。充滿暴力和動亂的變革也預告了當前世紀的來臨——第三脈輪的黎明。

第三脈輪：火和意志

第三脈輪連結的是火元素，同時標誌了力量的浮現。當意識喚醒了個體的自主性，培養出個人意志之後，力量就會興起。自由意志是相當新的元素，才剛剛被引進演化的混戰裏。沒有其他動物擁有火，也沒有其他動物能夠像人類一樣，在某種程度上改造自己和生活環境。自由意志讓我們得以擺脫受制於過去的被動慣習，創造出新的方向。要開創新局，自由意志是不可或缺的，而創新正是所有變革的前兆，

---

5. Riane Eisler（理安 · 艾斯勒）《*The Chalice and Blade: Our History, Our Future*》（聖杯與劍：我們的歷史與未來，San Francisco, CA: Harper & Row，一九八七）

6. Marija Gimbutas《*The Civilization of the Goddess*》（女神的文明，CA: Harper San Francisco，一九九一）

7. 同上。

並且由此帶出了文化的演進。

在兒童的發展上，這個階段的標誌是本能控制衝動，孩子開始學習抑制自己的本能衝動，導向社會較能接受的行為。這種掌控力也喚醒了獨立自主的潛能，以及界定自己現實的同步需求。這樣的發展是出現在「恐怖的兩歲」這個「胡作非為」的階段。

文化上這個階段的標誌是，文明不再深深受制於大自然的循環，透過愈來愈複雜的科技，文明的拓展超越了自然強加的限制。我們並不清楚在新石器時代有多少人能獨立於社群的指令之外，擁有個體的自主意識。曾經務農維生的人都知道，那樣的生活是多麼靠天吃飯，你逃不開大自然的循環及其反覆無常。我的猜測是，提昇的科技能力使得悖離自然成為可能，結果喚醒了自由意志的潛能。不幸的是，有些個人或部族早於他人有此領悟，於是得以運用新發現的意志，去掌控和支配那些比較弱勢或自我意志尚未覺醒的人。

接下來的好幾千年裏，逐漸興起的男性力量壓迫了大地之母的自然神祕力量，孵育出文明的侵略時期，一直延續到今日。當時的人必定考慮過要拿什麼力量來取代意識之始便存在的宗教象徵，還有什麼力量能夠與女神賦予的神奇力量相比？

和與創造生命的力量相比，死亡乃是唯一能夠並駕齊驅的力量。因此，對死亡的恐懼就變成了文化和行為的主要推動力。生產的奇蹟只能出現在女性身上，卻變成了男神行使意志的作用力。於是，未來從頭腦而非身體冒了出來，而且是出自恐懼而非信任。男性原型為了登基，被迫不停的宰制、戰爭和展現英雄舉止，來證明其力量與女人旗鼓相當。

從新石器時代的和平女神文化轉變為崇拜太陽的侵略文化，始於騎馬的遊牧民族入侵，他們在西元前四千三百年左右從北方大草原南下[8]。經過接下來三千年的一連串侵略和後續的叛變，歷史確定進入了鐵器時代（大約西元前一千五百年），女神文化被送進失落文明的地下世界，取代的是以力量、宰制和戰爭為典型特徵的時代。鐵器時代與占星學的牡羊座時期相呼應，牡羊座是火象星座，火則是第三脈輪

的元素。這個時代的轉變之所以可能，是因為使用火來鍛鍊金屬，製造工具和戰爭武器。金屬工具提供了生存競爭的優勢，讓人們可以凌駕別人，也進一步刺激了戰略思考。出力較少卻收穫更多的能力提昇了生產力，於是需要一個擁有更強大的協調能力和治理權力的神權政治結構，來負責貯藏和分配穀物、交易商品或是管理水資源，同時武器也使得某個文化可以宰制另一個文化。

第三脈輪預告了個人主義的興起，個人主義的神話主題就是英雄的追尋之旅，目標是屠龍。龍代表老舊的路數，屠龍則是推翻過去的無意識，找到自己的個人力量。個人主義的甦醒藉助於英雄行徑，還有科技所帶來的超越環境的自由，而且是以進攻為基礎的生存模式。從眾神那裏偷了火的普羅米修斯，是這個時期舉足輕重的神話原型人物。

要了解第三脈輪以及它對應的年代，最重要的一點是無論好壞，它的成就通常來自於拒絕認同與前面兩個脈輪相關的價值，也就是土和水這兩個元素。沒錯，如果有太多的土或水，火就燒不起來了。否定我們潛在的根基不是健康的成長方式，它只反映了最初不成熟的企圖——希望集體意識改道走上新方向，脫離下層脈輪被動的慣性傾向。

對於逐漸出現的父權系統，這表示拒絕且全然壓制之前新石器文化的主要價值，也就是前兩個脈輪的價值——地球、性慾、情緒、女性、社群和合作。實質上是將上述所有價值翻轉至對立面，因此和平的大地女神由會打雷的天神取代，死亡的恐懼排擠了誕生的神奇，性的神聖性受到壓抑，而階層控制取代了合作的夥伴關係。隨著這樣的改變，自從人類意識萌芽之初就已知曉，甚或延續了數十萬年的生命基本秩序崩潰了。

在印度教的神話中，這可以比擬為禁慾主義（苦修）的取向。這

---

8. Riane Eisler（理安·艾斯勒）《The Chalice and Blade: Our History, Our Future》（聖杯與劍：我們的歷史與未來，San Francisco, CA: Harper & Row，一九八七），四四頁以下。

套哲學以帕坦伽利的《瑜伽經》為範本,其目標是藉由將意識抽離,
不受物質形役而獲得解脫。如大多數崇尚父權的宗教,它強調的方向
是向上,偏向天堂而貶低地球。事實上,這樣的強調在當時或許是必
要的,將注意力轉移開世俗的關懷,才能了悟還有其他層次的實相。
朝向宇宙舞蹈中對立的另一極開放,拓展了我們的視野和選擇。兩極
對立讓兩股動能不斷互相作用,於是才能創造出力量。

　　第三脈輪時代以「動態陽性意識」為特徵,象徵符號是圓圈上面
加個箭號(♂),這個符號同時用於象徵男性和火星,代表進取(侵略)
的能量。箭號以直線從女性靜態的圓圈伸出,以圖示意新方向。無論
如何,在新方向確立之前,往往會先摧毀原本是意識的主宰結構的老
舊習慣和習俗。

　　從鐵器時代的父權至上,經過科學與工業革命的興起、兩次世界
大戰和其他無數的暴力衝突,到目前太空船和電腦科技的創發,第三
脈輪的特徵──侵略、科技和政治權力──至今仍是陰魂不散。今日
的時事占首要位置的往往是權力和能源議題,還有對他者過分的控制
與支配。因為不斷要求開發能源而耗掉了世界的資源,乃是最令人關
切的生態議題。重新拾回受父母、學校、上司和政府支配的個人意志,
也成了許多戒酒團體的核心議題,這些團體緩和了支配典範下犧牲者
的處境。在今日的心理學裏,「賦權」已經是大家耳熟能詳的流行語,
用以反制受害者自憐自艾的心態。當前的復原運動中,擺脫受害者的
角色是非常關鍵的核心主題。

　　侵略和暴力宰制了我們的報紙、娛樂圈和政治圈。儘管由於冷戰
結束而降低了自我毀滅的可能性,但仍然有潛在的威脅性。不過,我
們這個時代的「火」也點燃了新科技和新的意識管道,讓「星球湯」
裏面分散個體的混亂行動更加劇烈。這些個體會運行得愈來愈快,彼
此聚合,朝向大規模的蛻變,進入下一個階段。

　　個人主義、意志、科技和「賦權」,可以說是創造全球意識的關
鍵步驟。個人主義帶來了多元文化,推陳出新的可能性也喚醒了個人
的獨立意識。要成為積極推動進化的共同創造者,而不是消極的接受

者，個人意志是必要的。土和水被動的遵循地心引力向下流動，而火則將向下的運行轉變成向上，讓我們能到達了上層脈輪，集體朝向全球意識拓展。大約五十萬年前，或許就是掌控火的能力激起了人類意識的覺醒，如今則輪到當前的科技之火喚醒或毀滅全球意識了。這是我們處於千禧年的蛻變中所要面對的不確定性。不過在完全進入當代之前，還有一個時代是我們必須檢視的，那就是人類第一次嘗試進入心輪的基督教時代。

第四脈輪：愛與平衡

第四脈輪在原始的譚崔圖解中被描繪成兩個交疊的三角形，倒三角形代表靈性下降進入物質，而正三角形則是物質消融成靈性。在心輪的層次，對立的兩極完全平衡了，事實上，平衡就是心輪的核心屬性之一。

儘管我們仍掙扎於第三脈輪的權力與支配議題，我相信基督教的興起最初是企圖進入第四脈輪。基督教哲學強調（儘管實踐上往往失敗）愛、一體性、寬恕，以及個人意志臣服於「更高」的力量。更高的力量是一位父神，仍存留著早先主宰天下的憤怒雷神的屬性，不過也擁有了溫和慈愛的一面。基督的誕生象徵了聖凡的結合，而這正是第四脈輪代表的「中點」特徵。

基督教的不幸是無法真正反映出一個宗教的什衡性，它是在極端父權的時代出現的，當時主導的典範仍然奠基於否認下層脈輪，因此也就否認了女性、野性、土地、性慾和個人責任等神聖價值。不過，基督教還是穩定了居於優勢的「動態陽性意識」。動態陽性意識對於舊規矩的排拒製造了社會動盪，令許多分歧的陣營互相交戰和競爭。

這樣的穩定性將動態陽性意識轉成「靜態陽性意識」。靜態陽性意識的象徵符號就是十字架，著重的是透過律法與秩序帶來穩定。因此最初對我們基本天性的排拒，現在則變成了規範，而且不再只是當下的反應，而是永久的抬高一部分的價值，犧牲另一部分──光明是善、黑暗是惡；男性有力，女性軟弱；地界無常可以放棄，天堂則是

永恆與完美的。或許這只是製造了穩定的幻象,代價卻是強烈的壓抑,一旦系統中出現弱點,所壓抑的必定會浮出表面,於是愛、平衡與寬恕的表現在十字軍東征、宗教審判、燒死女巫等事件中可悲的失敗了,甚至有些比較極端的基督教派,今日仍惡意的妖魔化文化差異。壓抑性慾創造出了它的陰暗面——強暴和亂倫;壓抑土地的神聖性則創造出物質主義的陰影,導致肆虐的生態破壞。

儘管如此,基督教時代因為相當穩定,而允許了另一種文化——科技——的繁衍以及意識的成長。在這段期間,我們製造出印刷機、電話、收音機、電視和電腦,它們全都開啟了溝通的可能性,是任何一種全球意識得以出現的先決條件。事實上,工業革命將主宰的男性帶離家庭,讓他每天出外上班,使得女性主義得以首度復甦,因為女人脫離男人掌控的時間夠久,可以交換意見而領悟到自己的本性。這個過程歷經了好幾代,終於在六〇年代產生了致力於提昇意識的家庭主婦團體,也出現了兩性之間要能平等得先擁有的教育和工作機會。

心輪要真正達成平衡,需要平等的融合下層脈輪的原欲(libido)和從上層脈輪下降的清明覺知。換言之,「完整性」需要較高的意識、視野和溝通,與個人意志、情緒和原始本能達成平衡,並且整合在一起。我相信心輪的真正甦醒無法發生在基督教時代,因為我們尚未精通上層脈輪的運作,再加上否認了下層脈輪,於是創造出失衡的系統。

現在讓我們從這個角度來檢視上層脈輪的發展獲得了什麼成就,最終才有可能編織出平衡且完整的心輪文化。

第五脈輪:音與溝通

第五脈輪代表意義的象徵性顯化,也就是我們所知道的溝通,乃是拓展意識不可或缺的媒介。溝通可以視為進化的黏著劑,讓我們可以持續往更複雜的方向進化,從 DNA 的複製指令到最初的動物求偶呼叫,然後是人類語言的出現、文字的發明、出版、廣播和現在的網際網路。每一次溝通上的大躍進,都可視為意識進化的躍進,而每一次都提昇了資訊更快速流傳的能力,也是建立全球意識的一大步。

擁抱溝通，包括其所有偽裝，隨著學習、改變、適應和創造，我們不斷的接近更偉大的意識。五十年前德日進神父以「唯智層」（noosphere）[8] 指涉的全球意識網路正在成形，目前普遍被稱為「全球腦」。唯智層可以視為意識的器官，類似全球的大腦皮層，現在已經成長到擺脫了地球的蓋婭母體。網際網路只是這個全球大腦最清楚的指標，其實它包含了全部的溝通網路。這的確是演化上的大躍進，正如印刷機拓展了個人意識一樣，網路也有相同的潛力助長全球意識的進化。

第六脈輪：光與直覺

一幅畫勝過千言萬語。第六脈輪帶給了我們描繪資訊的方法，從紙上的文字、一段話這樣的線型表達，躍進到空間中的意象這種整體性的呈現方式。我的話語只能連續的傳達給你，一次一個字，但圖像是整體的進入你的眼睛，立即產生領悟。透過電腦科技，數學等式可以用移動畫面呈現出來，揭露出原先隱藏於一堆書面等式中的動態過程，催生了對混沌、複雜及系統的行為更深刻的了解。全球資訊網上的頁面，現在除了文字之外，也可以包括圖像和動畫。影帶和光碟分享了書籍市場，提供更快速和全腦的方式吸收資訊。電視新聞以震撼的意象來到我們眼前，讓我們更直接的了解事件真相，這些事件發生在不同的空間與時間裏，甚至是正在發生中。製作廣告的人必須順應觀眾的接受能力，因為他們可以按下遙控器的「靜音」按鈕，將聲音完全關掉，但電視廣告的意像仍然能傳達其訊息。

在靈性國度裏，靈視能力捲土重來。新時代（New Age）市集充斥著通靈者的攤位，他們能憑直覺看出你自己不知道的人生模式，藉此提供一些建言。成千上萬人採用創造性觀想的技巧，希望讓意識顯像，某些軍事單位甚至接納直覺作為科學探索的要素。有一個普遍流

---

8. Pierre Teilhard de Chardin（德日進）《*The Phenomenon of Man*》（NY: Harper & Brothers，一九五九），二〇〇頁以下。（《人的現象》，聯經，一九八三）

傳的靈修方式是進行「願景追尋」（vision quest），因為如果沒有找到自己的願景，又如何引導自己的人生路徑呢？

傳送意象的能力的確是領先語言溝通的一大躍進，相當於之前通訊科技的進步。透過意象可以在較短的時間裏溝通更多訊息，往往也比較不會模擬兩可。以意象來思考是右腦的功能，它可以平衡左腦邏輯的認知作用，過去幾世紀以來一直是左腦支配著集體意識。

第七脈輪：思與意識

文化層次上，第七脈輪代表的是整體心智層的創生和運作。心智層是星球層次上掌管資訊和意識的組織，這個全球腦擁有無限龐大的網路，不斷展露資訊和覺察，這不就隱喻了集體的千瓣蓮花——每一瓣都是連結到更大母體的一小部分碎形。

在理性層面，第七脈輪的特徵是知識和資訊的不斷衍生，而在奧祕層次上，則是對靈性愈來愈感興趣，以及意識的拓展。瑜伽和靜坐盛行，超心理學研究、促進另類意識狀態的藥物和意識研究方興未艾，迅速揭露了意識是下一階有段待開拓的新領域。改變腦波共振頻率並引發靜心狀態的機器愈形複雜，而且普遍的研發出來。資訊高速公路的創立，使得我們能讓意識以光速流通全球。電腦是我們可以延展心智而不只是身體的第一項工具，它帶領我們的意識超越人力之所及，允許愈來愈龐大的記憶庫、計算能力和創造力。如同美國前副總統艾爾·高爾在《瀕危的地球》[9]一書中指出的，我們擁有這麼多的資訊，現在已經超載了，成堆的資料儲存在電腦磁碟裏，卻沒有人回過頭去檢視它們。進入新的千禧年，我們已經淹沒在龐雜的資訊裏，但意識的理解能力根本不堪負荷。

根本上，發展中的意識必須落實在我們的身體和地球裏（接地），扎根於物質現實上面。意識攜帶著我們的神話結構、價值和方向，同

---

9. Al Gore《*Earth in the Balance: Ecology and the Human Spirit*》（NY: Houghton Mifflin，一九九二），二〇一頁。（《瀕危的地球》，雙月書屋）

時形塑了我們所見所聞的詮釋以及一切的行為模式。此時此刻，激發這股識能的智慧，才是最為重要的發展。但我們想要什麼樣的操作系統呢？在能回答這個問題之前，我們的意識需要更向前進化嗎？

當然，隨著意識的進化，我們的典範結構也會改變。我們透過網路送出去的資訊，可能是激勵全球改變的資訊，或是激發暴力和侵略的資訊，例如污染了溝通網路的暴力電影以及媒體的消息。資訊必須奠基於事實和願景、感受和理解，才能體現第四脈輪的特徵：保持平衡。新的神話必須擁抱同時整合我們遭遇的每個層面。現在我們可以詢問最後的問題了：

我們將往何處去？

「心輪成熟」表示再度愛上這個世界。我們的行為是出自愛而非罪咎，奉獻而非義務，我們跟這個世界的互動來自心輪，而非太陽神經叢。要覺醒並迎接心輪時代的來臨，那麼讓這個時代興起的整個力量，必須能平衡兩極，同時整合多元性。

我們還沒有一套盛行的神話，講述的是站在同樣成熟有力位置的兩性原型如何互相連結。我們已然經驗過母性的大地女神與矮她一截的兒子／情人，以及互補的崇高父神與臣服他的女兒／妻子，現在我們終於準備好要整合這兩種原型要素，形成某種平衡的互動。如今我們可以擁抱男性與女性的成熟元素，讓這些形式以相同力量彼此共舞，最後排除掉亂倫的心理原型，讓下一代呈現出自然開展的未來，而那是他們與生俱來的權力。從聖婚中誕生的「神子」（Divine Child）原型，很可能就是未來本身。

不過在這即將興起的年代裏，男性女性並不是唯一被要求達成平衡的元素。心智和身體、個人和集體、自由和責任、光明和陰影、進步和保守、工作和享樂，都努力想要被認可為平等的典範，但只要我們仍然區分價值的高低，我們的文化就會失衡。

興起的年代其特徵是「動態陰性意識」（Dynamic Feminine），是靜態與動態、女性與男性的四個組合中的最後一組。動態陰性意識

以螺旋為象徵符號，從靜態陽性意識的十字中心開始運行，不斷向外推進，沒有界限，重新整合對立分裂的左與右、上與下，回復為合一的圓形。動態陰性意識的特徵就是創造力、混沌和熱情。讓靈性把我們推向狂喜，而不是用頭腦來界定靈性，由此我們得以享有狂喜的宗教，而非教條的宗教。動態陰性意識幫助我們連結而不是分裂，當它螺旋轉動為圓形時，便連結了內在與外在、個人與集體、上下與左右、心智與身體，全部成為不可分割的一個動態的整體，不斷運行著。

必須強調的是，在個人和集體的系統裏，從一個脈輪移動到另一個脈輪並不需要去否定之前的層面，而是要結合在一起。重新去確認我們的身體是個人的神殿，地球也是神性活生生的展現，女性則是同等重要的神性原型，但並不否定神聖的男性，而我們已經開始解決過去三千到五千年間天上的父神所強加的不平衡。努力去解決種族與性別之間的社會不平等了，還有工作與休閒、神聖與世俗、進步與保守、集體與個人之間的不平等時，我們便已逐漸接近第四脈輪的平衡特徵。平衡不需要否認任何事，而是要整合一切，包括光明與陰影在內。

在容格的理論中，「四」完成了「四位一體」（quaternity），是穩定平衡的力量，與原初的「一」重新整合。在第四脈輪裏，第三脈輪時代的英雄之旅現在進入了下一個重要階段——返家。此時要重新整合我們的科技能力和地球的需求，帶著來自第三脈輪英雄行徑的果實，來嘉惠快要進化成功的星球文化。我們現在進入反思意識的領域，逐漸覺知自我和我們的歷程。

寶瓶座是道地的風象星座。寶瓶時代的來臨標示了心輪時代真正的降臨，著重的是人道主義、同情、自我反省、整合和療癒。一旦達成根本的平衡，和平就會浮現，內在外在皆然。

一九六九年，太空科技的進程超越了地球的限制，我們已經能夠在太空中瞥見那獨一無二的藍色星球，它彷彿是個統一的政治體。當太空人和攝影機傳回他們從英雄旅程中蒐集到的地球意象時，你可以說蓋婭透過人類的眼睛首度看見了自己。在六〇年代意識拓展的時期，那一刻也可以說是進化的轉捩點。那是「返家」的開始，全球意識的

萌芽，我們第一次集體的覺知了我們是整體地球的重要元素。

在星球意識才剛萌發的最晦暗黎明，心理學的探究同時盛行了起來，進入治療的人口顯著增加，這是深刻自我反省的過程。在同樣的世代裏，詹姆士 ・ 拉夫洛克（James Lovelock）首度形成「蓋婭假說」，主張地球是一個有生命的龐大生物體；迷幻藥打開了人們的意識，覺察到一切生命互相連結的本質；量子力學、混沌理論和離散結構等新科學開始滲入主流，侵蝕了化約主義和決定論的舊科學範型。就是在六〇年代，意識導向的學派，例如瑜伽，在西方開始大受歡迎，人們接觸、熱中又放棄，之後再度出現宣揚建立新範型的基本原則——愛、和平，以及平衡的神聖原則。

寶瓶時代開啟於六〇年代，然而卻是在進入新千禧年的今日，我們必須讓寶瓶時代穩穩固著於地球的現實裏。該是時候成為自覺的行動者，參與星球意識的萌芽，也是時候了悟我們是活生生的地球一分子，把我們的英雄成就奉獻給我們的家——地球，因為「成年儀式」的成果，就是形成新的認同。

我們新的進化秩序，必須包含和結合所有意識層次的介面和階段。我們可以擁抱蓋婭這個神話概念，因而獲得新的認同，成為全球的參與者。班傑明 ・ 富蘭克林（Benjamin Franklin）曾說，他最偉大的發明就是「美國人」（American）這個詞，當時這塊土地居住了法國人、英國人、德國人、荷蘭人、印地安人及其他人種。美國人這個詞用單一概念統一了多樣性，透過他們所居住的土地結合為一體。現在，「蓋婭生物」（Gaian）這個詞也提供了新的認同，包含了一切有生命的存在，不只是不同的種族和性別，也涵蓋了不同物種，植物和動物都可以共享這個全球一體的認同。

我們對於自然世界的觀察產生了大量資訊，這些資訊可以引領我們跟蓋婭建立比較和諧的關係，運用不斷成長的科技，與自然環境保持和諧與平衡。重新拾回身體和身體的感受非常重要，如此才能保持身體健康，而且賦予自己力量。同樣重要的是，重拾遭專制的文化價值否定的意志。我們需要將重新奪回的意志運用於愛、同情與平衡的

新階段，而不是投入英雄主義和支配，才能帶來心輪的黎明階段，以及我們期待於未來的和平與療癒。全球溝通、資訊網路、整合靈性價值融入日常生活，還有展望永續的未來，這些都是上層脈輪的特質，需要「帶下來」進入位居中央的心輪，才能促成一切變革。

　　這是個劇烈變化又充滿無限可能的時代，令人興奮無比。因為未來不確定，追尋、展望和溝通不可或缺。在進化的劇碼裏，我們同時身兼觀眾、演員和編劇，是共同創造者，催生出進化的未來。

第十三章

讓孩子培養出
健康的脈輪

　　希望有更美好的未來，就得培養出
沒有受創和受虐的孩子。童年創傷和受
虐經驗折磨著許多人，他們努力奮鬥，
希冀康復。虐待往往出自善意卻無知的
父母，其中許多的父母不過是從自己未
療癒的創傷來回應孩子。他們從上一代
那裏承接了這些創傷，很可能是透過家
庭和文化傳遞下來的好幾代的創傷。今
日的成人歷經艱難旅程，需要療癒創
傷，可以理解的是，他們不惜任何代價
想要避免讓孩子承受類似的艱辛。

今日的孩童需要智慧的引導，支持他們成長以及整合身、心、靈。找到可以適用在孩子身上的靈性典範可不簡單，這個典範必須能尊重孩童生命的不同發展階段。學校教育的是心智的拓展，但壓抑了身體要跑要玩的自然驅力。丹尼爾・高曼（Daniel Goleman）在他的暢銷書《EQ》（*Emotional Intelligence*）中闡明了情緒的成熟先於智能的教育，才是人類應該提倡的。有些孩子長大後完全棄絕宗教，是因為他們被迫坐在教堂硬梆梆的長板椅上，或是被迫閱讀超過他們可以理解的書籍，以至於長大後對靈性事物沒有絲毫興趣。有些人長大後完全忽視身體，結果引發了健康問題，有些人則是避開大學及其他需要動腦的職責，因為他們認為自己沒有所需的智力，只因小時候被賦予的任務超過了他們那個年紀的能力。

脈輪系統以體內像輪子一樣的七個能量中樞為基礎，讓我們對孩子不同發展階段的情況產生深刻洞見。這套系統顯示脈輪如何從下到上依序發展，如同孩子從出生到成年逐漸成熟一樣。我所舉辦的成長研討會就是以教導這套範型為基礎，來療癒成人過往的創傷和眼前的困境，聽眾中不斷有父母問我：「我的小孩目前就在這個年紀，我要做什麼來支持他的發展？」

這個問題已經超越了單純的避免虐待，而是得投入理想人類的創造活動。實現的路徑是支持孩子全方位的經驗，包括身體、情緒、心智和靈性各個層面，同時以適合他們當前發展程度的方式來支持他們。

接下來要介紹脈輪和對應的孩童發展階段，並且提供父母簡單的建議，以便支持孩子生命中這些重要領域的開展。

第一脈輪：子宮期到一歲

促進身體的發展

這個階段你能做的最重要的事，就是幫助孩子充分發展自己的身體。頻繁的接觸、擁抱、抱著走、呵護，關注孩子的生理需求，而且

是再怎麼強調都不夠的。你的觸摸能確立孩子的身體覺知，你的擁抱能教會孩子擁抱自己。跟孩子玩耍，幫助他發展動作的協調性。玩他的手和腳，提供他可以抓握的玩具，洗澡時跟他玩，這一切都可以刺激他動作的發展。安排舒適安全的環境，提供適齡的玩具，將有助於孩子以正向方式和外界連結。

允許依戀和緊密連結以建立信任

孩子唯一的安全感來源，就是透過對主要照護者的依戀。很重要的是，在孩子建立根基的第一年期間，母親或父親要盡可能在場陪伴。這表示當孩子哭泣時要將他抱起來，經常抱他跟他說話，保護他避開太強的噪音，免於飢餓、寒冷或不舒服，並要在他飢餓時餵他而不是遵照時間表。有些父母對於形成這樣的依戀有困難，因為孩子的自然需求讓他們吃不消，但允許這樣的依戀會幫助孩子日後變得比較獨立。

嬰兒時期父母一直在場將有助於化解信任與不信任的兩難，因而帶來希望和信心。知道父母總是在場會讓孩子放鬆，進入必須經歷的發展，而不是變得緊張和過度警戒。

適當的日間照護

如果母親在第一年期間需要工作，不能陪伴孩子，她會讓孩子陷入不利的情境。不幸的是，經濟狀況往往使得母親別無選擇。父母能盡力的，就是盡可能提供最健康的育嬰環境，不遺餘力的確保孩子得到需要的照護。確定孩子能經常且恰當的獲得觸摸，餓了就有的吃，而且是由合格的大人在適合他年齡的環境中照護他，這幾件事是父母在尋找日間托育時可以檢驗的。待在托兒所直到孩子習慣環境也有幫助。家庭托嬰或是請保母到家裏來，比較可能提供持續和一貫的照護。除此之外，母親需要了解的是，晚上在家時孩子可能需要額外的呵護、觸摸和母嬰連結，這對於單親媽媽或職業婦女來說，會覺得特別吃不消，一天下來她們往往已經精疲力竭。不過第一年花時間呵護嬰孩終有回報，你的孩子會比較沉靜、健康，日後的需索會比較少。

孩子如果處在不熟悉的環境裏，例如商店、公園、醫生的看診間或朋友家，父母就是孩子的安全島。請理解你的孩子會比較沒有安全感，需要一次次向你索求保證才能安心。

健康的營養素

依照時間表來餵奶雖然對父母而言很方便，卻無法讓孩子建立自己的節奏，也不能讓他明白世界會回應他的需求。親自哺乳已經被證明對情緒和身體都比較健康，因為母奶包含了重要抗體，而且透過身體的親密接觸，促進了母嬰的連結。不過研究也顯示，母親餵奶時的情緒狀態比奶來自乳房或奶瓶更重要。給予滿懷愛意的奶瓶勝過給予充滿怨恨的乳房。哺乳時要避免攝取有害物質，例如要避免毒品和酒精流進母奶裏。當孩子開始吃主食時，攝取健康的營養素也很重要，如此才能打造嬰兒健康的身體。

如果你成功的應付了這個階段，就能帶給孩子健康的根基，以此為基礎來面對人生將會出現的種種挑戰。孩子將會擁有對身體的覺知和活著的感覺，也會抱持希望和樂觀態度，知道世界能夠而且將會滿足其需求。

第二脈輪：六到十八個月

允許分離和依戀

孩子現在處於「孵化」階段，開始跟父母分離，因為他的身體發展允許他有愈來愈多的行動。可是他也會害怕，因此會來來回回的，離開又回頭看看是否一切無恙。在某些方面，他可能看起來更加依戀，但這是正常現象。重要的是同時支持這兩種行動；提供安全的探索機會以鼓勵分離，當孩子需要安心的保證時也要能給予溫暖和愛。

提供豐富感官經驗的環境

　　孩子是透過感官來探索世界的，這是他在這個階段的主要經驗模式。重要的是提供色彩、聲音、有趣的玩具、玩耍時的觸摸和歡愉，以及任由孩子探索的安全環境。你的聲音和關注也是孩子感官經驗的重要部分。

支持孩子透過行動來探索

　　孩子現在想要四處活動了。這不是關在遊戲欄裏面玩耍的年齡，如果你必須使用圍欄，最好只用一小段時間。你可以找到讓他到處安全爬行和走路的地方，由他在公園裏跑動，在庭院裏打滾，在新發現的行動的喜悅中，學習使用他的身體。

映照孩子的情緒

　　孩子正在學習他的情緒語言。如果你想要教導情緒表達能力，重要的是要像鏡子一樣反映他的情緒，回應他的哭泣以及他的憤怒、恐懼、需求或困惑，不要否定或處罰他的情緒，因為他無法強制自己應該有什麼感受。用語言讓他知道你了解他的感受：「你現在看起來好悲傷」、「害怕嗎？要不要媽媽牽你的手？」儘管他還不是很會說話，也是透過聆聽讓他開始了解字詞的意義，這樣他就會明白他的感受有個名稱，而且即使不用語言，也能夠和別人溝通他需要或想要什麼。

　　父母要覺察自己的情緒需求和狀態，以及家裏的「情緒場」，因為孩子會接收我們的憤怒、恐懼、焦慮和喜悅，所以要盡可能照顧自己的需求，創造出正向的環境，這樣你尚未解決的情緒才不會投射到無辜的孩子身上。

第三脈輪：十八個月到三歲

支持孩子自主和堅持意志

　　當你的孩子開始脫離你的時候，要歡慶他的獨立。試著支持孩子堅持自己的意志，這或許很困難，但盡可能提供他選擇的機會。不要問：「你想要圈圈餅嗎？」「不要！」「你想要玉米片？」「不要！」「你要燕麥片嗎？」「不要！」結果只會讓自己大動肝火。你不妨說：「你想要的是圈圈餅、玉米片或燕麥片？」或者你可以挑出兩套合適的服裝，讓他有選擇的機會。給孩子機會，讓他感覺自己堅持的意志是安全而且適當的。

鼓勵自我尊重

　　由於自我認同會在這個階段形成，所以務必要欣喜孩子的成就，讓他感覺獲得你的欣賞。支持他的獨立而不要拒絕他。如果你給孩子任務而他成功的完成了，他就會培養出信心。合乎他年齡的拼圖和玩具；家裏的小小工作，例如把玩具放到盒子裏，或是收拾動物玩偶，都有助於培養基本的自信。如果他堅持要做超乎能力的工作，例如綁鞋帶，那就幫助他完成。不管什麼狀況，絕對要避免批評，或是因為他笨拙的嘗試簡單的事情而覺得受挫。要有耐心，一切最終一定會有回報。

成功的大小便訓練

　　孩子會讓你知道他什麼時候準備好進行大小便訓練。他會表現出對馬桶及大人在浴室裏的活動感興趣；他可能告訴你他尿溼了，或者抗拒穿尿布；他可以保持尿布乾燥長一點的時間。孩子一歲半到兩歲才有能力控制括約肌，或許不需要等到三歲，他就能一整夜不用穿尿布。如果你能等到正確時機再來訓練他，那麼他對於新學到的大人行為往往會感覺光榮，而不是陷入徒勞無功的意志戰鬥。

　　獎勵成功行為比懲罰錯誤更能讓你達成訓練目標，因為懲罰只會

生出羞恥感。

除了摟抱、鼓掌和讚美，請找出其他可以增強效果的對待方法。

適當的紀律

支持孩子的自主性和意志的同時，顯然你還不能放掉所有的控制權，而且必須有適當的限制和堅定的執行力。孩子無法了解複雜的推理，卻聽得懂簡單的因果陳述，例如「小狗會咬人，不要去摸！」嚴苛的懲罰會教出侵略行為，培育羞恥感。收回愛則會使得第三和第四脈輪不協調，激發孩子的不安全感，同時渴求認可。

取代的方法是，試著轉移孩子的注意力到比較適當的事情上。試著把遙控器從他的嘴裏拿出來，當他大哭時不要去吼他，而是給他別的東西抓握，把他從危險的情境移開。在短時間內堅定且一致的給予限制，例如暫停一下，讓他一個人待在房間幾分鐘，比大發脾氣或不理孩子有效多了。在這個階段裏，孩子對父母的認可非常敏感。在必要的時候，不認可他的行為而非他本身。

第四脈輪：四到七歲

留意建立的關係典範

這個階段的孩子正透過認同和模仿學習社會角色。認同父母，讓孩子感受到父母跟他們在一起，即使父母不在現場，這表示孩子會內化你的行為舉止成為他的一部分。如果你憤怒和咄咄逼人的樣子，他就會在關係中表現出憤怒和咄咄逼人。當他逐漸能覺知到周遭的關係時，你要提供他平衡與親愛的關係典範來進行觀察，並且成為其中一份子。

模塑同理心和道德行為

認同你是父母同時，也給了他道德行為的基準。向他解釋為什麼你做這些事而不做那些事。「我們要拿餅乾去給史太太，因為她孤孤

單單一個人，這會讓她開心。」「看寶寶有多喜歡你跟她笑。」「我們晚餐前不吃糖果，因為這樣就沒有肚子留給長骨頭和肌肉的食物了。」

再者，要覺察自己正在模塑性別行為。對於男人和女人的舉止，小心不要支持過度性的別歧視或狹隘的詮釋。一視同仁的對待你的兒子和女兒，給予相同的情感、責任和尊重，讓孩子認清行為可以被接受的限度到哪裏。讓女兒看見女強人的典範，讓兒子知道展現較軟弱的感受無損英雄氣概。

解釋關係

你的孩子正在試圖理解，怎麼他所發現的每件事都與其他事情連在一起。你能把這些關係解釋得愈清楚，他就會感覺愈安全。「把拼圖收好，才不會搞丟其中幾片。」「幫汽車加滿油，車子就會帶我們到想去的地方，就好像食物給我們能量，讓我們到處跑一樣。」「媽媽必須工作，才能有錢買食物。」

固定的生活作息很重要，如果固定作息受到干擾，就要解釋原因。「今天不能去公園，因為瑪麗阿姨要來我們家。」

支持同儕關係

孩子現在可以跟同齡的孩子交朋友，但是你得看著他。如果他還沒有上學，想辦法讓他可以和別的孩子相處；如果他上學了，問問看他跟哪些孩子來往。找機會培養學校以外的友誼。

第五脈輪：七到十二歲

支持溝通

孩子現在能穩穩掌握語言了。幫助他使用語言。跟他長時間討論世界的本質，鼓勵他發問，同時花時間回答問題。詢問他能夠談論的，關於他自己、他的感受，以及他朋友的狀況。做個專注的傾聽者。

在這個時期，認知上的學習量非常龐大，學校是學習和培養信心的主要場域，因此要對孩子的學習表現出興趣，要幫助他的家庭作業，要問問題、補充資訊、分享你的知識，要投入學校計畫，要模塑良好的學習慣，要獎賞好的表現。

激勵創造力

成功是培養才能的最佳推動力。提供孩子發揮創意及付出心力的表達機會：供應美術媒材、樂器、手工藝、舞蹈課等。鼓勵孩子尋找做事的新方法，以模塑創意思考的過程，即使只是擺餐桌這類瑣事。教孩子使用工具。以書籍、電影、音樂會和戲劇表演來激勵創造力。

當孩子向你展現她創造出來的成品時，務必要欣賞讚美他，即使那看起來像是一團可笑的汙漬。這樣能讓他知道他的創作是有價值的，同時支持他認同自己的創造力。向別人展示他的畫作；把畫貼在冰箱門上；邀請奶奶去看學校裏的表演。

接觸更大的世界

帶你的孩子到新的地方去。造訪博物館、市集和動物園；去度假旅行；到山區露營。帶著孩子接觸不同的生活方式，並鼓勵他拓展視野。

第六脈輪：青少年

支持孩子鞏固自我認同

你的青少年正在尋求自我認同。這時可不是要讓你去掌控那些不會造成直接傷害的小節，例如頭髮、服裝或聽音樂之類的無害行為。尊重他表達個體性，鼓勵他獨立思考，問他問題而不是給他答案。不要跟他說你在他的年紀做了什麼，而是詢問他，如果他是父母，會跟兒子說什麼。

他嘗試的角色可能會改變很多次，直到他鞏固了自己對成年的認同為止。不要擔心那些你不喜歡的嘗試，強烈的反對可能讓他堅持得更久。

支持獨立

允許孩子擁有更多自己的生活。鼓勵他自己賺錢，承擔更多生活面相的責任，例如買衣服、擁有自己的交通工具、籌備活動。讓他犯一些個人錯誤。如果他覺得你信任他，就更有可能負責任行事。

設定清楚界線 !!

儘管如此，青少年還是必須覺知到清楚和一致的限制。由於他們已經夠大能進行複雜推理了，所以很重要的一點是把他們納進來思考限制背後的意義，甚至不妨讓他們找出替代方法來處理這些限制。舉個例子，我兒子高中第一學期的英文成績不及格。他立刻喪失電視和電腦的權利，直到下一次成績出來為止。六個星期後（還剩四星期才會發出下一張成績單）他問我是否能恢復部分權利，因為他能從英文老師那裏拿到他目前表現優異的證明。他採取主動，拿回了老師的便條，說明他現在是「甲」等表現。我於是獎賞他的進步，在試行的基礎上恢復他部分權利。

第七脈輪：青年期以及之後

第七脈輪的模塑，事實上發生在整個童年期。等到你的兒子或女兒真的來到第七脈輪的階段，他們已經獨立自主了，那時你的影響力將會微不足道。但是有一些可以預先奉行的法則：

激勵提問

提問而非只是說。如果家是提問和討論價值的安全地方，孩子將學會自己思考。如果他獲得的教導是，父母支持他徹底思考自己的問題，而且學習到一個情境可能有許多答案，那麼他的心胸就會比較開

放。邀他一起進行知性討論，詢問他的意見，會讓他感覺值得花心力去思考。

提供多樣化的靈性教育

靈性修養不應該強加在孩子身上。最好的奠基方式是模塑有意識的道德行為，同時孩子有興趣時就盡量分享。除了讓孩子接觸到你信奉的宗教之外，也可以帶他們去接觸其他宗教，這樣可以讓他們的靈性基礎更穩固一些。向孩子解釋為什麼你們家選擇了你信奉的宗教。允許孩子研究其他的文化和崇拜儀式，如果你的宗教最適合他，他會自己回頭皈依，而且信仰會更堅定，因為他有過選擇的機會。如果他選擇了他所發現的更為圓滿的其他宗教，那將會是資訊充足的選擇權而不是反抗行為。

提供教育機會

學習是餵養第七脈輪並維持我們操作系統不落伍的方式。不管用什麼方式，盡力支持學習，無論是上當地的社區大學、週末工作坊，還是到喜瑪拉雅山行腳或自學。教孩子從經驗中發現教訓，詢問她從不同活動中學到了什麼。

放手

當你的年輕人到了離家的時候，你要支持並歡慶他的獨立。巴著他不放或是把他推出門外都沒有幫助。當父母撤回控制權和依戀時，年輕人就會自然走向他自己的世界。

結論

孩子通過脈輪成長時，並不會立刻拋掉之前的脈輪的需求。孩子一生都需要透過身體表達情感，不只是在第一和第二脈輪階段。他們需要持續的認可鞏固自尊，他們需要被告知、能夠參與，而且被納入家庭會議和活動中。

　　父母絕對沒有正當理由讓孩子承受性行為、身體疼痛或羞辱的批評。如果發生這些狀況，應該立刻為自己尋求協助，你可以選擇當地的父母支持團體或個人性的治療師。打破循環，不要讓虐待傳下去。

　　孩子需要愛與關注、時間和認可。他們需要受到鼓勵，而不是阻攔；他們需要成為大人社會的一份子，而且要以自己的個體性來改革社會，以身、心、靈更為和諧的方式來進行。孩子是未來的神聖存有，他們是人類的希望。

　　關於孩子發展階段的更多資訊，請參照《東方身體和西方心智》（*Eastern Body , Western Mind*）。

梵文詞彙

Aditi：阿底提，吠陀經中的無限女神。

Agni：阿耆尼，印度教火神。

Ahimsa：不殺生。

Airavata：愛羅婆多，從翻騰的大海中出現的四牙白象。海底輪和喉輪中的動物，愛羅婆多汲取海中的水揮灑成雲。Ajna：求知、覺知和指揮之意。第六脈輪的梵文名稱。

Akasha：阿卡夏檔案庫，「以太、空間、空」之意；所有的存在和事件的印記（檔案）保留處。

Anahata：沒有任何兩物相擊發出的聲音；心輪（第四脈輪）的梵文名稱。

Anandakanda Lotus：八瓣小蓮花，位於第三和第四脈輪之間的中脈上。包含一座祭壇和一棵「天界如意樹」。靜

心冥想這朵蓮花據信會帶來解脫（moksa）。

Asana：體位法，舒服維持的姿式或姿勢；專指各種哈達瑜伽的姿式。

Atman：靈魂、大我、永恆法則。

Avidya：無明；缺乏正確的領會或認知。

Bhakti yoga：虔信（奉愛）瑜伽，強調獻身及信奉他人（通常是上師）
　　　　　　的瑜伽派別。

Bhukti：至樂。高層意識降到下層脈輪時，就會帶來至樂。

Bija mantra：種籽咒語；由每個脈輪中心的一個梵文字母來代表，這
　　　　　　個咒音據信可以讓人接觸或控制這相關脈輪的核心本
　　　　　　質。

Bindu：明點。有三種指涉：1）某些字母上的小點，代表「mmm」的
　　　　音。2）神話中的基本粒子，沒有體積的「單子」（單一體），
　　　　物質由此建構出來。3）一滴精液。

Brahma：梵天，創造之神，伴侶是妙音天女（Sarasvati，辯才天女）；
　　　　　向心和離心兩股力量的平衡者。

Brahma chakra：1）梵天之輪，即宇宙。2）某個魔力圈的名字（Stutley
　　　　　　　《*Dictionary of Hinduism*》，四九頁）。

Chakra：脈輪。1）接收、同化和表達生命能量的中樞。2）身體七個
　　　　能量中樞的稱呼。3）像圓盤一樣的能量漩渦，不同面向交
　　　　會而成。4）輪子；戰車的車輪。5）法輪；毗濕奴最喜歡的
　　　　武器。6）神祇的轉輪（法輪）。7）時間之輪。8）律法與
　　　　天界秩序之輪（法輪）。9）譚崔儀式，男性女性交合圍成
　　　　圓圈。

Chakrasana：輪式（後仰）。中級瑜伽式，能同時打開所有脈輪的正
　　　　　　面。

Chakravala：鐵圍山。神話中包圍世界的有九重山，最外圍是鐵圍山，
　　　　　　而中央是須彌山。

Chakravartin：轉輪聖王。統治者、國王、超人。源自吠陀時代初期，
　　　　　　　以及前吠陀和前亞利安時代，這位無所不能的君王據

稱在行進時會有一太陽形狀的光做前導。轉輪法王認
為自己是業力巨輪的轉動者和軸心，也就是宇宙中心
的統治者。當時祂要完成自己的使命時，收到了七樣
象徵性的寶物，其一就是法輪（金輪寶）。（參見
Heinrich Zimmer《*The Philosophies of India*》，一三○
頁以下）

Chakresvara：法輪王，毗濕奴的稱號之一。

Dakini：達基尼（空行母），夏克蒂四個主要化身之一，連結的是海
　　　底輪中的元素「土」。

Devi：女神的總稱。

Deva：男神的總稱；也代表天界力量。

Dharma：法，音譯為「達摩」或「曇摩」、「曇無」等。意義是1）
　　　神聖的宇宙秩序。2）道德與宗教義務、社會習俗、倫理守
　　　則。3）遵循宗教義務的行為。

Dhyana：禪定；靜心、冥想。

Ganesha 或 Ganapati：甘尼許。象頭神，化解障礙的吉神。性情好，
　　　　　　　與繁榮、和平相連結。

Gauri：明妃或天母。意為「黃色、聰慧者」，喉輪（第五脈輪）的女
　　　神之名，是濕婆或天神伐樓拿的伴侶。祂有時是豐饒女神、有
　　　時跟原始的海域（apah，水神）相關、有時是聖牛。明妃也是
　　　一組女神的統稱，包括了 Uma 和 Parvati（皆為雪山女神）、
　　　Rambha、Totala 與 Tripura。

Gunas：屬性（德）。萬物的三種性質：惰性、變性和悅性。

Guru：上師。宗教上的老師，尤其是引領你入門、啟蒙你的老師。

Hakini：哈基尼，在眉心輪（第六脈輪）的夏克蒂的化身。

Ham：喉輪（第五脈輪）的種籽音。

Hanuman：哈奴曼。聰明的猴神。

Hatha yoga：哈達瑜伽，以鍛鍊身體為路徑的瑜伽。

Ida：左脈。三條核心氣脈之一，代表一個人陰性（月亮）和女性的能

　　　　量。也跟恆河有關。顏色是黃色。

Indra：因陀羅，印度主要的天神之一。療癒與雨水之神，通常騎一頭
　　　　公牛。

Isvara：大自在天，心輪的主神，代表統合。字義為「至尊」，祂是
　　　　最接近一神教的神，但不是因為其重要性。

Jaina：耆那教，後吠陀時期被視為異端的印度古老宗教之一，主要著
　　　　重在禁慾（苦行）和保護所有生命（不殺生），以求解脫業力。
　　　　這套哲學的精髓是三種理想：正信、正知、正行。

Jiva：個體的靈魂或心靈，具體表現為生命力，與「atman」相對。
　　　　「atman」是比較大我和靈性意義的靈魂。

Jnana yoga：知識瑜伽，透過知識達到解脫的瑜伽。

Kakini：卡基尼，位於心輪（第四脈輪）的夏克蒂化身。

Kali：時母（迦梨）。形貌為老嫗的女神；恐怖的母親；無所不能的
　　　　破壞神；濕婆的伴侶。祂也是永恆時間的象徵。祂通常是黑色
　　　　的（永夜），張嘴吐舌，四隻手，拿著武器和一顆血淋淋的斷頭。
　　　　祂是無知和無節制的破壞神。

Kalpataru：劫波樹，位於心輪底下 Anandakanda 蓮花內的「天界如意
　　　　　　樹」。

Kama：1）愛、渴望、色慾；存在的原始驅力。2）愛與慾之神迦摩，
　　　　當濕婆靜心時，迦摩試圖引誘祂，盛怒的濕婆迦摩縮小為無形
　　　　的存有，此乃傳說愛人交歡時迦摩會盤旋在他們上方的理由。

Karma, Karman：行動。業；因果不斷的循環，個人逃脫不了過去和
　　　　　　　　當前作為的後果。

Karma-Yoga：行動（業）瑜伽，透過正確行動求解脫的瑜伽路徑。

Kundalini：音譯昆達里尼，亦稱「拙火」，指涉 1）蛇女神，盤繞三
　　　　　　圈半躺臥於海底輪，當祂甦醒時會沿著中脈向上攀爬，穿
　　　　　　透每一個脈輪。2）連結和活化每個脈輪的驅動能量。3）
　　　　　　某種甦醒，典型徵兆是靈魂能量向上竄流。

Kundala：盤繞。

Lakini：拉基尼，夏克蒂在臍輪（第三脈輪）的化身。

Laksmi：吉祥天女，象徵財富和美麗的母神，毗濕奴的伴侶，是無所
　　　　不在的保護神。

Lam：海底輪的種籽音。

Lingam：林迦，陰莖符號，通常與濕婆連結。生殖力量的象徵，但據
　　　　說濕婆從未在性行為中射精。男性潛能的象徵。

Mandala：曼陀羅；輔助靜心冥想的圓形幾何圖案。

Manipura：字意為「光輝的寶石」，是位於太陽神經叢的臍輪（第三
　　　　脈輪）的梵文名稱。

Mantra：咒語；字意為「思想的工具」，指涉神聖的字詞、聲音或一
　　　　段文字，在靜坐和儀式的過程中無聲或出聲複誦。

Maya：馬雅；幻象，人格化為女神。魔力、超自然力量、偉大技巧。

Mahashakti：字意為「母性力量」。浩瀚的原始能量場，是無休無止
　　　　的振動力量。

Moksa 或 Mukti：釋放、解脫。放掉依戀才得解脫，向劫波樹許願也
　　　　能解脫。

Mudra：手印；雙手擺成特定姿勢，有時用於靜心冥想。

Muladhara：海底輪；第一脈輪，位於脊柱底部，元素是土。意義為
　　　　根部的支持。

Nadis：氣脈；精微身的靈魂能量通道。字根「nad」意思是運行或流動。

Ojas：精氣；從「明點」中流出的至樂甘露。

Padma：蓮花；有時用為脈輪的另一名稱。

Para sabda：沉默之音，發出聲音之前的思想形式。

Pingala：右脈，三條主要氣脈之一；代表男性或太陽（陽性）能量。
　　　　連結的是亞穆納河（the Yamuna river），顏色是紅色。

Prakrti：普拉克提；原質。原始的物質本性，包括主動與被動。讓意
　　　　識具體呈現的基本物質，是「純粹意識」（purusa）的女性
　　　　對應面。

Prana：氣；生命的氣息；最初單位；生命的五種氣息（the pranas）；

　　宇宙的運行力量。

Pranayama：呼吸法（調息）；控制或鍛鍊呼吸的修行，目的是淨化和靈性開悟。

Puja：法會；崇拜儀式，對神表達敬意或供養的集會。

Purusa：純粹意識；男性法則，創造、主動和精神取向。與普拉克提（原質）對應的意識，兩者聚合創造了世界。

Rajas：變性；與原始力量連結的屬性，推動行動與改變；火的屬性。

Rakini：瑞基尼；夏克蒂在本我輪（第二脈輪）的化身。

Ram：臍輪（第三脈輪）的種籽音。

Rudra：樓陀羅，濕婆的另一名稱，屬於比較黑暗暴烈的神，與打雷、閃電、暴風雨、牲畜和生殖力連結。

Sahasrara：字意為「千倍」，第七脈輪或頂輪的梵文名稱。

Sakti 或 Shakti：夏克蒂；神聖的力量或能量；女神，對應於濕婆。祂是萬事萬物不斷在改變的活動法則。有許多化身和名字，在下層脈輪分別是：Dakini、Rakini、Lakini 和 Kakini。

Samadhi：三摩地；開悟或至樂狀態。

Samsara：生死輪迴。

Sarasvati：妙音天女（辯才天女）；字意上是河神。六十四種藝術的保護神；演說與書寫之母；純潔的縮影，同時是梵天的伴侶。

Sattvas：悅性；最輕的屬性，與思想、靈性、平衡連結。

Siddhis：神通力；據說瑜伽修行到某種階段，或者昆達里尼甦醒時，就能獲得這種神奇能力。

Siva 或 Shiva：濕婆；印度主要男神之一，連結的是抽象無形的思想和靈性面向。名字的意義是「吉祥」。人們把祂想成是熾熱的白光、閃電、林伽、睡神、破壞神（因為祂摧毀形式和依戀），也是夏克蒂和時母的伴侶。

Sushumna：中脈；中央垂直的氣脈，連結了所有脈輪。要擁有完整

的昆達里尼甦醒，能量必須向上貫通中脈。

Svadhisthana：第二脈輪（本我輪）的梵文名稱；本我輪位於下腹部和外陰部一帶。早期這個名字的意義是「啜飲甘甜」，來自字根「svadha」有品嘗或變甜的意思。後來的詮釋歸源到另一個字根「svad」，意思是「自己的」，於是這個脈輪名字的意義變成了「自己的居所」。兩種詮釋用來描述第二脈輪都很適切。

Tamas：惰性；代表「物質」的屬性，是靜止的慣性狀態，抗拒相對的力量。三種屬性中惰性最沉重，也最受限。

Tantra：譚崔、密宗；1）字意是編織或織布機。2）指涉一種包羅萬象的教義，融合了印度哲學的眾多支派，在西元六○○～七○○年左右開始盛行。3）透過感官知覺以及跟他人的結合來獲得解脫的修行。

Tantras：譚崔教義；關於譚崔哲學和修行的教義。

Tapas：陶鑄、苦修；從苦行中產生的熱力；獲得個人力量和精進靈性的方法。

Tejas：光輝；熾熱的能量、活力、威嚴。來自太陽的「tejas」製造出毗濕奴的法輪。（Stutley《*Dictionary of Hinduism*》，三○二頁）。

Trikona：在好幾個脈輪和其他冥想圖案（yantra）中出現的三角形。尖角朝下，代表夏克蒂；尖角朝上，代表濕婆。在心輪中，兩個三角形交疊，代表神聖的合一性。

Upanishads：奧義書；由吠陀經發展出來的一套教義，據信成書於西元前七○○～三○○年之間。

Vaikhari：聽得見的聲音。

Vam：本我輪（第二脈輪）的種籽音。

Varuna：伐樓拿；吠陀經裏最早的天神之一，是後期許多神的父親，連結的是律法與神聖秩序。祂也連結了種馬（源自早期的犧牲）和魔羯魚（makara），是原始海域的統治者。

Varu：1）風，風神伐由，據信擁有淨化力量。2）指涉身體的五種氣
　　　流：udana（上行氣）、prana（生命之氣）、smana（平行氣）、
　　　apana（下行氣）和 vyana（遍行或擴散之氣）。

Vedas：吠陀經；字意為「知識」，最早的一套成文教義，主要是誦
　　　詩和儀式的說明，最初是亞利安祭司階級覬覦的經典。

Vedanta：吠檀多；後吠陀哲學，強調自性蘊含神性，「汝即彼」。

Visnu：毗濕奴；主要的印度男神，三大神（梵天、毗濕奴、濕婆）之
　　　一。以無所不在聞名，是吉祥天女的伴侶。

Vissuddha：字意是淨化，第五脈輪（喉輪）的梵文名字，位於喉部。

Yam：心輪（第四脈輪）的種籽音。

Yama：閻王；死神。

Yantra：類似曼陀羅，設計來靜心冥想的圖案（不一定要是圓形）。
　　　也是一套以冥想視覺象徵為基礎的瑜伽系統，稱為「幻輪瑜
　　　伽」。

Yoga：瑜伽；字意是「結合」；一套哲學系統和技巧，宗旨是連結身
　　　與心，同時連結小我與大我或「神我」。瑜伽有許多宗派和修
　　　行法門，參見「Bhakti」（虔信瑜伽）、「Hatha」（哈達瑜伽）、
　　　「Jnana」（知識瑜伽）、「Karma」（行動瑜伽）、「Tantra」
　　　（譚崔或拙火瑜伽）、「Mantra」（梵咒瑜伽）、「Yantra」（幻
　　　輪瑜伽）和「Pranayama」（呼吸法）。

Yoni：優尼；女性生殖器，有時描繪成聖杯形狀並受到膜拜；相對於
　　　林迦崇拜。

參考書目
（依作者姓氏排序）

- Pundit Acharya《*Breath, Sleep, the Heart and Life*》，Dawn Horse Press 1975 年出版。一本令人愉悅的書，闡述生活放輕鬆的好處。

- Jose Arguelles 及 Miriam Arguelles《*Mandala*》，Shambhala 1972 年出版。以一般大眾可親近的方式介紹神祕主義的迷人著作。

- Isaac Asimov《*The Human Brain: Its Capacities and Functions*》，Mentor Books 1964 年出版。

- Roberta Assagioli, M.D.《*The Act of Will*》，Penguin Books 1974 年出版。針對第三脈輪培養意志大有幫助。

- Arthur Avalon《*The Serpent Power*》，Dover Publications 1974 年出版。關於脈輪的經典著作，翻譯了主要的譚崔文獻；包含大量梵文的飽學之作，資訊的寶庫。

- Edward D. Babbitt《*The Principles of Light and Color*》，1878年初版，Citadel Press 1980再版。以半古體的風格書寫，提供眾多有趣資訊。

- Dr. Douglas Baker《*The Seven Pillars of Ancient Wisdom*》第五部《*Anthropogeny*》，Essendon 1975 年出版。關於「七道光和演化」的神智學論述。

- Dr. Douglas Baker《*The Opening of the Third Eye*》，Weiser 1977 年出版。靈視（天眼通）的神智學取向。

- Rudolph Ballentine, M.D.《*Diet and Nutrition*》，Himalayan International Institute 1978 年出版。

- Richard Bandler 及 John Grinder 著《*Tranceformations*》，Real People Press 1981 年出版。《出神入化 催眠的最高境界》，世茂，1996。關於神經語言程式學（身心語言程式學，NLP）。

- Barrie 及 Rockliffe《*The Sufi Message*》第二部，1972 年出版。

- Itzhak Bentov《*Stalking the Wild Pendulum*》，Bantam Edition 1979 年出版。關於「意識的力學」的趣味之作。

- Lawrence Blair《*Rhythms of Vision*》，Schocken Books 1976 年出版。物理學與形上學的迷人之旅。

- Blawyn 及 Jones《*Chakra Workout for Body, Mind, and Spirit*》，Llewellyn 1996 年出版。包羅了各種練「氣」（精微能量）的運動，然而與脈輪不是特別相關。

- John Blofeld《*Mantra: Sacred Words of Power*》，E. P. Dutton 1977 年出版。佛教學者介紹的咒語錄。

- Bloomfield 等《*Transcendental Meditation. Discovering Inner Awareness and Overcoming Stress*》，Delacorte Press 1975 年出版。關於靜坐及其益處的優秀入門書。

- William Buck 譯《*Mahabharata*》，University of California Press 1973 年出版。印度史詩《摩訶婆羅多》。

- Sir Richard F. Burton 譯《*The Kama Sutra of Vatsyayana*》，E.P. Dutton 1962 年出版。譚崔性愛儀式的詳細文本《愛經》。

- William Brughjoy, M.D.《*Joy's Way*》，J.P. Tarcher 1979 年出版。一名醫生培養靈性覺察力和療癒能力，同時發現和描述脈輪的故事。

- Rosalyn Bruyere《*Wheels of Light: Chakras, Auras, and the Healing Energy of the Body*》第一部，Bon Productions 1994 年出版。《光之輪》，世茂，1997。關於脈輪，集合了科學與哲學資訊的有趣大拼盤。

- Fritjof Capra《*The Tao of Physics*》，Bantam Books 1975 年出版。關於物理學與東方形上學的經典著作。

- Richard Carlyn《*A Guide to the Gods*》，Quill 1982 年出版。認識各文化眾神的不錯參考書。

- Cecil《*Textbook of Medicine*》，W.B. Saunders Co., 1979 年出版。

- Linda Clark《*The Ancient Art of Color Therapy*》，Pocket Books 1975 年出版。「色彩治療」的範本。

- 《*Collier's Encyclopedia*》，MacMillan 1981 年出版。

- Theresa L. Crenshaw, M.D.《*The Alchemy of Love and Lust*》，Pocket Books 1996 年出版。檢視賀爾蒙如何主宰我們的生活和性慾的絕妙

作品。

- Aleister Crowley《*The Book of the Law*》，O.T.O. Grand Lodge 1978 年出版。

- Aleister Crowley《*Eight Lectures on Yoga*》，Weiser 1974 年出版。

- Aleister Crowley《*Magick in Theory and Practice*》，Dover Publications 1976 年出版。

- Aleister Crowley《*Magick Without Tears*》，Llewellyn 1976 年出版。 對於 Crowley 我避免做過多評論，大多數人不是喜歡他就是討厭他。如果你喜歡他，可以從他的著作學到很多。

- Scott Cunningham《*Crystal, Gem, and Metal Magic*》，Llewellyn 1987 年出版。

- Scott Cunningham《*Incense, Oils, and Brews*》，Llewellyn 1997 年出版。

- Scott Cunningham《*Cunningham's Encyclopedia of Magical Herbs*》，Llewellyn 1985 年出版。Cunningham 的著作無比珍貴，整合了與脈輪及元素相關的草藥和礦石。

- Alain Danielou《*The Gods of India*》，Inner Traditions 1985 年出版。關於印度眾神的博學之作，不過缺少女神的資訊。

- Mikol Davis 及 Earle Lane 著《*Rainbows of Life*》，Harper Colophon Books 1978 年出版。關於柯利安攝影和生物氣場的著作。

- Ram Dass《*The Only Dance There Is*》，Anchor Press 1974 年出版。我初識「脈輪」的第一本書，開啟了我往後的工作。

- Edward DeBono《*Lateral Thinking*》，Harper and Row 1970 年出版。教你如何藉由改變思考方式解放創造力的傑作。

- Jacques Delangre《*Do-in: The Ancient Art of Rejuvenation Through Self Massage*》，Happiness Press 1970 年出版。照顧自己身體的簡便方法。

- Nik Douglas and Penny Slinger《*Sexual Secrets*》，Destiny Books

1979 年出版。為西方人介紹譚崔修行的入門書，文筆優美，插圖翔實。

- Ken Dychtwald《*Bodymind*》，Jove Publications 1977 年出版。《身心合一》，生命潛能，2009。配合脈輪整合身心的力作。

- Ainslie T. Embree《*The Hindu Tradition*》，Vintage Books 1972 年出版。博學之作，寫得精采。

- John Evans《*Mind, Body and Electromagnetism*》，Element Books 1986 年出版。關於人體氣場、能量概念、意識、振動、型態形成場等等的心理生理學。

- Julius Evola《*The Yoga of Power: Tantra, Shakti, and the Secret Way*》，Inner Traditions 1992 年出版。探究密傳的譚崔哲學和修行的學術著作。

- Marilyn Ferguson《*The Aquarian Conspiracy*》，J.P. Tarcher 1980 年出版。《寶瓶同謀》，方智，1993。改變文化思潮的傑作。

- Georg Feuerstein《*Tantra: The Path of Ecstasy*》，Shambhala 1998 年出版。關於印度譚崔哲學的優秀指南。

- Georg Feuerstein《*The Shambhala Encyclopedia of Yoga*》，Shambhala 1997 年出版。關於瑜伽術語和觀念的優秀原典。

- Dion Fortune《*The Cosmic Doctrine*》，Weiser Publications 1976 年出版。飽含智慧與形上哲學，是思想的食糧。

- Dion Fortune《*The Mystical Qabalah*》1935 年出版，Alta Gaia Books 1979 年出版。關於卡巴拉生命樹的簡明讀本。

- David Frawley《*Tantra Yoga and the Wisdom Goddesses*》，Passage Press 1994 年出版。傳統及現代的譚崔教義，特別聚焦於印度女神。

- Michael Reed Gach《*Acu-Yoga*》，Japan Publicaitons 1981 年出版。運動書，設計來刺激脈輪和經絡，促進身體健康。

- Joy Gardner《*Color and Crystals: A Journey through the Chakras*》，The Crossing Press 1988 年出版。對於以水晶工作的人是方便的指

南。

- Shakti Gawain《*Creative Visualization*》，Whatever Publishing 1978 年出版。如何透過觀想讓自己願望實現的經典著作。

- Richard Gerber, M.D.《*Vibrational Medicine: New Choices for Healing Ourselves*》，Bear and Co. 1988 年出版。探究「精微身」，以及如何運用精微的振動能量來療癒。

- Bonnie Greenwell, Ph.D.《*Energies of Transformation: A Guide to the Kundalini Process*》，Shakti River Press 1990 年出版。了解昆達里尼甦醒的通用指南，大力推薦給那些經歷拙火自發甦醒的人，以及與這些人工作的治療師。

- B.Z. Goldberg《*The Sacred Fire*》，Citadel Press 1974 年出版。關於性在儀式、宗教和人類行為中的歷史，佳作，已絕版。

- Arthur C. Guyton, M.D.《*Textbook of Medical Physiology*》，W.B. Saunders Co. 1971 年出版。

- Steven Halpern《*Tuning the Human Instrument*》，Spectrum Research Institute 1978 年出版。探索音樂和意識。

- Michael Peter Hamel《*Through Music to the Self*》，Shambhala 1976 年出版。關於音樂和意識更多的探討，比起《Tuning the Human Instrument》較為學術。

- Charles Hampden-Turner《*Maps of the Mind*》，Collier Books 1981 年出版。以短文和插圖解釋心智運作的許多模式，讀來輕鬆愉快。

- Christopher Hills《*Energy, Matter, and Form*》，University of the Tree Press 1977 年出版。探索一些通靈現象的物質證據。

- Christopher Hills《*Nuclear Evolution*》，University of the Trees Press 1977 年出版。關於脈輪、演化和形上學，作者闡述自己理論的長篇鉅作，值得一讀。

- Barbara Marx Hubbard《*The Evolutionary Journey*》，Evolutionary Press 1982 年出版。一名獲得欣喜啟示的未來學者的早期作品。

- Roland Hunt《*The Seven Keys to Color Healing*》，C.W. Daniel Co., Ltd. 1971 年出版。優秀的色彩治療入門書。

- Robert Jahn <Foundation for Mind-Being Research Newsletter>，1982 刊登於 Reporter。

- Rick Jarow《*Creating the Work You Love: Courage, Commitment and Career*》，Destiny Books 1995 年出版。從脈輪觀點出發的生涯諮商；如何在你的工作中保持每個脈輪都快樂。

- Bans Jenny《*Cymatics*》，Schocken Books 1975 年出版。現已絕版。

- Hharles Johnston《*The Yoga Sutras of Patanjali*》，Brotherhood of Cife 1983 年出版。瑜伽教義的經典《帕坦伽利瑜伽經》。

- Anodea Judith《*Eastern body, Western Mind: Psychology and the Chakra System as a Path to the Self*》，Celestial Arts 1993 年出版。西方心理學和脈輪哲學。

- Anodea Judith and Selena Vega《*The Sevenfold Journey: Reclaiming Mind, Body, and Spirit through the Chakras*》，The Crossing Press 1993 年出版。實用手冊，從作者九個月脈輪密集課程中擷取出來的運動、儀式和修練，目的是打開脈輪。

- Carl Gustav Jung《*The Psychology of Kundalini Yoga*》，Princeton University Press 1996 年出版。容格針對西方心理學和脈輪的演講。

- Sufi Inayat Kahn《*The Development of Spiritual Healing*》，Sufi Publishing Co. 1961 年出版。探討療癒本質的小品佳作。

- Ken Keyes《*Handbook to Higher Consciousness*》，Living Love Center 1975 年出版。關於脈輪的意識層次，極為簡化卻相當精準的觀點。

- Laurel Elizabeth Keyes《*Toning: The Creative Power of the Voice*》，Devorss and Co. 1978 年出版。歌唱與吟誦的靈性益處。

- DLharma Singh Khalsa M.D.《*Brain Longevity*》，Warner Books 1997 年出版。檢視影響我們大腦運作的化學物質，以及如何維持

供應。

- Frances King《*Tantra fro Westerners*》，Destiny Books 1986 年出版。探討譚崔教義，趣味盎然的小書，結合了東方修行與西方魔法傳統。

- Joel Kramer and Diana Alstad《*The Guru Papers: Masks of Authoritarian Power*》，Frog Ltd. 1993 年出版。

- Gopi Krishna《*Kundalini, The Evolutionary Energy in Man*》，Shambhala 1971。關於瑜伽修行者面對昆達里尼覺醒的挑戰與收穫，經典之作。

- C.W. Leadbeater《*The Chakras*》，1927 年初版，Quest 1974 再版。關於脈輪的西方標準本，很長一段時間曾是針對這個主題的唯一西方著作。

- C.W. Leadbeater《*Man, Visible and Invisible*》，Quest 1971 年出版。關於人體氣場的書籍。

- George Leonard《*The Silent Pulse*》，Dutton 1978 年出版。探討共振和第五脈輪理論的精采著作。

- Alan E. Lewis and Dallas Clouatre《*Melatonin and the Biological Clock*》，Keats Publishing, Inc. 1996 年出版。

- Jeff Love《*The Quantum Gods*》，Weiser 1976 年出版。關於卡巴拉生命樹，精闢且原創的闡釋。

- Alexander Lowen M.D.《*The Betrayal of the Body*》，Collier Books 1967 年出版。探討身心關係的佳作，特別重視自然而愉悅的滿足。

- Alexander Lowen M.D.《*Bioenergetics*》，Penguin Books 1975 年出版。關於生物能療法的不錯入門書。

- Alexander Lowen M.D. and Leslie《*The Way to Vibrant Health*》，AHarper Colophon 1977 年出版。寫給新手的生物能練習手冊，推薦給想要鍛鍊下層脈輪的讀者，不過書中並未使用脈輪這個字眼（現已絕版）。

- Arthur Anthony MacDonnell《*A Practical Sanskrit Dictionary*》，Oxford University Press 1954 年出版。

- Joanna Rogers Macy《*Despair and Personal Power in the Nuclear Age*》，New Society Publishers 1983 年出版。傑作，包含團體或個人可以運用的各種練習和靜坐方法，與當前的世界局勢息息相關。

- Marshall McLuhan《*Understanding Media*》，Mentor Book 1964 年出版。那個時代的經典。

- Franklin Merrill-Wolfe《*The Philosophy of Consciousness Without an Object*》，Julian Press 1973 年出版。標題說明了一切，大而無當。

- Jeffrey Mishlove《*The Roots of consciousness*》，Random House 1975 年出版。闡述古代到現代關於意識的研究，傑作。

- Sir Monier Monier-Williams《*Sanskrit-English Dictionary*》，Munshiram Manoharlal Publishers 1976 年出版。

- Ashley Montagu《*Touching*》，Harper and Row 1971 年出版。精采之作，確認了人與人之間的接觸的需求，以及如何運用它。

- Ajit Mookerjee《*Kundalini, the Arousal of Inner Energy*》，Destiny Books 1982 年出版。關於昆達里尼（拙火）的大部頭書，圖文並茂，是不錯的入門書。

- Ajit Mookerjee《*The Tantric Way*》，New York Graphic Society 1977 年出版。探討譚崔哲學的法門、科學與儀式，面面俱到。

- Hiroshi Motoyama《*Theories of the Chakras*》，Theosophical Publishing House 1981 年出版。從禁慾觀點談脈輪，內含譚崔文本涉及脈輪的英譯。

- Swami Muktananda《*Play of Consciousness*》，Harper and Row 1978 年出版。一名上師經驗昆達里尼覺醒的故事。

- F. Max Muller 譯《*The Upanishads*》，Dover Publications 1962 年出版。

- Jonn Mumford《*A Chakra and Kundalini Workbook*》，Llewellyn

1994 年出版。如何讓氣貫穿脈輪運行的心理－生理技巧。

- Caroline Myss《*Anatomy of the Spirit: The Seven Stages of Power and Healing*》，Harmony Books 1996 年出版。比較卡巴拉、基督教聖禮和脈輪的著作。

- Masahiro Oki《*Healing Yourself Through Okido Yaga*》，Japan Publications 1977 年出版。針對不同需求的練習，同時聚焦於脊柱的各個部位，因此有益於鍛鍊你的脊柱和脈輪。

- Troy Wilson Organ《*Hinduism*》，Barron Educational Series 1974 年出版。關於印度教的簡明著作。

- John Ott《*Health and Light*》，Pocket Books 1973 年出版。作者研究光對動植物的影響，這本書敘述他的發現和自我療癒的故事，值得一讀。

- Naomi Ozaniec《*The Elements of the Chakras*》，Element Books 1990 年出版。關於脈輪的簡介。

- Genevieve Lewis Paulson《*Kundalini and the Chakras: A Practical Manual*》，Llewellyn 1991 年出版。修煉脈輪的技巧指南。

- Paul Peitsch《*Shufflebrain*》，Houghton Mifflin 1981 年出版。透過較低等動物的腦移植實驗，來支持全像理論的生物能量理論、身體的防護和脈輪系統。

- John Pierrakos《*Core Energetics*》，Life Rhythm Publication 1987 年出版。關於生物能理論、身體的防護和脈輪系統。

- James Prescott《*Body Pleasure and the Origins of Violence*》，〈*The Futurist*〉1975 年 4 月第 4 期第 2 號第 64 ～ 75 頁。探討性自由和減少暴力之間的關係。

- Karl Pribram〈Omni Magazine〉，1982 年 10 月號專訪。

- Swami Sivananda Radha《*Kundalini Yoga For the West*》，Timeless Books 1996 年出版。關於脈輪應該思索的問題和事項，有不錯的圖解和圖表。

- Barvepalli Radhakrishnan and Charlea A. Moore《*A Sourcebook in Indian Philosophy*》，Princeton University Press 1957 年出版。重要印度典籍的英譯和評論。

- Shagwan Shree Rajneesh《*Meditation: The Art of Ecstasy*》Harper and Row 1976 年出版。關於這個主題相當睿智的著作，作者是位激進的印度上師〔靜心冥想：狂喜的藝術，作者是奧修〕。

- Swami Rama, Rudolph Ballentine M.D. and Alan Hymes M.D.《*Science of Breath: A Practical Guide*》，Himalayan International Institute 1976 年出版。針對呼吸，提供醫學和瑜伽方面的資訊。

- Swami Rama, Rudolph Ballentine M.D. and Swami Ajaya M.D.《*Yoga and Psychotherapy: The Evolution of Consciousness*》，Himalayan International Institute 1976 年出版。介紹東方和西方心理學的交會，傑作。

- Lizelle Raymong《*Shakti—A Spiritual Experience*》，A.E. Knopf 1974 年出版。關於夏克蒂女神的感人之作。

- Wilhelm Reich《*The Function of the Orgasm*》，World Publications 1942 年出版。瑞希最廣為閱讀的著作之一，要研究瑞希理論不可缺的經典。

- Vasant G. Rele《*The Mysterious Kundalini*》，Taraporevala Sons and Co. 1970 年出版。關於昆達里尼、瑜伽和靈性結構的簡明之作。

- Peter Rendel《*Introduction to the Chakras*》，Aquarian Press 1979 年出版。96 頁的小書，是探討脈輪的佳作。

- Richard Restak M.D.《*The Brain, The Last Frontier*》，Warner Books 1979 年出版。一名醫師剖析了大腦的神奇能力。

- Bob Samples《*The Metaphoric Mind*》，Addison-Wesley 1976 年出版。圖片討喜，討右腦的歡喜。

- Mike Samuels《*Seeing with the Mind's Eye*》，Random House 1976 年出版。關於觀想技巧的傑作。

- Lee Sanella M.D.《*The Kundalini Experience*》，Integral Publishing 1987 年出版。從醫生的眼光來看昆達里尼經驗。

- Lee Sanella M.D.《*Kundalini, Psychosis or Transcendence?*》，H.S. Dakin Co. 1978 年出版。檢視非傳統的昆達里尼理論。

- Satprem《*Sri Aurobindo, or the Adventure of Consciousness*》，Harper and Row 1968 年出版。總括曉蓮大師教義的傑作。

- Mary Scott《*Kundalini in the Physical World*》，Routledge and Kegan Paul 1983 年出版。探討昆達里尼乃世俗能量的佳構，研究扎實。

- John Selby《*Kundalini Awakening: A Gentle Guide to Chakra Activation and Spiritual Growth*》，Bantam Books 1992 年出版。關於脈輪頗為實在的指南，大量取材《脈輪全書》。

- Rupert Sheldrake《*A New Science of Life*》，J.P. Tarcher 1981 年出版。構想出「形態建成場」理論的作者為生物學家撰寫的著作。不像其他比較受歡迎的文章，這本書不為門外漢描述他的理論。

- Keith Sherwood《*Chakra Therapy*》，Llewellyn 1988 年出版。平實的新手指南，結合了心理學和形上學。

- Lillian Silburn《*Kundalini: Energy of the Depths*》，SUNY Press 1988 年出版。密傳的昆達里尼修行，以及典籍英譯。

- Wallace Slater《*Raja Yoga*》，Quest Book 1975 年出版。瑜伽的一系列課程。

- Starhawk《*Dreaming the Dark*》，Beacon Press 1982 年出版。探討如何重拾我們的力量改造世界，了不起的傑作，一直是我的靈感來源。

- Starhawk《*The Spiral Dance*》，Harper and Row 1979 年出版。關於魔法元素和女神宗教的精采入門書。

- Claude Steiner《*Scripts People Live*》，Grove Press 1975 年出版。心理學著作，包含一些實用理論。

- Margaret and James Stutley《*Harper's Dictionary of Hinduism*》，

Harper and Row 1977 年出版。詳盡解釋了許多事情，幾乎涵蓋定義印度教的每一項重要概念。

- Michael Talbot《*Mysticism and the New Physics*》，Bantam Books 1980 年出版。針對這項主題，我閱讀過最為清晰和有趣的著作之一比起《物理之道》包容了更多資訊，對外行人來說還算容易閱讀。

- David V. Tansley《*Rays and Radionics*》，Daniel Co. 1984 年出版。

- Charles Tart《*States of Consciousness*》，E.P. Dutton 1975 年出版。關於超常意識狀態的確實科學記錄。

- Pierre Teilhard de Chardin《*Let Me Explain*》，Harper and Row 1970 年出版。探討人類進化的啟迪之作。

- Luisah Teish《*Jambalaya*》，Harper and Row 1985 年出版。關於優魯巴宗教的翔實著作，作者是位活躍的女祭司。

- Tarthang Tulku《*Kum Nye Relaxation*》，Dharma Publishing 1978 年出版。推薦給不熱中瑜伽，但希望找到方法獲得類似放鬆效果的讀者。

- Tarthang Tulku《*Time, Space and Knowledge*》，Dharma Publishing 1977 年出版。針對書名中的三個詞語，能激勵思想。

- Jean Varenne《*Yoga and the Hindu Tradition*》，University of Chicago Press 1976 年出版。關於瑜伽哲學和印度形上學，闡釋得極為清晰又文采斐然的佳構。

- Swami Vishnudevananda《*The Complete Illustrated Book of Yoga*》，Pocket Books 1960 年出版。介紹各種瑜伽體位法，文圖並茂。

- Larie-Louise von Franz《*Time, Rhythm and Repose*》，Thames and Hudson 1978 年出版。可愛的著作。

- Aoger Walsh M.D.《*Staying Alive*》，New Science Library 1984 年出版。寫得真好又挑釁的著作，探討我們當前的世界局勢，針對文化進程提供門道的少數書籍。

- Jyall Watson《*Lifetide*》，Bantam Books 1977 年出版。透過一名生

物學家的心智，進入生命各個層面的迷人旅程。

- Jmbika Wauters《*Chakras and their Archetypes*》，Crossing Press 1997 年出版。關於原型，不錯的入門書；每個脈輪都對應了一個正面和一個負面的原型。

- John Welwood《*Challenge of the Heart*》，Shambhala 1985 年出版。眾多作者關於愛的論文，值得一讀的篇章不少。

- Rohn White 編《*The Highest State of Consciousness*》，Anchor Books 1972 年出版。探討超個人心理學和神祕宗教的論文。

- John White 編《*Kundalini, Evolution and Enlightenment*》，Anchor Books 1979 年出版。關於昆達里尼理論的精采選文（不是聚焦在修行）。

- Ruth White《*Working with your Chakras: A Physical, Emotional, and Spiritual Approach*》，Weiser 1993 年出版。一名英國靈媒關於脈輪的說法。

- Ken Wilbur《*The Atman Project: A Transpersonal View of Human Development*》，Quest Books 1980 年出版。透過含納了脈輪的超個人範型，檢視人類的發展。

- Ken Wilber 編《*The Holographic Paradigm and Other Paradoxes*》，Shambhala 1982 年出版。關於全像心智理論的傑作。

- Wilhelm-Baynes 譯《*I Ching*》（《易經》），Princeton University Press 1950 年出版。

- W. Tomas Wolfe《*And the Sun Is Up: Kundalini Rises in the West*》，Academy Hill Press 1978 年出版。一名喚起昆達里尼的男子，與一具生物回饋儀器互動的有趣敘述。

- Dean E. Wooldridge《*The Machinery of the Brain*》，McGraw-Hill 1963 年出版。關於大腦，有點過時但可以一讀的作品。

- W.B. Yeats 譯《*The Ten Principle Upanishads*》，1937 年初版，MacMillan 1965 再版。

- Arthur Young《*The Reflexive Universe*》，Delacorte Press 1976 年出版。關於意識和實相，更多的模型。
- Heinrich Zimmer《*The Philosophies of India*》，Princeton University Press 1974 年出版。綜觀匯聚成印度文化的各個流派，傑作。

索引

《The Serpent Power》《靈蛇力量》

《The Silent Pulse》（Leonard）《沈默的脈動》（李歐納德著作）

《The Tao of Physics》（Capra）《物理之道》（卡普拉著作）

《Yoga Sutras of Patanjali》 帕坦伽利的《瑜伽經》

A

Acupuncture 針灸

Adrenal glands 腎上腺（副腎）

Affinity 親和力

Affirmations 肯定

Airavata 愛羅婆多（三頭四牙的白象，因陀羅坐騎）

Ajna(brow chakra) 眉心輪（第六脈輪）

Akasha(ether) 阿卡夏（以太，空）

Akashic records 阿卡夏檔案庫

Alan Watts 亞倫・瓦茨

Aleister Crowley 阿萊斯特・克勞利

Alienation 疏離

Alignment 對位

Altered state of consciousness 另類意識狀態

Alternate Nostril Breathing 鼻孔交替呼吸

Anahata（heart chakra） 心輪（第四脈輪）

Andre Gide 安德烈・紀德

Appreciation Ritual 感恩儀式

Aquarian Age 寶瓶時代

Arm circles 手臂轉圈

Arthur Young 亞瑟・楊

Asceticism 禁慾主義（苦行）

Ashley Montagu 艾胥利・蒙塔古

Attachment 依戀

Aura 靈光（生物能量場）

Aura body 靈光圈

Awarenesss 覺察

B

Balance 平衡

Bandhas 收束法

Belly push 挺腹

Bija mantra 種籽真言

Bindu 明點

Biofeedback 生物反饋

Bliss 至樂（至福）

Bodhisattva 菩薩

Bow pose 弓式

Brahma 梵天

Breath of Fire 火呼吸法

Breathing exercises 呼吸練習

C

Caduceus 眾神使者赫密士的蛇杖

Carlos Castaneda 卡羅斯・卡斯塔尼達

Celibacy 禁止性行為（禁慾獨身）

Cerebral cortex 大腦皮層（大腦皮質）

Chakra 脈輪

Chakras and foods 脈輪與食物

Chakrasana 輪式

Chanting 吟頌

Charades 比手畫腳

Charles Tart 查爾斯・塔特

Power walk 勁走
Prana 呼吸（氣，生命能量）
Pranayama 呼吸法（調息）
Preliminary 預備動作
Proteins 蛋白質
Pushing the feet 腳頂天

R

Rajas 變性
Ram Dass 拉姆 · 達斯
Relationship 關係
Relaxation 放鬆
Resonant Rings 共振環
Rhythm 節奏
Rhythm entrainment 節奏同步化
Richard Hamouris 理查 · 哈蒙理斯
Riding 站著搭車
Ritual 儀式
Ritual magic 儀式性魔法
Rupert Sheldrake 魯伯特 · 謝德瑞克

S

Sahasrara (crown chakra) 頂輪（第七脈輪）
Saraha Doha 薩拉哈證道歌
Satprem 沙特普雷
Sattva 悅性
Sciatic nerve 坐骨神經
Scissors kicks 一開一合踢腿（剪刀踢）
Seed sound 種籽音
Self-perpetuating cycles 我執式的循環
Sensation 感官知覺

Sephiroth 質點
Serpent 靈蛇
Sexuality 性慾
Shakti 夏克蒂
Shaktipat 夏克蒂帕特
Shiva 濕婆
Shoulder stand 肩立式
Siddhis 神通
Sigmund Freud 西格蒙 · 佛洛伊德
Sit-ups 仰臥起坐
Sound 聲音
Space 空間
Spirit 靈性
Sri Aurobindo 曉蓮大師（奧羅賓多大師）
Stamping 踏腳
Starches 澱粉質
Starhawk 史塔霍克
Subtle body 精微身（靈妙體）
Survival 生存
Sushumna 中脈
Svadhisthana （sacral chakra） 生殖輪（或性輪，第二脈輪）
Symbols 象徵
Sympathetic vibration 同感振動

T

Table of Correspondences 對應表
Tamas 惰性
Tantra 譚崔
Tarot 塔羅牌
Technology 科技

國家圖書館出版品預行編目

脈輪全書【暢銷紀念版】：意識之旅的地圖，生命之輪的指南 / 艾諾蒂．朱迪斯 (Anodea Judith) 作；林瑩譯.-- 二版.-- 臺北市：積木文化出版：英屬蓋曼群島商家庭傳媒股份有限公司城邦分公司發行, 2024.03
　面；公分

譯自：Wheels of life : a user's guide to the Chakra system
ISBN 978-986-459-581-5（平裝）
1.CST: 靈修
192.1　　　　　　　　　　　　　　　　　　　113000201

脈輪全書【暢銷紀念版】：意識之旅的地圖，生命之輪的指南

原 書 名／WHEELS OF LIFE: The Classic Guide to the Chakra System
著　　者／艾諾蒂・朱迪斯博士（Anodea Judith, PH.D）
審　　訂／胡因夢
譯　　者／林瑩
特約編輯／林俶萍

總 編 輯／王秀婷
責任編輯／向艷宇、郭羽漫
版權行政／沈家心
行銷業務／陳紫晴、羅伃伶

發 行 人／何飛鵬
事業群總經理／謝至平
出　　版／積木文化
　　　　　台北市104中山區民生東路二段141號5樓
　　　　　官方部落格：www.cubepress.com.tw｜service@cubepress.com.tw
　　　　　電話：(02)25007696　傳真：(02)25001953
　　　　　讀者服務信箱：service_cube@hmg.com.tw
發　　行／英屬蓋曼群島商家庭傳媒股份有限公司
　　　　　城邦分公司　台北市南港區昆陽街16號8樓
　　　　　讀者服務專線：(02)25007718-9　廿四小時傳真專線：(02)25001990-1
　　　　　服務時間：週一至週五上午09:30-12:00、下午13:30-17:00
　　　　　郵撥：19863813　戶名：書虫股份有限公司
　　　　　網址：城邦讀書花園　www.cite.com.tw
香港發行所／城邦（香港）出版集團有限公司
　　　　　香港九龍土瓜灣土瓜灣道86號順聯工業大廈6樓A室
　　　　　電話：852-25086231　傳真：852-25789337
馬新發行所／城邦（馬新）出版集團Cite (M) Sdn. Bhd. (458372 U)
　　　　　41, Radin Anum, Bandar Baru Sri Petaling, 57000 Kuala Lumpur, Malaysia.
　　　　　電話：603-90563833　傳真：603-90562833

封面設計／張福海
內頁排版／優克居有限公司
製版印刷／中原造像股份有限公司

2013年9月17日　初版一刷
2024年3月28日　二版一刷

WHEELS OF LIFE by Paul Edwin Zimmer, 1981.
The Chakras by C. W. Leadbeater. Quest Books, Wheaton, IL, 1972.
The Black Pagoda by Robert Eversole. University Presses of Florida, Gainsville, FL, 1957.
Kundalini Yoga for the West by Swami Sivananda Radha. Timeless Books, Porthill, ID, 1981.
Color plates of "Chakra Set" are available from Timeless Books.
Sexual Secrets by Nick Douglas and Penny Slinger. Destiny Books, Rochester, VT, 1979.
Energy Matter and Form by Christopher Hills. University of the Trees Press, Boulder Creek, CO, 1997.
封面：Carla Francesca Castgno

城邦讀書花園
www.cite.com.tw

Printed in Taiwan.

Translated from WHEELS OF LIFE
Copyright (c) 1987 and 1999, Anodea Judith
Published by Llewellyn Publications
Woodbury, MN 55125 USA
www.llewellyn.com

售　　價／680元
ISBN 978-986-459-581-5

【電子版】
ISBN 978-986-459-580-8 (epub)

【有聲版】
ISBN 978-986-459-582-2